W9-BGV-692

1/95
STRAND PRICE
$25.00 EA

Ruth J. Dean
Oxford
H.T. 1938

BIBLIOTHÈQUE DE LA REVUE DES COURS ET CONFÉRENCES

FÉLIX GAIFFE
Professeur à la Faculté des Lettres de Paris.

LE RIRE

ET

LA SCÈNE FRANÇAISE

BOIVIN & Cie, ÉDITEURS, 3 et 5, RUE PALATINE, PARIS (VIe)

OUVRAGES DU MÊME AUTEUR

Le Drame au XVIIIe siècle. — (Librairie Armand Colin).

Thomas Sébillet. — Art poétique françoys. — Édition critique avec introduction et notes (Collection des textes français modernes. Hachette, éditeur).

L'Envers du Grand Siècle. — (Albin Michel, éditeur).

Le Mariage de Figaro. — (Collection des Grands Evénements littéraires. — Malfère, éditeur.)

BIBLIOTHÈQUE DE LA REVUE DES COURS ET CONFÉRENCES

FÉLIX GAIFFE
Professeur à la Faculté des Lettres de Paris.

LE RIRE
ET LA SCÈNE FRANÇAISE

> « Blâmer le rire comme une chose indécente, c'est condamner dans l'homme ce qui le distingue le plus de la bête. »
> (JOUFFROY. *Le Cahier vert.*)

PARIS
ANCIENNE LIBRAIRIE FURNE
BOIVIN & Cie, ÉDITEURS
3 ET 5, RUE PALATINE (VIe)
—
1931

AVANT-PROPOS

Ce n'est pas sans quelque hésitation que je me suis décidé à réunir en un volume cette série d'études qui ont été primitivement les leçons d'un cours professé en Sorbonne.

Je n'ignore pas qu'un ouvrage de ce genre peut déplaire à d'assez nombreuses catégories de lecteurs : universitaires pour qui théâtre *signifie* frivolité ; *gens de théâtre pour qui* Université *est synonyme de* pédantisme ; *érudits minutieux pour qui sont seules valables des études au sujet étroitement limité et qu'inquiète toute tentative de synthèse ; chercheurs épris de science purement livresque, qui pensent que les choses de la scène peuvent vraiment se comprendre du fond d'une bibliothèque ; et aussi toute une nouvelle école à qui l'étude des rapports entre la littérature et la vie paraît suspecte et dépourvue d'intérêt.*

La perspective de ces défiances et de ces objections ne m'a pourtant pas arrêté. Assez d'universitaires ont, depuis un demi-siècle, traité avec talent des questions de littérature dramatique, pour que je me sente parmi eux en excellente compagnie. Il est fort honorable d'aimer à la fois l'érudition et le théâtre et de s'essayer à combler le fossé, de moins en moins profond, qui les sépare. Bien convaincu que tout ce qui touche à la scène a un caractère social autant qu'esthétique et doit être étudié par d'autres méthodes que l'histoire litté-

raire pure et simple, je crois servir la cause de la vérité en considérant des faits collectifs comme tels et en n'excluant pas de mon examen les œuvres médiocres, dès qu'elles paraissent significatives. « Retrouver le moment vital où l'œuvre fut conçue... saisir l'âme essentielle de l'écrivain » (1), *c'est assurément une fort belle tâche; mais elle ne doit point nous faire déprécier celle qui consiste à rechercher les rapports de tout un groupe d'œuvres avec un état social déterminé. Tout le monde de l'érudition ne saurait s'employer uniquement à guetter l'étincelle du génie et à en fixer la nature par une intuition supérieure. Il ne me paraît pas moins légitime et utile d'étudier ce phénomène tout aussi mystérieux qu'est la triple collaboration de l'auteur, des interprètes et du public dans l'éclosion de l'œuvre théâtrale.*

Qui dit synthèse dit aussi hypothèse. Toute tentative de généralisation est aventureuse. Ce n'est qu'après plus de trente années de familiarité quotidienne avec notre théâtre que j'ai cru pouvoir risquer celle-ci. Les lois que j'essaye de dégager ne sauraient avoir la même certitude que les conclusions d'un travail exhaustif sur la vie et les œuvres d'un écrivain de troisième ordre. Mais que vaudraient de telles recherches de détail, si elles ne servaient à préparer des vues d'ensemble, moins sûres peut-être, mais moins myopes aussi, qu'il faut bien qu'un jour ou l'autre quelqu'un se décide à tenter ?

En étudiant la question du comique théâtral d'après l'ensemble de notre production scénique, depuis le Jeu d'Adam, *jusqu'à* Topaze, *j'ai été souvent aidé par des synthèses partielles, des « mises au point » sérieusement établies, qui, sans me dispenser de recourir aux originaux, simplifiaient et allégeaient ma tâche. Je me suis efforcé de rendre toujours hommage à mes devanciers en citant ceux de leurs ouvrages qui m'avaient été vraiment utiles. D'autre part*

(1) Philippe Van Tieghem. *Tendances nouvelles en histoire littéraire.* Paris, 1930, p. 61.

LE RIRE ET LA SCÈNE FRANÇAISE

I

LE COMIQUE THÉATRAL

L'étude que j'entreprends ici ne comportera pas une série de chapitres sur les différents auteurs comiques qui ont illustré la scène française, ni une suite d'analyses portant sur les œuvres les plus célèbres de notre répertoire comique. Il ne manque pas de livres excellents qui répondent à ce dessein. C'est exclusivement dans leurs rapports avec le public que les écrivains et leurs œuvres seront examinés. Je m'efforcerai de rechercher les moyens par lesquels les auteurs ont essayé de provoquer le rire chez les spectateurs, et les effets qu'ils ont réussi à obtenir. Comme ces moyens et ces effets varient essentiellement suivant les différents publics auxquels les œuvres s'adressent, soit à une même époque, soit à des moments successifs de notre histoire théâtrale, il paraît possible d'esquisser dans ses grandes lignes l'évolution des effets comiques tels qu'ils se sont succédé sur notre scène, et de montrer comment leurs variations suivent étroitement celles du goût public, de l'éducation littéraire et du niveau social des auditoires ; comment, inversement, les changements survenus dans la société se reflètent, directement ou non, dans les œuvres de théâtre destinées à faire rire. Il s'agit donc ici d'un ordre de recherches plus collectif qu'individuel, et social au moins autant que littéraire. Qu'une telle entreprise soit légitime, soit possible, et puisse être féconde, c'est ce que quelques explications préliminaires feront plus aisément comprendre.

On peut se demander s'il est utile de démontrer que le comique est un fait psychologique d'ordre social. Dans les différentes définitions du rire qui ont été proposées par de nombreux philosophes, depuis Aristote jusqu'aux plus récents théoriciens, et dont on trouvera un bon résumé historique dans l'ouvrage classique de M. Dugas et le livre publié récemment, par M. Lucien Fabre, sous le titre : *le Rire el les Rieurs* (1), il convient de distinguer deux éléments : la description du phénomène physiologique que constitue le rire, quelle qu'en soit l'origine, et d'autre part l'analyse des causes psychologiques du rire, c'est-à-dire la définition du comique. Dès que l'on abandonne l'examen du rire purement physique et animal (celui d'une personne que l'on chatouille, le spasme nerveux de l'homme qui vient d'échapper à un grand danger ou qui vient de recevoir la commotion d'une grande joie, etc.), dès qu'on aborde les causes intellectuelles du rire, on s'aperçoit que l'on entre aussitôt dans le domaine de la psychologie collective, et que le comique ne saurait être un phénomène purement individuel.

Sans prétendre établir un relevé pédantesque de toutes les définitions qui en ont été données, je peux du moins vous convier à faire l'épreuve sur les plus générales et les plus abstraites, comme sur les plus concrètes et les plus précises. Essayez de réaliser en des exemples matériels la théorie de Schopenhauer qui voit l'origine du rire dans « la perception subite d'un désaccord entre notre concept et l'objet réel qu'il sert à représenter, c'est-à-dire entre l'abstrait et l'intuitif ». Vous vous apercevrez bientôt qu'une telle définition ne peut être confirmée par l'expérience que si on l'applique à des objets humains et non purement matériels. Les notions de dégradation, de surprise, de détente, de contraste, où d'autres philosophes ont cherché l'essence du rire, celle de Kant, pour qui le rire est « une affection naissant de la soudaine réduction à rien d'une expectative intense », ne prennent, elles aussi, un sens précis et acceptable que si on les transpose dans le domaine social.

(1) Dugas. *Psychologie du rire.* (Alcan, 1902.) — Fabre. *Le rire et les rieurs.* (N. R. F., 1929).

sans laisser dans l'ombre aucune période, je ne me suis pas interdit de mettre spécialement en lumière celles dont j'avais une connaissance plus intime et plus complète.

Malgré toutes ces précautions, malgré ma volonté de ne jamais faire violence aux faits pour les plier à un système, je ne me dissimule pas ce qu'un travail de ce genre peut présenter encore de subjectif, de provisoire et d'incomplet. Aussi bien n'ai-je prétendu ici ni tout savoir, ni tout dire, ni tout résoudre : trop heureux si j'ai pu donner l'exemple très imparfait d'une méthode qui permet de mieux pénétrer le vrai sens de l'histoire du théâtre, si j'ai pu apporter sur certains points des documents peu connus ou des conclusions nouvelles et donner envie à quelque contradicteur d'explorer plus à fond les mêmes terrains et d'y faire des découvertes plus intéressantes que les miennes. D'aussi modestes ambitions valaient-elles que près de trois cents pages fussent employées à les satisfaire ? Le lecteur qui aura la patience de me suivre jusqu'au bout en jugera.

Août 1931.

Chez des philosophes moins abstraits, le fait s'affirme plus clairement encore. Le rire est caractérisé, pour M. Mélinand, par la présence simultanée de l'absurde et du familier, pour M. Penjon par le jeu de la liberté au milieu des règles sociales, tandis que M. Bergson en voit au contraire la source dans une raideur mécanique contrastant avec la libre aisance de la vie. Chez les uns et les autres on voit sans peine que le rire, et le comique qui en est la cause, ne sauraient être isolés de l'humanité qui entoure celui qui rit. De même la notion de l'inconvenance, sur laquelle reposent les fines analyses de Paul Lacombe, est éminemment sociale ; dans son étude très poussée sur le comique, Philbert en voit la source dans une erreur qui présente les caractères suivants : elle a une cause morale, elle est énorme, elle donne un plaisir d'intelligence, elle donne un plaisir de malice, elle donne un plaisir de justice. Qui ne voit que les deux dernières conditions au moins seraient irréalisables s'il s'agissait d'un homme seul ? On peut vérifier ainsi l'une après l'autre toutes les théories proposées jusqu'ici sur le rire : soit qu'elles visent à être originales, soit qu'elles s'efforcent d'être éclectiques, soit qu'elles tentent de déterminer l'essence du rire, soit que, comme celle de Bergson, elles essaient de reconstituer « la fabrication du comique », aucune n'échappera à la nécessité de mettre en face du rieur au moins un autre homme ou un concept humain qui est la cause, volontaire ou non, de son rire. Le dernier théoricien du rire lui-même, M. Lucien Fabre, qui s'est attaché à en étudier surtout le mécanisme psycho-physiologique, après y avoir découvert comme élément essentiel la succession d'un « sentiment de joie, de bien-être et de sécurité » à un « sentiment d'anxiété, d'incertitude et de désarroi », croit en trouver la racine profonde dans « la satisfaction la plus immédiate donnée à l'instinct de conservation », explication qui paraîtrait relever de la psychologie individuelle si l'auteur n'adoptait en même temps une formule de Bergson quelque peu modifiée, où il se déclare « convaincu que le rire a une signification et une portée humaines et qu'il peut avoir des conséquences sociales, que le comique exprime avant tout une certaine inadaptation particulière à la vie, qu'il n'y a de comique enfin que ce qui est humain par quelque côté ».

Pour nous exprimer en termes moins abstraits et pour emprunter des exemples plus familiers, on imagine difficilement ce que pourrait être le comique pour un homme vivant seul, loin de tous ses semblables, et l'on ne peut supposer que Robinson dans son île, avant de rencontrer Vendredi, n'a pu rire, si cela lui est jamais arrivé, qu'en comparant quelqu'un des objets qu'il voyait autour de lui à des souvenirs provenant de l'état antérieur où il était en relations avec ses pareils. Je dois à vrai dire signaler un cas très particulier, qui semble une exception à cette loi générale : Schopenhauer prétendait n'avoir jamais pu penser à la définition de la tangente à un cercle sans être pris aussitôt d'une douce hilarité ; le caractère éminemment individuel, singulier et paradoxal d'une telle impression nous permet de la classer parmi ces exceptions qui confirment la règle.

De ce caractère social du comique découle cette conséquence naturelle qu'il subit inévitablement des variations étroitement liées à celles des milieux et des époques. L'expérience familière nous le démontre abondamment : ce qui fait rire aux éclats une table d'hôte s'égayant des facéties d'un commis voyageur laisserait parfaitement froids les habitués d'un salon littéraire. La manière de plaisanter d'un cercle de Parisiens légers produira un sentiment de gêne dans un milieu puritain, et inversement ce qui paraîtra fort risible à l'innocent auditoire d'une soirée de patronage, sera jugé bien fade pour une société accoutumée à des assaisonnements plus pimentés. Entre l'homme qui ne rit jamais et l'homme qui rit toujours (ils ne sont guère moins insupportables l'un que l'autre), on pourra mettre à l'épreuve toutes les variétés du comique sur toutes les variétés de l'espèce humaine, et l'on constatera que c'est moins à des dispositions individuelles qu'à l'éducation, à l'entourage, aux habitudes sociales, que la facilité, la nature et la qualité du rire se reconnaîtront. A cet égard les différents groupes humains se distinguent par la prise plus ou moins grande qu'ils donnent au comique : certains peuples jeunes rient facilement comme l'enfant, et un effet comique plusieurs fois répété n'épuise ni ne lasse leur faculté d'hilarité. Les milieux blasés à qui l'on a déjà raconté tant d'histoires prétendues drôles se contractent et se réfrigèrent à la pensée qu'on va leur en servir une qu'ils connaissent déjà. Est-il utile de constater qu'un Marseillais est plus facile à dérider qu'un Anglais, et que le rire quasi animal du nègre n'a presque aucun rapport avec le sourire léger et malicieux du Français cultivé, toujours arrêté dans son élan par la crainte d'être dupe ? Nous avons tous ressenti la satisfaction intellectuelle mêlée d'une sorte de complicité morale que l'on éprouve à rire de plaisanteries qui ne sont compréhensibles que pour un petit cercle d'initiés, et inversement l'agacement et le dépit qui nous saisissent quand, plongés brusquement dans un groupe de ce genre, nous voyons rire autour de nous, sans que nous puissions en comprendre le motif.

Les joyeusetés qui faisaient rire nos pères à ventre déboutonné nous paraissent pour la plupart bien froides aujourd'hui et l'on ressent le plus souvent un ennui profond à la lecture de ces recueils de facéties où les bons vivants d'autrefois consignaient les histoires qui avaient le mieux amusé eux-mêmes et leur entourage. A mesure que nous connaissons mieux l'essence, l'importance et les suites de certains phénomènes individuels ou sociaux, nous sommes moins tentés d'en rire, et nous trouvons à nos ancêtres quelque naïve grossièreté et quelque cruauté quand nous pensons aux accès d'hilarité par lesquels ils accueillaient certaines de nos misères physiologiques ou de nos infortunes familiales. Chamfort écrivait déjà : « Un esprit sage, pénétrant, et qui verrait la société telle qu'elle est, ne trouverait partout que de l'amertume. Il faut assurément diriger sa vue du côté plaisant, et s'accoutumer à ne regarder l'homme que comme un pantin et la société comme les planches sur lesquelles il saute. Dès lors tout change, l'esprit des différents états, la vanité particulière à chacun, ses différentes nuances dans les individus, la friponnerie, tout devient divertissant et l'on conserve sa santé. » Je me garderai d'ouvrir ici une controverse sur la bienfaisance ou tout au moins l'innocuité du rire, dont M. Dugas trouve l'explication dans son caractère idéal et irréel, je ne choisirai pas entre la définition du philosophe *homo animal ridens*, et l'anathème de l'Ecriture *Vae ridenti*, me bornant à constater que le rire, phénomène universellement humain, varie constamment, suivant le groupe où il se déchaîne. Je vous inviterai seulement à méditer sur un nouveau proverbe ainsi conçu : « Dis-moi de quoi tu ris et je te dirai qui tu es », et aussi à reconnaître que si un effet comique a la chance exceptionnelle de porter à la fois sur tous les milieux sociaux, et de conserver son potentiel d'hilarité malgré les modifications des sociétés et la succession des âges, c'est qu'il a jailli du cerveau d'un des très rares hommes qui possèdent en cette matière le secret du génie.

D'autre part, il ne s'agit pas ici du comique en général, mais du comique théâtral ; or rien n'est plus essentiellement social et collectif que le genre du théâtre, que l'on a souvent, et à grand tort, assimilé purement et simplement à tel ou tel autre genre littéraire. Des érudits infiniment estimables, mais ignorants ou dédaigneux des conditions où se produit une œuvre dramatique, ont écrit fort doctement sur des comédies, des tragédies ou des drames qu'ils ne connaissaient que par la lecture. Si méthodiques qu'aient été leurs recherches, si ingénieuses qu'aient pu être leurs conclusions, ils n'ont jamais pu atteindre qu'un côté de l'œuvre ainsi examinée : le côté purement littéraire ; mais ce qui en constitue proprement la vie, c'est-à-dire les rapports de cette œuvre avec le public auquel elle était destinée, leur a complètement échappé. Le théâtre est plus et moins qu'un genre littéraire : moins, parce que les qualités de perfection dans l'expression lui sont moins nécessaires qu'à tel autre genre, comme la poésie lyrique ou la haute éloquence ; plus, parce qu'il fait appel à des éléments extérieurs à la littérature : spectacle, mise en scène, jeu des acteurs, et surtout cette communion indéfinissable qui unit l'auteur à son public, et qui fait vibrer à l'unisson l'homme qui a imaginé la pièce et l'être collectif sensible et nerveux à qui elle est présentée. La géométrie d'Euclide, *le Discours de la Méthode*, *l'Ethique* de Spinosa peuvent exister en soi et posséder une valeur indépendante du lecteur qui en prend connaissance ; de tels écrits atteignent au maximum de valeur absolue et d'objectivité. Pour le roman, la question se complique déjà, et les interprétations que donnent des milliers de lecteurs au récit du romancier, les rêves et les aspirations que le narrateur suscite en eux parfois malgré lui, font déjà du roman tel qu'il est lu une entité littéraire et sociale assez différente du roman tel qu'il a été écrit. Mais pour la pièce de théâtre, cette collaboration va beaucoup plus loin, puisque cette pièce n'existe pas en soi, ou mieux, qu'elle n'existe qu'autant qu'elle est représentée, et qu'elle ne forme pas une œuvre indépendante, invariable et immuablement pareille à ce que l'auteur a écrit. Elle est constituée au contraire par le rapport entre trois éléments : le texte, sa mise en valeur par l'interprétation et la présentation scénique, et enfin l'état de réceptivité du public ou des différents publics auxquels elle s'adresse. L'existence de ce triple rapport est précisément ce qui fait la misère et la grandeur de l'œuvre dramatique : incapable de se suffire à elle-même, elle paraît subir une sorte d'esclavage qui, aux yeux d'une esthétique transcendante, peut la faire placer assez bas sur l'échelle des valeurs d'art ; mais en même temps cette obligation de n'exister qu'avec la collaboration du public lui confère le bienfait de participer, tant qu'elle est jouée, à la vie sociale, de prendre un sens nouveau à chaque nouveau contact avec les spectateurs, d'être par là quelque chose d'éternellement rajeuni et d'éternellement vivant.

Est-il besoin d'exemples pour démontrer cette vérité première qu'ignorent seuls ceux qui n'aiment pas le théâtre et qui n'ont jamais compris en quoi il consiste ? Les candidats au baccalauréat ont tous entendu dire (s'ils ne l'ont pas tous retenu) que *Polyeucte* a été admiré au XVIIIe et au XIXe siècles pour des raisons tout autres que celles qui ont assuré son succès au XVIIe et pour des raisons plus voisines de l'idéal de Corneille à mesure que le temps s'éloignait de la première représentation. La finesse psychologique de *Bérénice*, les délicates analyses et les prudentes audaces de Marivaux ont dû attendre un à deux siècles de recul pour être appréciées à leur pleine valeur. Le réalisme d'une comédie comme *les Faux Bonshommes* de Théodore Barrière, l'observation cruelle des *Corbeaux* de Henri Becque ont choqué les premiers spectateurs, alors que les publics qui ont suivi se sont sentis de plus en plus à l'unisson avec l'esprit de l'écrivain. Dans ces différents cas, le contact parfait a mis longtemps à s'établir, le rapport entre les trois éléments indiqués plus haut a demandé de longues années pour rendre le chiffre maximum. Dans d'autres cas, au contraire, nous nous étonnons du succès obtenu par certaines œuvres qui, à leur apparition, ont fait courir tout Paris, et dont la représentation nous laisse aujourd'hui fort indifférents : le *Timocrate* de Thomas Corneille ne retrouvera jamais l'enthousiasme du premier jour et les six mois consécutifs de succès qu'il connut en 1656. Telle tragédie patriotique du Premier Empire, telle pièce à thèse d'Alexandre Dumas qui soulevèrent en leur instant des acclamations, ne peuvent rencontrer aujourd'hui qu'une curiosité étonnée et une indifférence polie : le contact est interrompu, le rapport est faussé, il y a modification totale dans les données du phénomène collectif qui constitue non pas seulement le succès, mais la possibilité de vivre et la raison même d'exister d'une pièce de théâtre.

La valeur proprement littéraire de l'œuvre entre assurément pour une part dans cette vitalité, mais pour une part moindre qu'on ne le croit souvent. Nous pouvons à la lecture nous extasier devant la profondeur de pensée et la pureté d'expression d'une œuvre dialoguée ; ce n'est pas une œuvre de théâtre si elle reste sans action sur un public assemblé ; nous pouvons nous révolter ou nous gausser des platitudes ou des incorrections qui déparent certains ouvrages dramatiques, ils n'en sont pas moins des ouvrages vivants s'ils continuent à émouvoir ou à distraire le public. Il serait ridicule d'établir une comparaison entre la valeur esthétique des dialogues philosophiques de Renan et celle des opéras-comiques de Sedaine, des comédies de Scribe ou des vaudevilles de Labiche ; théâtralement les premiers ne résisteraient pas à l'épreuve de la rampe, les autres nous réservent cette éternelle surprise d'intéresser et de frapper un public moyen, malgré leurs aveuglantes imperfections. Rien ne prouve avec plus d'évidence que l'œuvre de théâtre requiert la constante collaboration du public avec l'auteur. Une pièce non imprimée, qui a été jouée cinq cents fois, peut posséder une existence puissante et une vitalité profonde. Une pièce imprimée et non jouée peut charmer un lecteur isolé et créer des enthousiasmes individuels, mais elle n'a jamais participé à la vie que confère seul le contact avec ce monstre aux mille têtes qu'est le public.

Si le comique est un phénomène de psychologie collective, si l'œuvre de théâtre est, elle aussi, essentiellement un phénomène social, à plus forte raison l'œuvre de théâtre comique affectera-t-elle ce caractère. On a plus d'une fois démontré, et M. Bergson l'a fait avec une singulière maîtrise, que le tragique est d'essence individuelle et le comique d'essence sociale. Assurément le tragique doit, pour produire tout son effet, mettre en scène des sentiments qui soient reconnus généralement pour vrais ; mais cela n'empêche pas ses personnages d'avoir un caractère strictement individuel, d'être des caractères et non des types. Ici, « la généralité n'est pas dans les objets, mais dans les jugements que nous portons sur eux ». « Tout autre est l'objet de la comédie. Ici, la généralité est dans l'œuvre même, la comédie peint des caractères que nous avons rencontrés, que nous rencontrerons encore sur notre chemin. Elle note des ressemblances. Elle vise à mettre sous nos yeux des types. » De là les titres qu'elle adopte : *le Misanthrope*, *l'Avare*, *le Joueur*, *le Distrait* ; nous disons « un Tartuffe » mais nous ne dirons pas « une Phèdre » ou « un Polyeucte ». Plusieurs écrivains secondaires du XVIIIe siècle ont écrit : *le Jaloux*, *le Jaloux désabusé*, *le Jaloux sans amour*, *le Jaloux honteux de l'être*, s'efforçant de mettre sous nos yeux des variétés du caractère tel que nous le rencontrons dans la vie courante, nuancé, tempéré et modifié par l'atmosphère sociale dont il s'entoure. Shakespeare a écrit un drame immortel, il ne l'a pas intitulé le Jaloux, mais *Othello*, il n'en a pas fait un type social, mais une figure individuelle, d'une originalité saisissante. Par là s'explique aussi l'habitude adoptée par les poètes comiques, — qui irait droit contre le dessein d'un poète tragique, — de grouper autour du personnage principal un certain nombre de personnages secondaires qui incarnent des variétés du même type social : Cathos et Magdelon dans *les Précieuses ridicules* ; Philaminte, Bélise et Armande dans *les Femmes savantes* ; les fantoches prétentieux des deux sexes dans *le Monde où l'on s'ennuie* ; les différents types de féministes dans *les Eclaireuses* de M. Maurice Donnay, etc.

Ce caractère profondément social du comique théâtral crée entre l'œuvre et les spectateurs un lien plus étroit que pour l'œuvre tragique. Les comédies de Molière renferment, à côté des parties géniales qui en assurent l'éternité, mainte source de comique aujourd'hui tarie, et d'où jaillissait un rire abondant aux premiers temps de leur représentation. *le Misanthrope* ou *l'Ecole des Femmes* étaient, aux yeux des spectateurs de 1666 et 1662, tout autres que les mêmes pièces présentées au public d'il y a cinq ou six ans par l'interprétation admirable mais avant tout pathétique de Lucien Guitry ; le rire franc de Molière reste pour nous assombri par les commentaires de Rousseau et par près d'un siècle de déformation romantique. Il n'est pas malaisé de discerner dans certaines œuvres comiques ce qui en fait la valeur stable et fixe, et ce qui n'a eu de prix que pour un public d'une certaine date. *le Mariage de Figaro* conserve, depuis près de cent cinquante ans, ses qualités de mouvement, de gaîté et d'esprit ; une bonne part de la satire s'en est éventée, certaines revendications sociales ou politiques sont tout à fait périmées ; mais à chaque fois qu'une ère d'oppression et d'arbitraire redonnait une actualité à ces protestations, le public retrouvait dans l'œuvre la vie qui semblait s'en être momentanément retirée et ces éléments devenus ternes et languissants reprenaient leur vigueur et leur éclat.

Des expériences bien curieuses ont été faites au théâtre de l'Odéon, au temps où les matinées classiques n'étaient pas uniquement consacrées à maintenir au répertoire un nombre limité d'œuvres indiscutables, mais s'employaient aussi à faire connaître au public d'aujourd'hui certains des petits chefs-d'œuvre oubliés du théâtre d'autrefois. On a pu voir ainsi combien restreint est le nombre de comédies du moyen âge qu'une adaptation à la fois respectueuse et sagace peut permettre de présenter à des spectateurs modernes avec quelques chances de faire rire. On a eu la surprise de voir, grâce à une heureuse interprétation, les parties comiques de certaines pièces du XVIIIe siècle réputées touchantes ou larmoyantes saillir en pleine lumière, et rencontrer aussitôt des spectateurs prêts à comprendre, à vibrer et à s'amuser. Par contre, certaines comédies du Premier Empire ou de la Restauration, plus près de nous par la date mais plus éloignées par l'état social du public auquel elles s'adressaient, stupéfiaient les spectateurs, pourtant jeunes et généralement peu blasés de ces représentations classiques, par la faiblesse de leurs moyens et la naïveté de certaines de leurs plaisanteries. Aujourd'hui même la force comique d'une pièce varie essentiellement d'un théâtre à l'autre : le public des théâtres subventionnés, notamment, possède un état d'esprit collectif qui lui permet de s'amuser franchement à des plaisanteries un peu académiques et guindées, qui, ailleurs, ne feraient même pas sourire. Les spectateurs habituels de certaines petites scènes dites boulevardières se sentent à l'aise au milieu de situations d'un comique très risqué, qui jetteraient un froid dans des salles plus austères. L'expérience qui consisterait à présenter un vaudeville du Palais-Royal aux spectateurs de la Comédie-Française aussi bien que l'expérience inverse, donneraient des résultats qui fixeraient aussitôt l'observateur sur la différence considérable qui sépare l'état d'esprit des deux publics qui fréquentent ces salles si voisines. Ajoutons que, suivant les époques et les classes de spectateurs, les effets comiques porteront plus ou moins, selon qu'ils seront fortement appuyés par l'interprétation, ou que celle-ci au contraire s'efforcera d'atteindre à un réalisme sobre qui, donnant l'illusion de la vie quotidienne, laissera le comique jaillir du texte par lui-même : telle pièce qui avait dû son succès primitif à la « charge » des interprètes, a produit par la suite un effet aussi puissant sur des auditeurs plus raffinés et plus blasés, grâce à l'extrême discrétion et à la quasi-impassibilité des comédiens.

Enfin une question importante s'imposera plusieurs fois à notre attention au cours de cette étude : c'est celle du comique mêlé au pathétique ou même au tragique. On sait tout le prix qu'attachèrent, pendant un siècle et demi, les admirateurs de Boileau à la distinction des genres. Il s'en faut que cette conception tout académique ait été adoptée sans restrictions par les couches profondes du public français ; la formule shakespearienne par laquelle le tragique et le bouffon se renforcent et se font valoir mutuellement n'est pas aussi contraire à notre tempérament national qu'on pourrait le croire d'après les notions couramment admises et soigneusement répétées dans les manuels d'histoire littéraire. Il semble bien que cette opposition violente ait rencontré, bien après le moyen âge et bien avant le romantisme, de secrètes complaisances chez certaines classes de spectateurs que ne tourmentaient point les préjugés de l'esthétique officielle. L'étude des manifestations de ce goût pour le « chaud et froid » et pour une sorte de douche écossaise en matière dramatique nous réservera sans doute plus d'une surprise.

On voit déjà se dessiner le plan général de notre étude, en même temps que la légitimité en apparaît davantage. S'il est vrai, suivant la formule de M. Dugas, que « tout peut être risible, et rien ne l'est : cela dépend de l'angle sous lequel on regarde les choses », il n'est pas sans intérêt de passer en revue les différents angles sous lesquels le public français les a regardées. Ce qui fait rire un groupe d'hommes n'en fait pas rire un autre ; c'est pourquoi l'étude du comique pratiquée sur l'œuvre seule est insuffisante et arbitraire, et l'étude du rapport entre l'œuvre et le public est légitime et nécessaire. Pour l'entreprendre, nous possédons des documents plus ou moins complets suivant les époques ; ils nous sont fournis soit par les témoignages directs du public et de la critique, soit par la simple indication du succès matériel d'une œuvre, ou par le fait que tel type ou tel effet comique est devenu populaire et a pris place dans le fonds commun des idées courantes. Ces divers indices, en même temps qu'ils nous fourniront une contribution, non point à la métaphysique, mais à la psychologie du rire, nous renseigneront sur l'état d'esprit collectif des différentes périodes étudiées. Aucun historien littéraire, aucun critique, n'est aujourd'hui assez naïf pour chercher dans le théâtre un miroir exact des mœurs contemporaines : le monde de la scène ne représente pas plus le monde réel que la peinture ne se confond avec la photographie ; mais il reflète, suivant qu'il est héroïque ou bouffon, soit l'idéal, soit la caricature d'une époque. Il nous montre comment les hommes d'un temps donné auraient voulu paraître ou comment ils voyaient leur prochain quand ils le trouvaient ridicule (1). On a pu écrire l'histoire de France d'après les libelles, les chansons ou la caricature ; Th. Muret a composé un livre intitulé *L'Histoire par le Théâtre*, qui se borne strictement au domaine des faits, mais qui contient maint renseignement précieux sur les mœurs. On peut non moins légitimement tracer le portrait de l'héroïne ou du héros idéal d'une certaine époque, d'après les pièces de théâtre qu'elle a acclamées. Il est permis de même de rechercher l'évolution du goût public et même de l'esprit public par l'étude du comique théâtral ; elle nous fournit, à condition d'interpréter avec prudence un nombre suffisant de documents caractéristiques, des idées plus précises et plus délicates que tout autre genre de recherches, sur certains états psychologiques collectifs qu'il ne nous est pas aisé d'atteindre par des moyens directs.

On voit mieux maintenant en quoi l'histoire de l'évolution du comique sur la scène française se distingue de celle des grands auteurs et des grandes œuvres ; elle ne leur empruntera des faits et des exemples que dans la mesure où ils seront utiles à la connaissance de l'effet produit par les œuvres sur le public, ou des rapports que les créateurs ont entretenus avec lui. On conçoit sans

(1) Tout récemment, M. Jules Romains, pour se justifier d'avoir repris des sujets déjà traités par Molière, écrivait : « La matière de la comédie se renouvelle pour ce qui est des circonstances, des mœurs, des particularités relativement extérieures. Elle se renouvelle quant au fond... Et cela parce que *tout grand thème comique est social* dans son essence, met en lumière quelque relation profonde de l'homme et de la société ». (*Comœdia*, 20 novembre 1930.)

peine que ce ne seront pas toujours les œuvres les plus parfaites qui seront pour nous les plus caractéristiques, bien au contraire : une comédie géniale où l'auteur, par la toute-puissance de sa personnalité et de son art, dompte le public et lui impose de force ses propres conceptions, est moins instructive à nos yeux qu'une œuvre secondaire, aujourd'hui presque dénuée pour nous de valeur esthétique, mais qui, ayant à son époque obtenu un grand succès et exercé une profonde influence, nous renseigne très complètement sur les tendances générales du public auxquelles la personnalité de l'auteur s'est asservie au lieu de les dominer. Ainsi, dans cette suite de chapitre qui constituera moins une histoire suivie que l'examen de quelques aspects importants du comique, correspondant à certains états de civilisation, on ne se flattera point d'apporter des résultats complets et définitifs, mais d'orienter les recherches des érudits et des amateurs de théâtre dans une direction qui a été peu suivie jusqu'ici, et de leur fournir sur certains points qui auront été plus approfondis que d'autres, un exemple de ce qui peut être tenté dans ce sens.

Je ne me dissimule pas que ce genre d'étude est actuellement assez décrié par un certain nombre de théoriciens de l'histoire littéraire, qui voudraient voir l'attention de leurs confrères se détourner de ces phénomènes collectifs qui participent autant de l'histoire des mœurs que de la littérature pure, pour se borner à la seule étude des grandes œuvres. Il ne me paraît pas que cet exclusivisme soit justifié ; individuelle ou collective, esthétique ou historique, toute étude qui nous rapproche de la vérité nous aide en même temps à mieux comprendre la beauté. Bien plus, il nous est permis de demander aux partisans d'une certaine esthétique transcendante de quel droit ils croient pouvoir isoler l'œuvre de l'homme, et l'homme de son milieu, sans risquer de fausser la vérité. Dans le cas spécial qui nous occupe, nous demanderons aussi à l'historien du théâtre de quel droit il déclare comique ou non une pièce qui a réussi ou n'a pas réussi à le faire rire lorsqu'il était dans son cabinet de travail, seul à seul, en face du texte imprimé, et au nom de quelle supériorité illusoire il peut se permettre d'ériger en vérité universelle une réaction tout individuelle, et soumise par là même à toutes les fluctuations de l'humeur, des préventions, ou de la santé d'un seul homme. Saisir un aspect si limité qu'il soit de la vérité, même si c'est un aspect collectif, même si l'on y parvient par une méthode purement historique, même si l'on n'évolue que dans le relatif, en abdiquant toute prétention à l'inaccessible absolu, c'est une tâche que certains pourront trouver inférieure. Elle ne m'apparaît pas méprisable, et l'on peut, semble-t-il, s'y borner sans rabaisser pour cela l'histoire littéraire, et même en lui apportant une modeste mais utile contribution.

II

HIÉRARCHIE DES COMIQUES

On a depuis longtemps cherché à classer les différents moyens employés par l'auteur dramatique pour provoquer le rire chez les spectateurs. On en a établi une division classique en quatre sortes de comique : comique de gestes, comique de mots, de situations, de caractères. Dans son étude célèbre sur *le Rire*, M. Bergson a utilisé ces catégories, en y ajoutant le comique de formes, qui a plutôt sa place dans la caricature que dans l'art dramatique, ou qui du moins n'intervient au théâtre que dans la mesure où les interprètes s'en servent pour établir des figures caricaturales. De chacune de ces espèces de comique, M. Bergson a donné d'abondants exemples qui l'ont conduit, dans ses différents chapitres, à des observations d'une portée beaucoup plus générale que la catégorie particulière à laquelle il semble chaque fois s'attacher. L'importance de ces divisions est considérable pour notre étude. Mais ces différentes formes du comique n'ont pas la même nature ni la même valeur dramatique, esthétique et intellectuelle. Elles ne constituent pas même une énumération complète des divers moyens de provoquer le rire, et il n'est pas parfaitement licite non plus de les mettre toutes les quatre sur le même plan.

Pour fixer les idées, donnons quelques exemples de ces différentes sortes de comique, d'après une scène classique bien connue qui a l'avantage de nous fournir des cas fort aisés à retenir parce qu'ils sont très frappants. Au début du troisième acte de *l'Avare*, Harpagon réunit ses serviteurs, sa fille Elise, son fils Cléante et son intendant Valère, et donne les ordres nécessaires pour le dîner qu'il se propose d'offrir à sa fiancée Mariane. Dès le commencement de la scène nous avons plusieurs exemples bien caractérisés du comique de gestes : Harpagon montrant à La Merluche et à Brindavoine comment ils doivent dissimuler par leur attitude les taches ou les trous qui déparent leurs livrées, Maître Jacques se déshabillant et se rhabillant pour revêtir tour à tour le costume du cocher et celui du cuisinier, produisent immanquablement sur le public un effet de rire dont la cause profonde relève d'une analyse assez délicate et minutieuse, mais dont la réalité ne saurait être mise en discussion. De même à la fin de la scène l'Avare, après s'être contenu à grand'peine pendant que Maître Jacques lui débitait tout le mal qu'on a coutume de dire de lui dans le quartier, récompense son fidèle serviteur de sa franchise par une rude volée de coups de bâton ; ce geste comme les autres, et pour des raisons non moins complexes, ne manque pas de déchaîner l'hilarité de l'assistance.

Le comique de mots se présente dans la même scène sous diverses formes très différentes dans leur origine et leurs effets : comique par répétition lorsqu'Harpagon ressasse le mot terrible « de l'argent, de l'argent, toujours de l'argent », comme s'il mastiquait un morceau trop dur à avaler. Comique par confusion de termes, lorsque voulant redire la belle maxime que vient de lui citer Valère il en intervertit les mots de telle façon qu'elle devient le précepte : « Il faut vivre pour manger, et non pas manger pour vivre », exactement opposé aux principes qui lui sont le plus chers. Comique d'ordre plus délicat puisé dans la vivacité frappante de la formule, dans son allure subtile et imprévue (« Châtiment politique ». « Vous leur faites observer des jeûnes si austères, que ce ne sont plus que des idées ou des fantômes, des façons de chevaux »), effet qui provoque non le rire largement déployé, mais un simple sourire chez la partie la plus cultivée des spectateurs, formules que l'on s'étonne aussi de trouver placées dans la bouche de Maître Jacques dont la

2

condition et l'éducation ne semblent pas devoir admettre un tel raffinement littéraire.

Le comique de situations jaillit ici d'une triple source : Harpagon est pris entre son avarice et la nécessité d'offrir à celle qu'il aime un dîner sinon somptueux du moins décent ; Valère est pris entre ses véritables sentiments qui sont ceux d'un gentilhomme et la nécessité où il est de flatter Harpagon ; Maître Jacques est pris entre le devoir de sincérité que lui impose sa conscience de bon serviteur et la crainte d'un châtiment dont sa naïveté ne prévoit pas toute la rigueur, mais que le spectateur plus perspicace se divertit fort à voir tomber sur ses épaules.

Quant au comique de caractères, il est présent tout le long de la scène. Chaque geste d'Harpagon, presque chaque mot, même quand ces gestes et ces mots seraient déjà plaisants par eux-mêmes, vise à faire éclater en plein jour son avarice ; cette avarice, dont chaque réplique est comme la conséquence naturelle, nous fait rire par son énormité, par sa naïveté, et par le contraste qu'elle forme avec la richesse de l'Avare. On voit ainsi comment, dans cette scène, notre grand comique a utilisé tous les moyens de faire rire le spectateur dont il pouvait disposer, et comment les effets appartenant aux trois premières catégories sont adroitement subordonnés au comique de caractère. C'est cette subordination même qui, nous le verrons, constitue la supériorité de Molière sur beaucoup d'autres auteurs moins profonds, s'ils ne sont pas eux non plus médiocrement plaisants.

Cette considération nous montre déjà que les différents genres de comique ne sont pas tous de même ordre ni de même portée, que par conséquent ils ne produiront pas tous un effet égal sur les divers publics auxquels ils s'adressent. En reprenant plus à fond l'étude de chacun d'eux, nous allons voir que certains d'entre eux comportent des variétés profondément différentes et qui autorisent à reconnaître, à côté de ces grandes divisions classiques, des espèces nouvelles non spécifiées jusqu'ici.

Remarquons tout d'abord que les quatre sortes de comique ainsi distinguées les unes des autres ne répondent pas à des notions de même nature : le geste et le mot sont des moyens d'expression, des procédés par lesquels l'auteur transmet aux spectateurs l'impression comique qu'il veut produire en eux ; la situation et le caractère sont au contraire la substance même du comique, le point de départ de l'effet à produire et non pas le moyen par lequel cet effet est produit. Ainsi un geste ou un mot sera très souvent le signe par lequel une situation ou un caractère apparaîtra aux spectateurs sous sa forme comique. Dans la scène que nous avons prise pour exemple, la répétition de mot : « de l'argent, toujours de l'argent » n'est que le signe de l'avarice d'Harpagon ; les coups de bâton qu'il distribue à Maître Jacques ne sont que la conséquence matérialisée de la situation fausse où celui-ci s'est engagé. Ainsi le geste et le mot dans ce cas peuvent avoir à la fois une force comique indépendante de tout autre élément dramatique, et en outre une valeur d'un autre ordre, dans la mesure où ils sont le symbole d'une situation ou d'un caractère plaisants.

Observons de plus que ces différents éléments peuvent prendre une nouvelle force par le seul fait qu'un effet comique est répété plusieurs fois. Un personnage de vaudeville qui entre chaque fois en scène en répétant la même phrase invariable ou en faisant le même geste déchaîne immédiatement l'hilarité chez les spectateurs. Ce geste et cette phrase peuvent être insignifiants par eux-mêmes, l'effet en est pourtant comique simplement parce qu'il est répété. Bien plus, un geste tragique, s'il est répété, peut provoquer le rire : c'est pourquoi certains dénouements où les meurtres s'accumulent prêtent aisément à la parodie. Il me souvient d'une revue de music-hall (1) où à la fin de chaque tableau un personnage arrivait sur la

(1) Il m'arrivera souvent d'emprunter aux formes les moins relevées, les moins académiques et les plus immédiatement contemporaines, du comique scénique (music-hall, cinéma, cirque) des exemples que je choisis à dessein dans ce domaine, parce qu'ils sont très simples dans leur essence, très populaires, et souvent d'un effet frappant.

scène, annonçait qu'il allait faire une communication importante au public, et, au moment où il ouvrait la bouche, était immédiatement expulsé par le régisseur. Sans que personne eût jamais pu savoir si ce qu'il avait à dire était plaisant ou non, sa seule présence et le fait de le voir arrêté dans sa proclamation mettaient la salle dans une joie qui devenait plus grande à chaque répétition de cette scène. Mais il va de soi que le comique sera plus puissant et aura un sens plus profond si la répétition porte sur un geste ou un mot qui soit en même temps un indice psychologique. Dans un vaudeville très populaire d'il y a une trentaine d'années, le public riait d'un personnage qui, à toutes ses entrées en scène, éloignait tous les autres acteurs de la pièce par l'odeur nauséabonde qu'il dégageait. Voilà l'effet de répétition sous sa forme la plus grossière. Mais la répétition de la phrase : « Qu'allait-il faire dans cette galère ? », symbolisant l'avarice de Géronte et l'hésitation qu'il met à fouiller dans sa bourse, ou du « Sans dot » d'Harpagon symbolisant l'avarice du père d'Elise, ont assurément une tout autre portée. Il en est de même du jeu de scène imaginé par les acteurs pour animer la fin un peu languissante de *l'Avare* : Harpagon éteignant quatre fois la bougie que Maître Jacques a rallumée ; il est bien dans le sens général du caractère, et provoque un rire plus profond que la simple répétition d'un effet comique sans valeur psychologique.

De même le retour d'une situation semblable, même si elle n'est pas chaque fois soulignée par des gestes et des mots identiques (Georges Dandin à la fois trompé et confondu par sa femme ; Arnolphe recevant chaque fois les confidences d'Horace qui l'a berné ; Eraste dérangé dans tous ses projets par différents fâcheux), produit à lui seul un effet comique ; mais cet effet aura plus de portée suivant que la situation sera plus vraisemblable, plus humaine, et en rapport plus direct avec le caractère du personnage principal.

C'est qu'en effet les différentes catégories de comique que nous avons reconnues jusqu'ici n'ont pas toutes la même valeur dramatique ; elles n'ont pas toutes non plus la même valeur artistique et morale. Il est bien clair que la forme de comique la plus essentiellement théâtrale est le comique de gestes : il découle de la définition même du spectacle dramatique, qui est une action exécutée sous forme d'imitation devant des spectateurs. Qui dit action dit geste ; le geste est la base de toute représentation, et il ne se présente directement à nous que dans cette forme d'art. Le comique de formes ou d'attitudes que distingue M. Bergson peut lui-même nous atteindre par la voie du tableau ou de la caricature ; mais dès que le mouvement intervient, c'est l'art dramatique qui le met en œuvre. Que cet art soit réduit à sa forme la plus simple (pantomime et cinéma), ou que le geste s'y accompagne des mots les plus fins, des situations les plus complexes ou des analyses psychologiques les plus pénétrantes, il n'est pas moins essentiel à l'action ; les autres formes du comique peuvent nous être représentées par d'autres moyens d'expression : il y a des recueils de pensées spirituelles ou de bons mots, il y a des romans d'aventures et des romans psychologiques où le comique se transmet directement du livre au lecteur ; mais le fera-t-on rire en lui soumettant la description écrite d'une pantomime ou d'une succession de gestes ? L'exécution seule les rendra tout à fait plaisantes.

Mais la valeur théâtrale d'une espèce de comique n'est pas en rapport nécessaire avec sa valeur esthétique ; on pourrait même soutenir sans commettre d'erreur grossière que ces deux ordres de valeurs se présentent le plus souvent en proportion inverse l'un de l'autre. Si nous analysons les différentes formes du comique, nous nous apercevons que la forme la plus essentiellement dramatique, c'est-à-dire le geste, est aussi la plus accessible à tous les publics, si peu cultivés qu'ils soient, et que les autres formes présentent un apport intellectuel qui en rehausse la valeur d'art, mais qui restreint en même temps le nombre des spectateurs qui peuvent s'y montrer accessibles.

La démonstration va devenir beaucoup plus claire et plus facile si l'on aborde les exemples concrets.

Rien n'est d'une portée plus universelle que le comique de

gestes. Là où n'intervient pas même le langage qui divise plusieurs groupes humains, l'effet comique est accessible à peu près à tous (si l'on excepte peut-être certaines peuplades encore sauvages, pour qui la valeur sociale de tel ou tel effet pourrait n'avoir aucune signification). Un film muet a pu faire rire les habitants des cinq parties du monde sans que rien fût changé à la suite des photographies qui le constituaient ; c'est le jour où le film est devenu parlant qu'il a fallu en établir des versions différentes pour les publics de langue anglaise, française, allemande, etc. Le numéro d'un clown de génie est présenté tel quel à Londres, à Paris, à New-York, à Melbourne, à Rio de Janeiro, et déchaîne partout la même hilarité. Notons en passant que le caractère élémentaire même de cette source de comique en rend pour l'observateur l'analyse particulièrement difficile. C'est sur des exemples de comique de mouvements et de gestes que M. Bergson a établi les parties les plus personnelles et les plus générales, les plus abstraites aussi de sa théorie. Le caractère subconscient du rire ainsi provoqué, tout en lui donnant une valeur universelle, laisse difficilement transparaître les éléments intellectuels qui s'y trouvent compris ; nous analysons fort aisément les raisons pour lesquelles un jeu de mots nous amuse, mais il est beaucoup moins facile d'expliquer pourquoi un groupe de passants éclate de rire en voyant glisser et tomber sur un trottoir un personnage très grave, un professeur en Sorbonne par exemple. Dans un cas comme celui-ci, les seules personnes qui échapperont à la contagion du rire seront précisément celles que leur développement intellectuel ou moral aura lentement amenées à réfréner le rire instinctif qui peut s'emparer d'elles, et à l'arrêter aussitôt par la réflexion du danger que court l'homme qui vient de tomber, ou de l'impossibilité de justifier logiquement un tel rire. C'est pourquoi certains publics très évolués intellectuellement, ayant pris l'habitude de dominer leurs sensations premières et éprouvant quelque dédain pour les formes du rire dont l'effet est le plus universel, peuvent rester insensibles devant certains films comiques dont le succès est immanquable sur une chambrée d'origine plus populaire.

Plusieurs des exemples que nous avons indiqués tout à l'heure prouvent aisément que le comique de mots peut devenir un agent puissant et spécifiquement théâtral. C'est le cas pour les mots des grands personnages de Molière et de quelques-uns de ses successeurs. On pourrait citer par douzaines des formules de Beaumarchais, de Labiche, de Tristan Bernard, où une idée présentée sous une forme piquante, et au moyen de mots dont l'apparition imprévue ou le cliquetis bizarre amuse déjà l'auditeur, est en même temps le résumé d'un caractère, d'une situation ou d'une satire sociale. Mais la tentation est grande, pour un auteur spirituel, d'introduire dans son dialogue quelques-unes de ces formules amusantes qui n'ont ni valeur théâtrale par elles-mêmes, ni rapport étroit avec le fond même de la pièce. Le théâtre d'Alexandre Dumas et de quelques-uns de ses imitateurs a singulièrement vieilli par l'abus de ces « mots d'auteur » qui semblent se détacher du texte, et s'effriter comme une couche de fard sur le visage d'une femme inhabile à user des artifices de toilette. On a vu souvent, dans les pièces bouffonnes surtout, les acteurs introduire pour amuser le public des calembours de leur cru — qui passent ensuite à l'état de « tradition » — n'ayant pas le moindre rapport avec la situation ou le caractère du personnage. Dans un vaudeville de Bisson ou de Feydeau, le principal personnage, après avoir essuyé beaucoup de mésaventures, et voyant à la fin tous ses projets ruinés et ses ruses déjouées, s'écriait : « Adieu veau, vache, cochon, couvée ! », et en même temps il regardait le groupe de ses persécuteurs constitué par sa femme, sa belle-mère et un de ses amis, à qui cette énumération semblait s'appliquer directement. L'effet comique du mot souligné par le geste était si irrésistible que j'ai vu, la même année, dans deux autres pièces du même genre, des acteurs en tournée introduire tant bien que mal ce fragment de scène, qui devenait ainsi un lazzi postiche et un passe-partout, dont la valeur artistique était de moins en moins grande à chaque nouvelle adaptation.

Ce dernier exemple va nous amener à constater une lacune dans l'énumération traditionnelle des sortes de comiques.

Lorsque le spectateur riait à l'audition du vers de La Fontaine ainsi plaisamment appliqué par un personnage à certains membres de sa famille, son rire avait une double source : d'abord il s'amusait de voir attribuer à des êtres humains (dont quelques-uns féminins) des noms d'animaux de nature plutôt dépréciative ; ensuite, par une deuxième interférence d'ordre plus relevé, il trouvait quelque chose de plaisant à voir intervenir dans une situation nouvelle pour lui un vers de La Fontaine qu'il connaissait bien. Ici nous quittons le domaine du comique de mots pur et simple pour arriver au *comique d'idées* qui exige de la part du spectateur une certaine culture et un plus grand effort intellectuel. Il ne semble pas que jusqu'ici on ait fait à ce comique une place à part. C'est à cette catégorie qu'appartient le comique d'allusion, d'anachronisme et de parodie. Dernièrement deux dames assistaient au Théâtre-Français à la représentation d'une pièce du répertoire moderne intitulée *le Paon*, de Francis de Croisset. A un moment, un jeune homme récite à une femme des vers qu'il prétend avoir composés pour elle, et qui commencent par ces mots : « Mignonne, allons voir si la rose... ». L'ensemble du public (et l'une des deux dames entre autres) fut immédiatement sensible à l'effet comique qu'avait cherché l'auteur ; mais l'autre dame, dont la culture intellectuelle était assurément médiocre, ne saisissant pas l'allusion, s'irrita de voir ainsi les spectateurs éclater de rire sans motif plausible. C'est ce qui explique pourquoi la plupart des pièces reposant sur une parodie assez fine et une suite d'anachronismes délicatement choisis ne peuvent obtenir un succès vraiment populaire. *La Belle Hélène* a triomphé en son temps, d'abord parce que les poèmes homériques étaient alors mieux connus de l'ensemble du public, et aussi parce que l'énormité de la bouffonnerie entraînait même les spectateurs qui ne saisissaient pas toutes les allusions du dialogue. Il en est tout autrement pour des pièces parodiques comme la *Lysistrata* de M. Maurice Donnay, ou, à plus forte raison, pour des fantaisies spirituelles brodées sur un thème connu, comme l'*Amphitryon 38* de M. Giraudoux. Tous les spectateurs rient en voyant Calchas et les rois grecs s'évertuer à chercher la solution d'une charade dont le mot est *locomotive*, car les plus ignorants dans la salle savent que les chemins de fer n'existaient pas dans l'antiquité. Il faut un effort déjà plus considérable pour sourire de ce personnage de *Lysistrata* qui, voulant s'en aller sans tapage, déclare qu'il va « filer à la perse » ; l'auditeur doit penser à la fois à l'expression « filer à l'anglaise » et à la situation de voisinage et de rivalité de la Perse et de la Grèce, analogue à celle de l'Angleterre et de la France. La difficulté est encore plus grande quand il s'agit de comparer mentalement, tout le long de la pièce de M. Giraudoux, l'interprétation traditionnelle de la légende d'Amphitryon avec l'interprétation ironique et paradoxale que l'auteur insère dans le thème classique, qu'il y superpose ou qu'il lui substitue. Ce travail de comparaison permanent et latent entre deux plans d'idées, dont l'un est présenté directement au public, et l'autre fait partie de son magasin de souvenirs, constitue une forme de comique très complexe et parfois très raffiné, qui ne semble pas jusqu'ici avoir été défini à part, et qu'il est bien difficile de faire rentrer dans l'une des catégories généralement admises.

Ce comique d'idées paraît bien faire le fond des plus originales comédies d'Aristophane (les *Grenouilles*, les *Nuées*) et aussi des pièces allégoriques dont le moyen âge raffolait, et que notre époque a vu reparaître après une longue éclipse, dans le genre très particulier et très curieux de la revue satirique. Le piquant d'une moralité ou d'une sottie du moyen âge ne peut nous être sensible que si nous sommes parfaitement au courant des circonstances politiques ou sociales dans lesquelles elle a été jouée. Ce qu'il y a de plaisant dans une revue montmartroise sera souvent presque insaisissable pour un étranger ou même un provincial, parce qu'ils ne possèdent pas la clé de certaines allusions, et qu'il leur manque la connaissance d'un des deux plans d'idées dont l'interférence fait jaillir le comique. L'ingéniosité qu'apportent certains auteurs de ces revues à découvrir une présentation risible par elle-même est précisément destinée à pallier l'inconvénient de l'état de demi-compréhension où se trouvent un certain nombre de spectateurs.

L'analyse que donne M. Bergson du comique de situations, les exemples symboliques et caractéristiques qu'il choisit, le classement des formes du comique par répétitions, inversions ou interférences, trouveront souvent leur vérification dans les cas précis que nous aurons à examiner. Je me contente sur ce point de rappeler que la répétition, l'inversion et l'interférence des séries, ne s'appliquent pas seulement aux situations, mais aux mots et aux gestes, et que cette ingénieuse classification établie à propos d'une sorte de comique aurait pu l'être également à propos des modes d'expression que constituent les deux premières catégories.

Sur le comique de caractères, il y aurait sans doute matière à une discussion plus copieuse et plus serrée. Sans vouloir allonger à l'excès l'exposé des théories générales, j'indiquerai seulement deux points sur lesquels le procédé d'exposition de M. Bergson ou le fond même de sa théorie me semblent pouvoir être discutés, ou complétés. M. Bergson donne une analyse fort intéressante de ce qu'il appelle le « comique professionnel » (V. *le Rire*, p. 180 à 184). On sait que c'est là une des sources les plus riches du comique théâtral, et aux exemples fort plaisants que cite l'auteur du *Rire*, on peut ajouter un grand nombre d'autres, à commencer par celui du chef de gare du *Train de Plaisir*, qui répond à toutes les réclamations des voyageurs : « Mais aussi pourquoi voyagez-vous ? Est-ce que je voyage, moi ? », et sans oublier le type si vigoureux et si original du *Knock* de M. Jules Romains. Cette source de comique est beaucoup plus abondante et d'un effet plus facile que le comique de caractère proprement dit. Il est certaines époques de l'histoire de notre théâtre où celui-ci semble disparaître presque complètement au bénéfice de celui-là. Puisqu'on distingue classiquement la comédie de mœurs de la comédie de caractères, ne conviendrait-il pas d'adopter pour désigner ces différentes sortes de comique un terme général plus vaste, comme celui de « comique psychologique », séparant à l'intérieur de cette catégorie le comique de mœurs du comique de caractères ?

Simple question de nomenclature sans doute, mais qui importe assez à la clarté de l'exposition. Beaucoup plus essentielle est la question qui se pose au sujet des rapports entre le comique que peut dégager un personnage et la sympathie qu'il peut inspirer. M. Bergson a écrit sur cette question une page fort importante : « Le comique, disions-nous, s'adresse à l'intelligence pure ; le rire est incompatible avec l'émotion. Peignez-moi un défaut aussi léger que vous voudrez : si vous me le présentez de manière à émouvoir ma sympathie, ou ma crainte, ou ma pitié, c'est fini, je ne puis plus en rire. Choisissez au contraire un vice profond et même, en général, odieux : vous pourrez le rendre comique si vous réussissez d'abord, par des artifices appropriés, à faire qu'il me laisse insensible. Je ne dis pas qu'alors le vice sera comique ; je dis que dès lors il pourra le devenir. Il ne faut pas qu'il m'émeuve, voilà la seule condition réellement nécessaire, quoiqu'elle ne soit pas assurément suffisante (1). » Sans doute M. Bergson reconnaît plus loin que nous pouvons, dans certains cas, éprouver, au moins au début, une certaine sympathie pour le personnage risible, et il essaie de donner de ce phénomène contraire à sa théorie une explication assez laborieuse et médiocrement convaincante. Nous verrons, à propos de certains cas offerts par notre comédie classique et surtout contemporaine, que cette thèse demande à être examinée de très près ; le comique qui s'attache à un personnage sympathique par lui-même est une des formes de l'humour, et la valeur dramatique de l'humour est une des questions les plus complexes, les plus curieuses et les plus caractéristiques que soulève notre théâtre moderne.

Avant d'aborder l'étude historique qui constitue la matière même de ce livre, il reste à poser une question d'où dépendra essentiellement la portée de nos conclusions : est-il possible d'établir entre les différentes formes du comique une hiérarchie

(1) Bergson. *Le Rire*, p. 142 (3e édit. 1904). Voir de même sur cette théorie classique, acceptée le plus souvent sans contrôle : Dugas. *Psychologie du Rire* (1902), p. 41.

qui permette de porter éventuellement des jugements de valeur sur les pièces où nous les rencontrons ? Je me suis efforcé jusqu'ici d'en préciser la nature, mais il n'est pas moins utile de savoir si les uns présentent par rapport aux autres un caractère incontestable de supériorité. Sur ce point ma réponse sera fort nette ; quel que soit mon désir d'objectivité et mon respect de toutes les préférences individuelles, il ne me paraît pas possible de mettre sur le même plan une pantomime de cirque et telle scène où l'un de nos grands auteurs aura caché sous l'apparence superficielle du comique la plus profonde connaissance du cœur humain. J'ai noté plus haut que certains phénomènes de comique élémentaire étaient d'autant plus difficiles à analyser que leur effet était plus général et plus sûr. Par contre l'analyse des causes du rire dans une œuvre dramatique deviendra plus aisée à mesure que le comique sera plus conscient, et qu'il exigera du spectateur un effort intellectuel plus grand et un degré de culture plus élevé. Tout le monde, ou presque, éclate de rire devant les pitreries d'un clown, mais chacun serait bien embarrassé de dire pourquoi il rit ; le nombre de gens que fait rire ou sourire une vivacité d'Alceste, une inconséquence d'Arnolphe ou une saillie de Figaro est beaucoup plus restreint, mais chacun d'eux pourrait rendre raison de son hilarité. C'est sur ce degré plus ou moins élevé de conscience et d'intellectualité que l'on pourrait, me semble-t-il, établir la base d'une classification hiérarchique des différentes sortes de comique. Les exemples les plus humbles, ceux qui se rattachent au comique clownesque, où dominent les aspects risibles des formes, des attitudes ou des gestes, nous permettent déjà de saisir de notables différences. Le numéro célèbre et quasi invariable de Grock ne fournit pas seulement une matière admirable pour la vérification des théories de M. Bergson, mais sa supériorité réside dans la fantaisie imprévisible, dans l'apparence de fraîcheur puérile, mêlée à l'extrême habileté des combinaisons de gestes, qui nous donnent le désir de chercher, par delà cette suite d'excentricités, une personnalité mystérieuse dont le secret nous échappe, mais dont nous pressentons vaguement l'unité. Plus nettement encore, les films de Charlie Chaplin s'élèvent bien au-dessus de tous les films comiques qui nous ont été présentés jusqu'ici, parce que la personnalité du type créé par ce célèbre acteur offre des traits suffisamment caractérisés pour nous donner une impression d'unité et de vie, et par là une pleine satisfaction intellectuelle (1).

On se rendra mieux compte de ce fait si l'on compare ces films, ou d'autres du même ordre, aux productions en série fabriquées industriellement en Amérique, et dont nous sommes inondés depuis quelque temps, surtout dans les cinémas de second ordre ; il serait superflu d'y chercher non seulement l'unité psychologique d'un personnage, mais une liaison quelconque entre les épisodes : chacun d'eux pris séparément peut, par un effet de surprise, produire cette sorte d'hilarité animale à laquelle nous cédons mécaniquement, quitte à nous en repentir aussitôt, mais notre esprit latin habitué instinctivement à une certaine logique se rebelle assez vite contre l'incohérence de cette juxtaposition d'effets comiques dont aucun n'est cherché dans l'interprétation, même superficielle, d'un embryon de caractère, mais uniquement dans des éléments plaisants d'ordre tout matériel que les Américains appellent des « gags », dont ils pratiquent l'invention et la mise au point suivant les règles d'une technicité et d'une taylorisation tout industrielles, et dont la répétition doit, selon eux, déclencher le rire aussi sûrement qu'on allume une ampoule électrique en tournant le commutateur (2).

(1) Beaucoup de gens graves ont déversé leur ironie méprisante sur l'illustre Charlot uniquement parce qu'il fait rire, et que ces gens voudraient ne pas compromettre leur dignité dans une séance de cinéma où ils seraient heureux de retrouver tout l'ennui d'une réception académique. Mais des critiques, des artistes et des gens de lettres, dont l'intelligence vaut bien celle de ces gens du monde si dégoûtés, n'ont pas jugé indigne d'eux de soumettre la pantomime de Charlot à une analyse psychologique très approfondie, et c'est ainsi que les frères Tharaud ont reconstitué derrière ces films comiques la personnalité de Charlie Chaplin, dans laquelle ils croient, à tort ou à raison, reconnaître une des incarnations les plus réussies de l'humour juif.

(2) Il n'est pas téméraire, semble-t-il, en établissant une échelle des valeurs comiques, de mettre au plus bas échelon des productions dont un

Pour la même raison, les plaisanteries passe-partout, les mots d'auteur plaqués hors de propos nous paraîtront grandement inférieurs à la formule lapidaire qui résume une situation, un caractère, ou l'idée d'ensemble qui domine une pièce. Le seul fait qu'un mot spirituel peut être indifféremment transporté d'une comédie à l'autre est déjà une marque d'infériorité. Au contraire le mot acquiert en dignité à mesure qu'il sert davantage soit à révéler une âme, soit à créer ce comique d'idées d'une intellectualité supérieure que j'ai essayé précédemment de définir. Ainsi l'esprit d'Emile Augier est naturellement plus lent, moins parisien et moins pétillant que celui d'Alexandre Dumas, mais il a sur lui le grand avantage d'être très étroitement adapté aux situations et aux caractères. Des mots comme « Je suis ambitieux » du père Poirier, ou « Echinez-vous donc à édifier une fortune » de maître Guérin, n'ont rien en soi de particulièrement spirituel, mais ils condensent bien toute une psychologie. Lorsque Alexandre Dumas se complaît à répéter par deux fois, dans *l'Ami des Femmes* et dans la *Princesse Georges*, sa comparaison entre le mariage et la vaccination, on peut trouver le propos plaisant, mais il n'a rien à voir ni avec le caractère du personnage, ni avec la thèse soutenue par l'auteur, il nuit même au sérieux de cette thèse. On en dirait autant de la plaisanterie sur les petits ruisseaux qui font les grandes rivières... de diamants et de bien d'autres. Un des derniers panégyristes d'Alexandre Dumas (1) s'extasie sur le dialogue

homme de culture moyenne, après en avoir ri malgré lui, s'empressera de dire : « C'est parfaitement idiot. » Ce sentiment d'une certaine indignité du rire est particulièrement aigu chez le public français. C'est ce qui a parfois surpris certaines grandes entreprises étrangères, prêtes à nous submerger sous le flot des productions théâtrales ou cinématographiques contre lesquelles notre esprit critique s'est assez vite révolté. Je signale comme un symptôme assez réconfortant pour l'intellectualité française un fait curieux qui s'est produit il y a peu de temps : un film présenté dans un de nos plus grands établissements cinématographiques a provoqué une véritable émeute, non point parce qu'il était trop difficile à suivre, ou peu moral, ou attentatoire à certaines convictions, ou que la qualité de la photographie en laissait à désirer, mais tout simplement parce qu'il était trop bête.

(1) P. Lamy. *Le Théâtre d'Alexandre Dumas fils* (1928) p. 88.

du premier acte de *l'Ami des Femmes* entre de Ryons et Mme Leverdet (« Il n'y a pas d'honnêtes femmes, alors ? — Si, plus qu'on ne le croit, mais pas tant qu'on le dit »). Il analyse avec perspicacité ce qui rend piquante cette suite de répliques, mais oublie de se demander si la série d'effets de surprise ainsi produits est bien dans le sens de la scène et de la pièce, ou si l'auteur a simplement cédé au plaisir de se montrer spirituel. Dans la plupart des comédies de la période 1890-1910, les parties périmées et vieillies sont précisément celles où l'auteur, voulant reproduire l'allure d'une conversation mondaine, a multiplié les mots d'esprit artificiel et d'une superficielle actualité, que le temps a pitoyablement fanés (1).

Les situations, elles aussi, nous paraîtront d'un comique plus ou moins élevé suivant qu'elles visent simplement à un effet de surprise, à un enchaînement cocasse d'incidents, à la complication d'une intrigue, ou qu'au contraire elles servent avant tout à mettre en pleine lumière le fond d'un caractère et qu'elles sont en quelque sorte les réactifs par quoi se décèle un état psychologique. Il ne s'agit pas d'envelopper dans un dédain préalable tous les incidents extérieurs qui peuvent concourir au mouvement, à l'animation d'une pièce. Certains critiques sont allés trop loin dans ce sens, et pas un auteur dramatique digne de ce nom ne résisterait à l'application de leur théorie générale, qui voudrait faire sortir tous les incidents du jeu même des caractères. Mais il est bien certain que ces incidents, même fortuits et venus du dehors, peuvent être choisis de façon à faire mieux saillir tous les traits d'une psychologie : il en est ainsi dans *l'Avare*, dans *Tartuffe* et même, à un degré beaucoup plus humble, dans *le Voyage de M. Perrichon*. Mais il est bien clair que les poursuites et les rencontres du *Chapeau de Paille d'Italie* ou de *la Cagnotte* ont plus de pouvoir comique en elles-mêmes que par les réactions psychologiques toutes superficielles des fantoches qui y participent. Ainsi nous parviendrons à cette

(1) On s'en est aperçu notamment aux reprises de pièces comme *le Retour de Jérusalem, la Femme Nue* ou même *le Passé*.

conclusion : un comique sera d'ordre d'autant plus élevé qu'il contribuera davantage à nous faire saisir le fond d'un caractère ou le sens d'une idée ; il va sans dire que l'auteur n'aura atteint son but que si, tout en nous révélant ces dessous psychologiques ou intellectuels, il a réussi à nous faire rire. Cet équilibre instable entre la profondeur de la pensée et la présence du comique est précisément le secret des écrivains de génie.

Il pourrait ici me venir un scrupule, et je tiens à prévenir toute méprise. Il est fort à la mode en ce moment de déprécier l'intelligence au profit du pur instinct, et l'on nous annonce couramment que les valeurs esthétiques d'aujourd'hui seront entièrement bouleversées demain ; on nous démontre, ou plutôt l'on nous affirme, que la logique est un préjugé en voie de disparition, comme le respect de la syntaxe est une exécrable habitude bourgeoise, et les manifestes publiés dans ce sens prêchent en effet d'exemple. Je tiens donc à spécifier que mon classement repose sur une ferme croyance en certaines valeurs d'ordre intellectuel, au respect desquelles je suis fortement attaché, et dont aucun paradoxe si brillant soit-il ne m'a encore démontré l'indignité. La hiérarchie que je propose est celle qui peut entrer aisément dans l'esprit d'un occidental et d'un latin curieux de tous les aspects de la vie, dégagé de toutes préventions, mais persuadé que la valeur esthétique de ces aspects, ou plutôt de la traduction artistique qui nous en est offerte, dépend avant tout du substratum intellectuel, conscient ou non, qu'implique cette traduction. Voilà pourquoi, si curieuse que puisse être l'analyse des éléments comiques que comporte la gesticulation incohérente d'un nègre, je me permettrai de la placer au-dessous d'une scène de haute comédie magistralement traitée, pourquoi aussi j'oserai affirmer que le rire s'élève à mesure que les raisons qui le provoquent peuvent trouver leur justification dans un système intellectuel, moral ou social.

Les faits eux-mêmes confirment cette théorie d'une façon éclatante. Ils nous montrent d'abord que les effets comiques d'ordre inférieur s'usent beaucoup plus vite que les autres ; une fois la première surprise passée, certains gestes cessent de nous faire rire : on ne s'amuse jamais la seconde fois autant que la première à tel vaudeville à quiproquos, ou à tel film grossièrement bouffon. Par contre, dans les comédies de caractères, nous trouvons à chaque audition nouvelle de nouvelles raisons de nous divertir, parce que chaque fois les effets plaisants nous font découvrir un aspect encore inaperçu du caractère, un approfondissement de l'étude psychologique que nous n'avions pas encore soupçonné. En outre la hiérarchie, bien loin d'être la création arbitraire d'une intellectualité qui violente le réel, se justifie par l'interdépendance effective des différentes catégories de comique : le geste accentue la parole, l'un et l'autre concourent à souligner la situation ; celle-ci met en pleine lumière l'idée ou le caractère dont le geste et le mot sont aussi les serviteurs. On ne voit pas en revanche l'étude du caractère se faire le simple auxiliaire du geste et du mot.

Ces considérations nous aideront à étudier et à classer, au cours d'une rapide revue historique de l'évolution du comique dans notre théâtre, les effets infiniment variés que nous rencontrerons sur notre chemin. Sans attribuer à cette classification et à cette hiérarchie une valeur absolue, nous pourrons du moins les utiliser pratiquement pour débrouiller sur quelques points l'écheveau touffu des effets comiques tels qu'ils se présenteront à nous. Comme le dit excellemment M. Bergson, « le comique n'appartient ni tout à fait à l'art ni tout à fait à la vie ». Ce caractère équivoque du comique, qui est la raison d'être même de notre entreprise, en fait, à la fois, toute la difficulté et tout l'intérêt.

III

LE MOYEN AGE

§ 1. — Farces, moralités et sotties.

Une remarque s'impose tout d'abord à nous : c'est à propos du moyen âge que les historiens de la littérature ont le plus volontiers adopté le point de vue auquel nous nous plaçons dans cette étude. L'éloignement même des monuments littéraires qui nous sont parvenus de cette époque, la différence frappante qui les sépare de notre littérature dramatique moderne, ont conduit ceux qui les ont étudiés à se poser la question des rapports entre les pièces de théâtre et le public, alors que cette question ne leur semblait pas (et bien à tort !) présenter le même intérêt quand il s'agissait du XVIIe ou du XVIIIe siècles. Un historien comme Petit de Julleville, examinant les documents théâtraux du moyen âge, se trouve en présence d'ouvrages dont le caractère diffère profondément de tout ce que deux siècles de littérature et de théâtre académiques lui avaient appris à considérer comme normal. Il s'est demandé pour le théâtre tragique, et plus encore pour le théâtre comique, comment le public du XIVe et du XVe siècles avait pu se plaire à des modes de présentation scénique qui n'auraient été admis, au XIXe siècle, sur aucun théâtre, comment il avait pu tolérer des plaisanteries, des satires et des mises en scène du réalisme le plus cru, contre lesquelles les spectateurs de notre temps se seraient révoltés. Il a donc bien fallu sinon résoudre la question des variations du goût public, du moins la considérer comme méritant d'être résolue. Alors que les critiques du XIXe siècle, abusés par la continuité de la tradition qui unit le XVIIe siècle classique à notre époque, s'imaginaient de bonne foi qu'ils se trouvaient devant une pièce de Molière ou de Racine dans le même état d'esprit que les nobles et les bourgeois du temps de Louis XIV, Petit de Julleville, dans des travaux qui ont été complétés depuis, mais dont tout l'ensemble reste solide et valable, se demande à chaque instant comment l'histoire des mœurs, des idées et des croyances peut expliquer certaines particularités surprenantes des mystères, des miracles, des farces, des sotties ou des moralités (1).

C'est cette question si curieuse et si difficile que je vais reprendre ici, sans prétendre, à beaucoup près, la traiter dans toute son ampleur, mais en insistant particulièrement sur les points où il semble que des résultats positifs puissent être envisagés.

Je ne me propose pas, dans tout ce qui va suivre, de débrouiller les origines du théâtre comique, quel que soit l'intérêt des problèmes qu'elles posent : rapport entre certains faits religieux et le théâtre profane, rôle du *sermon joyeux* et du monologue dans la genèse des pièces comiques à plusieurs personnages, relations entre les différents groupes ou les diverses confréries d'acteurs. Le seul cas bien singulier d'un Adam de la Halle composant dans son *Jeu de la Feuillée* une sorte de revue historique et locale où lui-même semble ne pas s'être épargné, mériterait une longue étude. La distinction classique entre farce, moralité, sottie, si souvent démentie par les faits, suffirait à fournir la matière d'un copieux examen. Eliminant tout ce qui peut prêter à controverses, me bornant aux caractères les plus généraux de notre théâtre comique, tels qu'ils peuvent se présenter à nous vers le XVe siècle, c'est sur un ensemble de pièces fort considérable et relativement homogène que je vais me fonder, pour tirer de cet examen des conclusions dont la solidité ne puisse pas être contestée. En effet, l'on peut noter tout d'abord que ce

(1) Ce chapitre était écrit lorsqu'a paru le lucide et substantiel volume de M. G. Cohen sur le *Théâtre profane au moyen âge* (1931). Rien ne me semble y contredire mes conclusions.

théâtre a joui de la plus grande popularité : clercs de la Basoche, Enfants sans Souci, confréries de Sots, de Cornards de Rouen, de Diables de Chaumont ou de Fous d'Auxerre, écoliers mêlés aux comédiens de profession, jouant à Paris devant le Grand Châtelet ou dans la Grand'Salle, sur la Table de Marbre, puis à l'Hôtel de Bourgogne, utilisant en province une place publique, un jeu de paume ou quelque local improvisé, on sait que ces comédiens ont toujours attiré une foule nombreuse, essentiellement recrutée dans la bourgeoisie et les classes populaires, qui aimait à retrouver dans ces pièces un tableau caricatural de sa vie quotidienne. Tous ces ouvrages comiques, dont une partie seulement nous est parvenue, et dont les auteurs sont le plus souvent anonymes, présentent par leur caractère d'improvisation même une spontanéité, une adaptation directe et constante avec les besoins et les habitudes du public, qui nous en rend l'étude d'autant plus précieuse.

Ce qui frappe tout d'abord un admirateur de notre comédie classique quand il prend contact avec le théâtre comique du moyen âge, c'est l'absence presque complète de ces « caractères » dont la création fait la supériorité d'un génie comme Molière. Pour reprendre la distinction établie au chapitre précédent, le comique psychologique est presque toujours ici d'ordre professionnel. La littérature du moyen âge paraît fort inapte à créer de toutes pièces une individualité comportant les éléments complexes et les nuances d'un être réel. De même que dans les mystères Adam, Ève, Jésus, la Vierge, se réduisent à quelques traits stéréotypés, qu'il est impossible de reconnaître un martyr ou un bourreau d'un autre martyr ou d'un autre bourreau, ici, nous trouvons des maris, des femmes, des marchands, des paysans, des gens d'armes dont aucun ne se distingue des autres par une individualité caractérisée (1) : tout ce qui constitue leur

(1) Même dans la *Farce de Pathelin*, le chef-d'œuvre du genre, les personnages si plaisamment caractérisés sont ceux de l'avocat sans cause, du marchand. de la petite bourgeoise coquette et du paysan finaud sous son air

personnalité est emprunté à leur condition sociale ou familiale, et l'on en vient à se demander si Diderot, qui voulait voir substituer la peinture des conditions à celle des caractères, n'aurait pas trouvé dans le théâtre du moyen âge la plus complète application de ses théories.

Est-ce à dire que toutes les données de la psychologie générale soient absentes des farces, des moralités ou des sotties ? Non sans doute, mais la présentation en revêt une forme particulière. C'est ici qu'intervient l'un des caractères les plus originaux de notre comédie médiévale : l'utilisation continuelle de l'allégorie.

Dans les farces, c'est bien la reproduction réaliste de scènes familières qui nous est présentée, et les personnages sont de même nature et de même aspect que ceux à qui la représentation est destinée. Mais les moralités et les sotties ont pour caractère principal l'emploi de personnages abstraits, symbolisant tantôt toute une classe de la société (ce qui est une autre forme du comique professionnel), tantôt les vices, les vertus, les penchants, les travers, les défauts et les ridicules qui se partagent l'âme humaine. Des moralités comme celle qui nous montrent *Eglise, Noblesse* et *Pauvreté* faisant ensemble leur lessive, ou les mêmes classes sociales jouant ensemble au *Capifol* (sorte de colin-maillard ou de main chaude) ne font que réunir en un même personnage tout un groupe d'individus appartenant à la même catégorie. Mais dans la moralité de *Bien Advisé, Mal Advisé,* nous voyons non seulement les deux acteurs principaux représenter chacun le groupe des hommes qui se conduisent bien et celui des hommes qui se conduisent mal, mais nous voyons aussi les différentes tendances entre lesquelles ils sont partagés représentées par des personnages comme Raison, Franche-Volonté, Contrition, Infirmité, Humilité, Hoquellerie (Débauche), Aumône, Male-Chance, Tendresse, Vaine-Gloire, etc. On en dirait autant de la *Condamnation de Banquet*, et des

de sottise plutôt que des individualités vraiment dotées d'une psychologie personnelle.

Enfants de Maintenant, ainsi que de nombreux ouvrages du même genre. Ce procédé d'analyse psychologique qui consiste à isoler les différents sentiments dont est fait notre être intime et à leur donner une existence propre nous déconcerte aujourd'hui, mais on sait qu'il était courant au moyen âge. On le retrouve dans des œuvres littéraires, comme le *Roman de la Rose*, qui ont eu le plus grand succès et la plus profonde influence. Il domine tout l'art médiéval, aussi bien dans la pierre des cathédrales que dans les vers des poètes.

Les historiens littéraires se sont souvent étonnés que nos aïeux aient pu prendre quelque plaisir aux débats que se livraient entre elles ces allégories froides et abstraites ; nous avons évidemment beaucoup de peine à reconstituer l'état d'esprit qui leur permettait de s'intéresser à une moralité comme celle de *l'Assomption de Notre-Dame*, où figuraient des abstractions théologiques comme le Bien Naturel, le Bien Gracieux, le Bien Vertueux, etc., et où le dénouement consiste dans le mariage du Bien Souverain, représentant Dieu lui-même, avec la Bien Parfaite, c'est-à-dire la Vierge Marie, que le Bien Triomphant amenait dans un char. Mais ce genre de présentation scénique nous paraîtrait beaucoup moins ennuyeux et insupportable si nous nous rendions compte du caractère d'actualité qu'il présentait alors. J'en trouve la preuve dans la facilité avec laquelle certains ouvrages dramatiques d'aujourd'hui, notamment dans le genre de la revue, nous offrent des allégories, qui ne sembleront peut-être ni plus intéressantes ni plus acceptables à nos arrière-petits-enfants. Les exemples en foisonnent : ce ne sont pas seulement des représentations symboliques de vertus, de vices, de nations, de faits historiques ou de régions de la France qui, dans les revues à grand spectacle, servent de prétexte à des exhibitions plastiques. Dans la plupart d'entre elles, la République elle-même se trouve représentée sous le nom de Marianne, et c'est un lieu commun de music-hall que de nous la montrer passant en revue ses époux successifs. Mais dans des fantaisies plus fines, nous voyons également l'allégorie employée de façon parfois assez ingénieuse. Tantôt ce sera la Régie, ou la Censure, ou l'Assistance publique qui viendra exercer ses sévices sur le malheureux « Français moyen », et recevra les sarcasmes qu'auteur et public s'accordent à trouver légitimement dus. Je me souviens d'une revue où deux scènes contrastées opposaient les difficultés de la vie matérielle d'aujourd'hui avec l'abondance qui ne pouvait manquer de suivre cette période critique : dans ces deux scènes, le même ménage bourgeois avait successivement pour domestique une servante très maigre du nom de Pénurie, et une soubrette rebondie qui s'appelait Pléthore. Ne voilà-t-il pas un type d'allégorie qui rappelle de très près celles du moyen âge ?

N'avons-nous pas vu aussi dans le *Beethoven* de M. René Fauchois les neuf symphonies du maître lui apparaître dans une sorte d'hallucination? Plus récemment, M. Sacha Guitry, dans un essai moins heureux il est vrai, a fait intervenir sur la scène, à côté de personnages officiels comme le Président de la République française, l'ambassadeur des Etats-Unis et son héros, Charles Lindbergh, des êtres allégoriques : l'Océan, le Vent, la Pluie, la Nuit, le Froid, le Tonnerre, etc., et aussi les Sept Péchés Capitaux, qui avaient semblé jusqu'ici spécialement réservés aux défilés de music-halls. Des œuvres de haute tenue littéraire comme *Chantecler* d'Edmond Rostand, et *l'Oiseau Bleu* de Maurice Maeterlinck sont bien faites pour nous aider à admettre le principe de l'allégorie dramatique, qui n'a nui ni à leur valeur artistique, ni à leur succès. Constatons seulement que, pour apprécier ce comique allégorique, le public du moyen âge devait témoigner d'une certaine finesse, d'une grande facilité à confronter mentalement les abstractions avec les réalités concrètes qu'elles représentaient, d'une souplesse d'esprit que pourraient lui envier certains auditoires modernes. Peut-être d'ailleurs, s'il est vrai que le spectacle comportait généralement une sottie, un sermon joyeux, une moralité et une farce, les auteurs destinaient les parties allégoriques à la portion la plus affinée du public, réservant les trivialités de la farce aux éléments plus grossiers. Il semble bien, en tout cas, que, si les auteurs se sont montrés à cette date peu capables de reconstruire et de faire vivre la synthèse d'un être humain, le public, lui, a prouvé qu'il pouvait fort bien en suivre et en apprécier l'analyse.

Si nous en venons au contenu même de ce comique social ou professionnel qui constitue la partie la plus importante des farces, plus encore que des moralités ou des sotties, ce qui nous frappera tout d'abord, c'est son caractère essentiellement satirique. Dans la comédie du moyen âge, la satire porte soit sur les différents ordres de la société, soit sur les professions, soit sur la vie familiale. Elle est souvent d'une audace qui nous surprend et la liberté dont elle use est d'autant plus remarquable que nous devons attendre jusqu'à la fin du XVIIIe siècle pour en retrouver un écho affaibli. Ce qui a le plus étonné les historiens, c'est l'irrévérence dont les auteurs comiques font preuve à l'égard du pouvoir le plus universellement respecté alors : celui de l'Eglise. C'est là une des questions de psychologie collective les plus embarrassantes que pose l'histoire de notre théâtre. On a dit souvent que les attaques contre les personnes avaient été tolérées par l'autorité religieuse, pourvu que les dogmes restassent hors d'atteinte. Mais que penser de déformations comme celle de *l'Assomption de Notre-Dame*, où l'on voit la Bien Parfaite, c'est-à-dire la Vierge Marie, marivauder avec le Bien Gracieux qui lui dédie des madrigaux, et le Bien Naturel chanter avec des accents tout profanes le vin des Noces de Cana :

> Plein de liqueur, plein de mellifluence,
> Friand, coulant, un gaillard vin mignon,
> Ce n'était point un gros vin bourguignon !

Que penser, à plus forte raison, de ces sermons joyeux, dont la tradition s'est perpétuée jusqu'au début du XVIe siècle et qui offrent des exemples des libertés les plus sacrilèges ? Nous avons des sermons en l'honneur de Saint-Raisin, Saint-Oignon, Saint-Velu, Saint-Jambon et Sainte-Andouille, et même, révérence parler, Saint-Frappe-Cul. *Le Sermon pour une Noce*, de Roger de Collerye, adressé à une nouvelle mariée, sur le texte *Audi, filia, et vide*, est, dans sa conception comme dans son exécution, de la plus parfaite obscénité. Le sermon joyeux *d'un Fiancé qui emprunte un pain sur la fournée, à rabattre sur le temps à venir*, affirme sa liberté cynique par son titre même, et le *Sermon du Frère Guillebert* défie, par son indécence continue, la possibilité de la moindre citation. Quel pouvait être l'état d'esprit de chrétiens sincères entendant parodier les formules les plus révérées dès le début d'un de ces sermons : *In nomine Bacchi et Scyphi et sancti Doli, amen !*, ou encore :

> In nomine Patris silence,
> Seigneurs et dames, je vous prie,
> Car je n'ai pas grande éloquence :
> Je vous ferai cy en présence
> Un sermon de friponnerie.
> In nomine Patris, silence
> Seigneurs et dames, je vous prie !

C'est sans doute parce que la foi était vivace et profonde, parce que l'on ne pouvait concevoir aucune possibilité de résister à l'autorité de l'Eglise, que, par une sorte de revanche ou de détente, de pareilles libertés pouvaient être tolérées : il est moins dangereux de rire de ce qui paraît immuable que de ce qui ne présente qu'une solidité douteuse.

Quant aux attaques contre les abus de l'Eglise et contre les mœurs de ses représentants elles sont tellement usuelles que nous voyons Gringoire, dans son *Jeu du Prince des Sots*, représenter l'Église sous le nom de Mère Sotte, et attaquer directement la papauté, sans doute à l'instigation du roi Louis XII. Dans une autre moralité, l'homme d'Eglise est représenté sous le nom de Sot Dissolu. Ici une mère dont le fils est parfaitement stupide demande conseil à une voisine qui lui répond :

> Faisons-en un homme d'église,
> Je n'y trouve d'autre moyen.

Peu importe qu'il ne sache « ni fa ni mi », il pourra toujours « son livre lire » et « sa messe dire » ; et tout s'arrangera

> Par le moyen d'un beau vicaire,
> Qui prendra le soin et la cure
> Du bénéfice ou de la cure.

Une des scènes les plus hardies est celle où l'on voit, dans la *Farce du Meunier*, un curé qui successivement et presque simultanément confesse un mourant, et fait la cour à la femme du malheureux près de son lit d'agonie.

La noblesse n'est pas plus épargnée que le clergé dans ce genre de pièces : Pauvreté chante en faisant la lessive :

> Noblesse bat sans être battue d'âme,
> Au moins de moi, qui ne m'en puis venger ;
> Si je m'en venge, en prison, lieu infâme,
> Il me fera soudainement loger.

et ailleurs, Commun, toujours frappé par Eglise et Noblesse, se plaint non moins vivement :

> Je perds sens, biens, force et haleine,
> Ils me font payer taille et guet ;
> Ils me font tenir en secret,
> Pendant que mon bien on emporte ;
> Puis l'un d'eux chez moi se transporte
> Qui vient voir si ma femme est belle.

On pourrait penser que le caractère généralement bourgeois et populaire des auditoires contribue à expliquer la violence de ces attaques contre les ordres privilégiés ; mais les classes plus humbles ne sont pas épargnées. N'a-t-on pas fréquemment relevé, comme un des traits permanents du caractère français, le plaisir que nous trouvons à nous railler nous-mêmes, à rire de la mise en scène de nos propres travers ? Les personnes ou les collectivités qui sont attaquées aujourd'hui, sans beaucoup de ménagements, dans certains cabarets montmartrois, ne sont-elles pas les premières à en rire, et ne trouvent-elles pas plaisant d'aller applaudir elles-mêmes leur propre caricature ? Nous ne sommes donc pas étonnés de voir, dans la même moralité où l'Eglise est représentée par Sot Dissolu, Sot Corrompu incarner la justice, Sot Trompeur les commerçants, et Sot Ignorant le menu peuple. On a pu passer ainsi en revue toutes les professions en analysant le répertoire comique du moyen âge ; dans la *Sottie de Folle Bombance* nous voyons trois fous, un noble, un marchand, et un laboureur, engager tout leur bien pour se vêtir à la dernière mode du temps de Louis XII. Ils vantent à qui mieux mieux la joie de ne rien faire :

> C'est trésor de soi reposer,
> C'est plaisir de vivre en liesse.

et déclarent que le seul moyen d'être estimé, c'est d'être bien vêtu :

> Si un homme est rempli de science,
> Et n'est guerrièrement vêtu,
> De tout le monde c'est l'usance,
> Ne sera prisé un fétu ;
> Mais s'il n'a vaillant qu'un écu,
> Et s'il est d'habits reparé,
> Combien qu'il soit fol malotru,
> De chacun sera honoré.

Nous voyons ainsi défiler sous les risées des spectateurs narquois l'aventurier sans emploi, l'avocat sans cause, les sires de Mallepaye et de Baillevent, chevaliers d'industrie cherchant quelque naïf à dépouiller et, dans un monologue célèbre, le soldat fanfaron, dans l'espèce le Franc-Archer de Bagnolet, qui faisait partie d'une sorte de garde nationale fondée vers 1440 ; dur au menu peuple, mais lâche devant l'ennemi, notre personnage après avoir fait son entrée avec des airs de matamore prend peur d'un épouvantail à moineaux, et prononce à genoux devant lui la plus plaisante et la plus piteuse des confessions.

Ici, c'est le dialogue d'un comique sinistre qu'échangent deux pauvres truands affamés et décharnés :

> Ouiche ! — Qu'as-tu ? — Si froid que tremble,
> Et si n'ai tissu ne filé.
> — Saint-Jean, nous sommes bien ensemble !
> Ouiche ! — Qu'as-tu ? — Si froid que tremble !

Là, le plaisant monologue, piquant et vivant tableau de mœurs, que prononce un « clerc de taverne », c'est-à-dire un garçon de café, qui vante les délices de l'établissement où il sert :

Avez-vous soif ? vous y boirez.
Av'vous faim ? vous y mangerez.
A-t-on froid ? on s'y chauffera.
Ou chaud ? on s'y rafraîchira.
Pain, vin, feu, et tout bon repos
Bruit de chopines et de pots,
De tasses d'argent et vaisselle ;
Et quand on en part on chancelle,
Et est-on parfois si joyeux
Que les larmes viennent aux yeux,
Plus grosses que pépins de poire.

Il énumère les attractions de la taverne :

Belles mignonnes chambrières
Qui aux gens par douces manières
Jettent regards et ris volants,
Pour attraire toujours chalands.

et aussi les maîtresses ou patronnes auprès de qui, malgré la présence des maris, on trouve accointance

Par argent ou par ambassade,
Par amoureuses occulades (œillades).

Le clerc de taverne, philosophe qui trouve son profit à tous ces petits manèges, conclut que tout est bien ainsi :

Et puis en vaut pis la maison ?
Nenni : ce sont faits de faisance,
Car en tous temps, lieux et saisons
Chacun appète sa plaisance.

Après tout, on fait meilleure chère à la taverne qu'en son ménage où sans cesse la femme gronde et tempête,

Pour un peu de lard ou de beurre,
Pour un oignon, ou pour du feurre (fourrage)
Ti ti, ta ta, tant de riotte (criaillerie)
Qu'il semble qu'elle soit idiote,
Hors du sens ou diabolique ;
Mais en la taverne publique,
Tout y est beau, tout y est bon.

Les femmes en effet sont aussi maltraitées dans le théâtre comique que dans les fabliaux, et les joies du ménage y sont représentées sous l'aspect le moins engageant. On chercherait vainement un type de femme discrète, soumise, économe et sage. Une farce allégorique, *les Femmes qui veulent aller à l'Ecole*, nous les montre qui, au lieu de s'adresser à Faire Bien, ne veulent qu'un maître : Fol Conduit, dont le nom est tout un programme.

Ainsi se veulent gouverner
Toutes femmes par Fol-Conduit
Nulle science ne leur duit ;
Vérité leur est adversaire ;
Science ne les peut attraire
A se taire ou à peu parler.

Partout on nous les montre légères, infidèles, jalouses, querelleuses, coquettes, avides d'argent, menteuses. En voici une qui vient de perdre son mari mais qui, voyant combien son valet Robin est preste et de belle humeur, veut aussitôt l'épouser. Une autre harcèle son mari, le pauvre Colin, de demandes d'argent, puis se console de sa fuite auprès d'un amant (1). Jacquinot n'est pas plus heureux avec la sienne qui se sert de lui comme domestique et le soufflette par-dessus le marché. Georges le Veau, qui a épousé une demoiselle et s'en trouve fort mal, semble un ancêtre de Georges Dandin, comme l'héroïne de *la Cornette* semble, avec ses cajoleries intéressées, annoncer Béline du *Malade imaginaire*. Son vieux mari n'est pas moins sot qu'Argan et, croyant avoir trouvé un trésor dans la personne de sa jeune femme, il lui déclare :

Depuis que mon cœur a hanté
Votre petit cœur, ma mignotte,
J'entends, ce m'est avis, la note
Du rossignolet dans mon cœur.

Ainsi l'état de mariage nous est représenté comme un véritable

(1) Farce de Colin qui loue et dépite Dieu en un moment à cause de sa femme.

enfer. *Le Sermon Joyeux des Maux du Mariage*, après nous avoir montré les frais énormes qu'entraîne la célébration d'une noce ajoute :

> Tout l'argent de ton mariage
> Prendra volée et s'encourra ;
> Mais ta femme demeurera :

Pas un jour de répit :

> A fois on use de reproche,
> A fois on rit, à fois on pleure.
> A fois l'on dit : Maudit soit l'heure
> Que jamais marié je fus !

Si l'on pouvait changer de femme, « s'on l'échangeait comme les mules »,... mais on n'y gagnerait sans doute guère, et les moins malheureux sont encore ceux qui ont épousé une femme infidèle mais habile et discrète ; ceux-là au moins n'ont pas à essuyer la mauvaise humeur d'une épouse irréprochable mais acariâtre et, avec un peu de complaisance, sont assurés d'une certaine tranquillité (1).

A la femme vertueuse mais insupportable, qui fait payer si cher sa fidélité, se joint parfois la belle-mère, dont le type, à peu près complètement absent de notre littérature classique, ne reparaîtra plus qu'au XIXe siècle (sans qu'on ait donné jusqu'ici de cette singulière disparition une explication plausible). Sur ce point la fameuse *Farce du Cuvier* est particulièrement savoureuse : l'interminable liste de toutes les besognes domestiques que doit accomplir le pauvre Jacquinot, puis la confusion de sa femme et de sa belle-mère lorsque, consultant son rollet, il n'y trouve point l'obligation de tirer sa femme du cuvier où elle va se noyer, enfin le triomphe de la force masculine sur la ruse des deux femmes, sont du meilleur comique, et devaient grandement réjouir un public où probablement l'élément mâle dominait.

(1) Farce d'un *Amoureux*.

On voit, par ces nombreux exemples, que le comique psychologique, fondé sur la satire traditionnelle de certains états, et non sur l'approfondissement pénétrant de véritables caractères, ne reculait ni devant la grossièreté ni devant la caricature et qu'il reposait sur un grand fond de pessimisme. On ne peut s'empêcher de sourire quand on voit, aujourd'hui encore, certains écrivains mieux intentionnés qu'informés, prétendre que si nous retrouvions la foi naïve du moyen âge, le monde en irait mieux, la société en serait moins corrompue, et la vertu régnerait dans toutes les classes sociales. Mais il sied, bien entendu, de faire la part des nécessités du genre : voir dans notre théâtre comique un tableau exact et fidèle des mœurs du XIVe ou du XVe siècles, serait faire preuve de la même injustice dont on use si facilement aujourd'hui en prétendant trouver dans nos comédies légères du boulevard l'image exacte de ce qui se passe dans la moyenne des familles françaises.

La verve et la vigueur de ces peintures souvent caricaturales formaient assurément l'élément comique le plus important dans ce genre de pièces ; plus important à coup sûr que le comique de situations, qui n'existe encore qu'à l'état embryonnaire, ou du moins n'est pas encore mis en valeur par une technique dramatique suffisante. Non pas que nos ancêtres n'aient eu le sens des effets plaisants que l'on pouvait tirer de l'enchaînement des événements, mais ils ne savent pas encore le mettre en œuvre par des procédés véritablement théâtraux. L'art de conter et d'animer un récit en le dramatisant est instinctif chez les moins habiles d'entre eux. Ainsi, dans les sermons joyeux, nous voyons le prétendu sermonnaire interrompre jusqu'à quatre fois son homélie pour y introduire quelque récit plaisant :

> Pendant que je suis de loisir,
> Je vous veux raconter et dire
> Une histoire où prendras plaisir
> Et qui vous fera, je crois, rire,
> C'est de deux mignonnes bourgeoises... (1)

(1) Sermon de Saint-Jambon et de Sainte-Andouille.

et chacune de ces histoires n'est dépourvue ni de vie, ni de comique ; mais elle n'est pas mise en scène. Dans le fameux monologue de Coquillart, le héros raconte de même avec beaucoup de verve ses mésaventures amoureuses ; il fait preuve d'un indéniable talent narratif et descriptif, il excelle par exemple à décrire les grâces de sa maîtresse :

> Toujours un tas de petits ris,
> Un tas de petites sornettes,
> Tant de petits charivaris,
> Tant de petites façonnettes,
> Petits gants, petites mainnettes (menottes)
> Petite bouche à bartcelter (babiller)
> Ba, ba, ba, font ses godinettes
> Quand elles veulent caqueter.

Une production de ce genre ressemble assez aux enfilades d'histoires cocasses que viennent raconter aujourd'hui sur la scène certains chansonniers ou certains comiques de music-hall ; mais ce n'est point à proprement parler de l'art dramatique. Dans les pièces même régulièrement construites, il arrive qu'une suite de scènes s'enchaîne avec assez de logique et de vraisemblance, mais l'effort de l'auteur se borne à une intrigue extrêmement simple. Presque aucune de ces petites pièces ne dépasse l'étendue d'un acte ordinaire de notre répertoire classique, et les effets de surprise, les coups de théâtre y sont réduits au minimum, et le plus souvent assez prévus. Il y a pourtant quelques heureuses exceptions comme la *Farce du Poulailler* où le meunier et sa femme escroquent et bernent deux hobereaux du voisinage, M. de la Hannetonnière et M. de la Papillonnière par une série de ruses assez bien enchevêtrées, qui donnent lieu à des scènes d'un parallélisme amusant.

C'est un cas unique que celui de la *Farce de Pathelin*, dont les dimensions sont tout à fait inusitées ; près de 1.600 vers, c'est-à-dire le double des plus longues farces que nous possédions. Ici chacune des deux intrigues est très adroitement conduite, les « scènes à faire » en sont filées avec art, et le troisième acte où ces deux intrigues se réunissent est assez habilement agencé pour éviter le reproche de dualité d'action. Mais sur ce point, nos auteurs comiques auront encore beaucoup à apprendre, et le public est encore fort loin de se montrer capable d'apprécier à sa valeur cette complexité d'intrigue dont la comédie latine, italienne et espagnole va nous donner le modèle, et que perfectionnera jusqu'aux subtilités d'un mécanisme tout artificiel, l'adresse technique des vaudevillistes du XIXe siècle.

Quant au comique de mots et au comique de gestes, on ne sera pas étonné qu'ils soient ici, dès le début, abondamment représentés. Ce qui est bien surprenant au premier abord, c'est que le premier est beaucoup plus riche et plus varié que le second. Le comique de gestes, dont les procédés sont sans doute un héritage des jongleurs qui voyageaient de château en château et de ville en ville, dans les premiers siècles du moyen âge, ne comporte pas une grande variété d'effets. Nous devons toutefois faire cette réserve que les indications de la pantomime sont le plus souvent omises dans les textes qui nous sont parvenus, et que l'ingéniosité des acteurs devait suppléer, par des jeux *ad libitum*, à cette absence de notation précise. Le plus souvent, ce qui provoque le rire assez grossier de la foule assemblée, ce sont les soufflets, les horions qu'échangent maris et femmes, les dégelées de coups de bâton que reçoit le plus faible ou le moins adroit. C'est par une bastonnade comique que se dénoue la *Farce du Pâlé et de la Tarle*. Ici, nous voyons des poissardes s'arracher les cheveux après s'être lancé à la figure les poissons de leur étal ; ailleurs (1), le comique était obtenu par les gestes simultanés de tous les sots qui tantôt riaient, tantôt pleuraient tous en même temps. Parfois le geste est plus ingénieusement imaginé, comme dans la farce où la femme de Jacquinot fait la culbute dans son cuvier, ou dans celle du *Pont-aux-ânes*, où le mari découvre le moyen d'être maître dans son ménage, en voyant un bûcheron qui roue de coups son baudet ; cette dernière farce pourrait presque être transformée en pantomime, tant les gestes y consti-

(1) Sottie du *Trompeur*.

tuent la partie essentielle du comique. Parfois un déguisement, un meuble ou un accessoire plaisamment utilisé contribuent à obtenir l'effet d'hilarité escompté. Mais ce sont des cas plutôt exceptionnels ; on se l'explique assez facilement : le comique de gestes sert le plus souvent à souligner le comique de situations, il aura donc un rôle moindre dans une intrigue simple que dans une intrigue complexe. En outre il semble bien que les origines multiples de notre théâtre comique du moyen âge procèdent moins du jeu des jongleurs que du développement dramatisé des sermons joyeux et monologues ; la parole plus que la pantomime est à la base de ce théâtre.

Aussi y trouvera-t-on les formes les plus variées du comique de mots. Il convient de ne mentionner qu'avec précaution les expressions grossières ou obscènes qui assurément devaient amuser beaucoup les spectateurs, mais qui n'avaient pas toujours pour eux la valeur un peu scandaleuse qu'elles présentent aujourd'hui pour nous. En cette matière une scrupuleuse information philologique permet seule d'établir des conclusions solides. On peut être plus affirmatif en ce qui concerne les effets comiques obtenus par l'introduction dans le dialogue de termes ou de phrases empruntés au latin ou aux différents patois, procédé tout à fait plaisant que ne dédaignera pas Molière. La partie la moins lettrée de l'auditoire comprenait fort bien le latin macaronique entremêlé de français que récite par exemple le magister dans la *Farce de Maître Mimin Etudiant* :

> Maître Miminus amitus
> Sa fama tanto maritus
> Facere petit enfanchon.

Pathelin, dans son accès de délire simulé, s'exprime successivement en patois limousin, picard, flamand, normand, breton, lorrain, et enfin en latin.

Souvent aussi, des répliques brillantes qui s'entrechoquent rapidement, des tirades où s'affirme une virtuosité qui devance l'école parnassienne, nous montrent que si l'art proprement théâtral était encore bien gauche, la pratique du genre poétique et la connaissance des grands rhétoriqueurs donnaient déjà aux écrivains une aisance et une maîtrise de la forme qui, au premier abord, ne laissent pas de nous étonner. Les dialogues de *Peuple Pensif et Plat Pays* (1), ceux de *Mallepaye et Baillevent* (2), font prévoir déjà les habiletés métriques dont usera Marot quelques années plus tard, dans ses *Deux Amoureux récréatifs et joyeux. Le Cri pour la Montre* qui précédait, en 1512, la *Sottie du Prince des Sots*, accompagnée de deux autres pièces de Gringoire, est d'une étourdissante richesse verbale, qui annonce déjà certains chapitres de Rabelais :

Sots lunatiques, sots étourdis, sots sages,
Sots de ville, de châteaux, de villages,
Sots rassotés, sots niais, sots subtils,
Sots amoureux, sots privés, sots sauvages,
Sots vieux, nouveaux et sots de toutes âges,
Sots barbares, étranges et gentils
Sots raisonnables, sots pervers, sots rétifs,
Votre Prince sans nulles intervalles
Le Mardi-gras jouera ses jeux aux Halles...

Mère Sotte semont toutes les sottes.
N'y faillez pas à y venir, bigotes ;
Car en secret faites de bonnes chères.
Sottes gaies, délicates, mignottes,
Sottes douces qui rebrassez vos cottes,
Sottes qui êtes aux hommes familières,
Sottes nourrices et sottes chambrières,
Montrer vous faut douces et cordiales,
Ce mardi gras, jouera le Prince aux Halles.

(1) Vont-ils en guerre ? — On nous le dit
— Que vont-ils faire ? — Leur esbattre.
— A nos dépens — ? Sans contredit.
— Et puis quoi ? — Le bonhomme battre.
— Et en chemin ? — Poules abattre ...

(2) « Nous sommes francs. — Aventureux.
— Riches. — Bien aises. — Plantureux.
— Voire de souhaits. — C'est assez.
— Gentils hommes. — Hardis ! — Et preux.

C'est sur un jeu de mots assez grossier que repose tout entière *la Farce de Mahuet*, à qui sa mère a recommandé de ne donner les œufs qu' « au prix du marché », et qui les livre pour rien à un mauvais plaisant qui prétend s'appeler ainsi. Mais nous rencontrons assez souvent des mots scéniques, des formules amusantes destinées à souligner une situation ou un trait de caractère, et que le Français, né malin, ne devait pas manquer d'apprécier. Ainsi, quand la belle-mère de Jacquinot survient, et dit à son gendre :

> Je suis arrivée en ce lieu
> Pour savoir comment tout se porte.

celui-ci lui répond :

> Très bien, puisque ma femme est morte !

réplique excellente et bien frappée. La femme du prince des Sots qui ne pouvait se consoler de son veuvage,

> Mais en dansant, son deuil passer elle voulait

nous fait déjà penser aux *Gros Chagrins* de Courteline.

La répétition de phrases typiques et devenues célèbres, comme « Revenons à ces moutons » de *Pathelin*, ou « Cela n'est point à mon rollet », de *la Farce du Cuvier*, sont d'un effet plus sûr encore, ainsi que cette autre moins connue : Colin revient chez lui après une longue absence, et interroge sa femme sur l'origine de tous les objets nouveaux qu'il découvre dans sa maison ; à chaque question, elle répond : « Colin, de la grâce de Dieu » ; à la fin, il aperçoit même un petit enfant qu'il ne connaissait point ; d'où peut-il bien venir ? et on lui répond encore : « Colin de la grâce de Dieu ! », et Colin se résigne comme presque tous les maris de ce théâtre comique, sous les rires de l'auditoire que la répétition de cette formule invariable a mis en joie.

Observation satirique et ironique, habileté déjà remarquable dans l'art de la narration et de l'expression, parfois, plus rarement, du geste, inhabileté très grande encore dans la conduite de l'action et dans l'art de creuser un caractère et de modeler une figure, tels sont les traits essentiels de ce théâtre comique. Ce sont les mêmes que nous retrouverons dans tout l'ensemble de la littérature et de l'art médiéval. Ils répondaient assurément à la psychologie collective du public français d'alors, chez qui nous reconnaissons nos qualités natives et foncières d'humeur plaisante, d'ironie, de netteté aussi, et d'expression directe, qualités qui ne se compléteront que plus tard au contact de civilisations plus raffinées.

§ 2. — Le comique dans le théatre sérieux.

L'examen des farces, sotties et moralités, n'épuise pas la question du comique dans le théâtre du moyen âge. Il joue en effet un rôle important dans les mystères, dans les miracles, dans les Vies de Saints, c'est-à-dire dans ce qui constitue la partie sérieuse, quelquefois profane, le plus souvent religieuse, de la production dramatique à cette époque. L'habitude de mélanger le comique au tragique remonte aux premières mises en scène du drame liturgique, à ce point qu'on a pu y voir la principale source du théâtre comique (1). Le genre du sermon joyeux dont j'ai parlé précédemment donne une idée de ce que pouvait être ce singulier mélange du comique et du sacré. Nous le voyons paraître dès les premières pièces de notre théâtre religieux. *Le Jeu d'Adam* (XIIe siècle) présente déjà dans sa naïve simplicité des interventions de démons faisant des gestes comiques, amusant les foules par leurs grimaces et leurs cabrioles, et pénétrant même parmi les spectateurs, pour jeter dans l'auditoire une sorte d'effroi amusé : c'est déjà la scène dans la salle. Dans les miracles du XIVe siècle, où l'intervention de la Vierge n'est

(1) Maurice Wilmotte. *La Naissance de l'élément comique dans le Théâtre religieux*, Mâcon, 1901.

souvent qu'un prétexte à diableries, une intrigue pathétique, non dénuée d'une certaine psychologie et agrémentée de scènes familières et réalistes, contient parfois des épisodes plaisants. Sans parler d'une pièce composite comme le *Miracle de l'Empereur Julien*, au milieu de laquelle s'intercale un sermon mi-prose, mi-vers, et sans doute aussi une farce qui interrompait l'action, nous trouvons à chaque instant des fragments de dialogues dont le ton est nettement comique. Ce sont par exemple les bavardages qu'échangent des passants sur les relations de dame Guibour avec son gendre, tandis qu'ils vont ensemble au moustier :

— Regardez, Gautier : Voyez-vous
La mairesse aller et son gendre ?
Pour certain l'on me fait entendre
Qu'ils sont tout un.

— C'est un proverbe tout commun
Qu'il en fait comme de sa femme,
Et c'est à tous deux grand diffâme,
Ce m'est avis. (1)

ou encore, dans le *Miracle de Jehan le Paulu*, les efforts que font le roi et les chevaliers pour retirer d'un puits la fille du roi, et les paroles très familières par lesquelles ils s'encouragent mutuellement. Dans la *Mère au Pape*, on nous montre un curé qui maugrée lorsque l'ânier qui conduit l'héroïne vient le conjurer d'aller la confesser :

Je ne me puis tenir de rire
Pour la coquardise de toi.
Et ne vois-tu pas, par ma foi,
Comment ensemble il neige et vente ?

Il finit par céder à ses sollicitations, mais avec une mauvaise humeur comique :

(1) Miracle d'une Femme que Notre-Dame garda d'être arse (brûlée).

Va ! que Dieu t'envoie malepeste
N'aurais-je mais'hui (aujourd'hui) paix à toi ?
Où as-tu bu ? Dis le moi ;
Va-t-'en coucher !

Dans le *Miracle de l'Abbesse grosse*, sans parler d'une scène d'un extraordinaire réalisme où il est procédé à l'examen médical de la malheureuse abbesse, on entend le sermon d'un évêque quelque peu prolixe, que sœur Marie apprécie ainsi :

Certes il a bien prêché, dame,
Mais il est trop long d'un petit. (d'un peu)

D'autres fois (*Miracle d'un Paroissien excommunié*), un personnage ridicule, ici le fils de l'empereur, débite des *trudaines* ou *fatrasies*, c'est-à-dire de ces coq-à-l'âne ou amphigouris qu'affectionneront plus tard les bateleurs de foire :

J'ai trop grand chaud, ne sais pourquoi,
C'est pour ce que je pleure et ris.
Mon parrain avait nom Ferry,
Guillaume, Huart et Gautier ;
En un jour m'apprit le psautier,
En mangeant fèves au brouet.
Cette cotte fut à Drouet,
C'hom (cet homme) m'a mis en si bel atour.
Allez m'en veux de ci entour
A mes trudaines !

Les vies de saints antérieures aux miracles ou contemporaines présentent le même mélange de réalisme, et parfois de grotesque mêlés aux scènes pathétiques et édifiantes. Dans la *Vie de saint Nicolas* nous assistons à des conversations de taverne où trois aigrefins, Pincedé, Rasoir et Cliquet, jouent aux dés, se querellent, et émaillent leur dialogue de mots d'argot. Ailleurs, ce sont les vantardises de spadassins, des plaisanteries féroces de bourreaux acharnés à leur ouvrage, ou encore ce boniment d'un bateleur qui montre un ours (*Miracle de Saint-Louis*) :

Ça, maître, ça, ça, venez ça,
Tournez-vous un petit, tournez.

Petits enfants, mouchez vos nez,
Vous verrez mon ébattement.
Un petit saut, pieusement,
Pour l'amour de la compagnie.
Vous verrez, je vous certifie,
Mon ours que voyez-ci voler
Ainsi comme un oiseau en l'air ;
Présupposé qu'il n'ait point d'ailes,
Et puis montrera ceux et celles
Qui dorment grasse matinée...

Quant aux mystères du xve et du xvie siècles, les sujets sacrés qu'ils traitent comportent certains épisodes traditionnellement comiques. Il semble bien que le public des mystères ait été d'une composition moins homogène et plus étendue que celui des moralités, des farces ou des sotties. Tandis que la partie la plus cultivée de ce public se complaisait à entendre certaines discussions théologiques, qui nous paraissent bien longues aujourd'hui, ou appréciait les reconstitutions de la vie païenne, les spectateurs d'origine plus populaire vibraient surtout aux endroits pathétiques atteignant une violence presque cruelle, et se détendaient à ceux où le poète décrivait des scènes familières avec un réalisme narquois qui ne manquait point de saveur. Le mélange de tons est parfois fort singulier. Ainsi dans la scène très émouvante où Jésus ressuscite Lazare, après l'appel de Madeleine et les larmes de Jésus, nous assistons aux efforts des amis du défunt pour soulever la pierre du tombeau ; nous les entendons geindre, et nous les voyons se boucher le nez à cause de l'odeur du cadavre (*Passion* d'Arnoul Gréban). Lorsque Jésus guérit la fille de la Chananéenne, on ne nous épargne pas les sottises et les incongruités que débite la jeune fille avant l'exorcisme, et c'est là un des thèmes comiques traditionnels dans les mystères. De même pour les inquiétudes de Joseph lorsqu'il s'aperçoit de la grossesse de Marie :

Vous êtes grosse, bien le vois,
Pas ne direz que c'est de moi,
Et puisqu'ainsi êtes enceinte,
Convaincue êtes et atteinte...
Or, suis-je certain sur mon âme
Qu'il est fol qui se fie en femme !

Parfois le comique revêt une forme assez délicate et nuancée ; par exemple dans la description également traditionnelle de la vie mondaine que mène Madeleine. Dans la *Passion* de Marcadé, la jeune femme chante une chanson amoureuse, et dit :

En amour, je dis fi d'argent,
Il ne faut rien que bel ami,
Et aimer de cœur léalment ;
D'autres richesses, j'en dis fi...
Ne suis-je pas gaie et mignotte,
Les mamellotelles poinnantes,
La belle vermeillette cotte
Qui me fait mon bel corps parant ?
Qu'est-ce ci ? où sont ces galants,
Qu'ils ne me viennent requérir ?
Ne suis-je pas assez plaisante
Pour faire leur gré et plaisir ?

Jean Michel traite le même épisode avec beaucoup de finesse, et l'on a pu sans excès d'indulgence comparer le dialogue de Marthe et de Madeleine à celui de Célimène et d'Arsinoé.

MARTHE Vous vous donnez à tous péchés,
De tous vilains faits approchez,
Et faites tant de deuil à tous
Que nous en sommes mal couchés,
Et tous nos parents reprochés
Seulement pour l'amour de vous.

MADELEINE Seulement pour l'amour de vous,
Ma sœur, je voudrais à tous coups
A votre volonté complaire.
Ceux qui parlent de moi sont fous,
Et quand de parler seront saouls,
A moins ne peuvent que se taire.

MARTHE A moins ne peuvent que se taire
Quand vous cesserez de mal faire,
Et quand la bouche leur clorez ;
Mais quand vous penserez parfaire
Vos délits, pour au monde plaire,
Rien que reproches vous n'orrez.

MADELEINE Rien que reproches vous n'orrez
Et jamais honneur ne verrez

A l'homme qui est mal parleur.
Si mes plaisants faits abhorrez,
Le danger pour moi n'encourrez ;
Souciez-vous de vous ma sœur.

D'autres fois, les procédés plaisants tournent nettement au grotesque et ne sont là, de toute évidence, que pour créer une diversion, et amuser la partie la moins patiente et la plus bruyante de l'auditoire. Outre les traditionnelles diableries, on voit quelquefois intervenir en pleine action un sot qui vient débiter des plaisanteries grossières et parfois obscènes; souvent cette partie du spectacle ne donne pas lieu à une rédaction définitive : on se borne à l'indication scénique *stultus loquitur*, ou encore, comme dans le *Mystère de la Nativité* de 1474, « On placera ici quelque récit propre à récréer les auditeurs (1). » Les diableries étaient certainement un des régals les plus attendus, au moins par une certaine partie des spectateurs. Nous voyons le réviseur du *Mystère des Actes des Apôtres* en ajouter sept au texte primitif ; on voyait les diables hurler, se battre, faire du tapage, et Lucifer les injurier en étendant sa patte vers leur groin ; les démons Bélial, Léviathan, Astaroth et Bérith se livraient bataille pour se disputer les âmes des damnés (2).

Une autre source inépuisable de comique, et que l'on retrouve aussi bien dans les miracles et dans les vies des saints que dans les mystères, ce sont les dialogues entre mendiants, truands, et ceux que l'on appelait les tyrans, c'est-à-dire, les bourreaux. Dans le *Miracle de Saint Ignace*, deux tortionnaires se réjouissent du piteux état où ils ont mis le martyr :

« Regarde, le cuir en apport
Tout hors du dos.
— Et on lui peut voir les os
Par devers moi !

Dans le *Miracle du Martyre de Sainte Barbe*, les bourreaux lui

(1) Petit de Julleville. *Les Mystères* (1880).
(2) R. Lebègue. *Le Mystère des Actes des Apôtres* (1929).

arrachent les seins avec des crocs et les jettent aux chiens, tandis qu'elle les traite de « faux chiens cruels », et dans le *Miracle de Sainte Marguerite*, le bourreau se vante de la manière dont il a torturé la sainte :

> Vois comment ici je besogne,
> Je lui ai jà frotté la trogne
> Tant que l'herbe qui était verte
> Est de son sang toute couverte...
> Son sang vois courir à ruisseaux,
> Tant je lui ai frotté la peau.

Dans le *Mystère des Actes des Apôtres*, c'est un seul bourreau, à la fois joyeux et sinistre, qui fait toutes les exécutions. Il se vante de son savoir-faire, de sa férocité, dans un monologue qui devait faire savourer à l'auditoire la sensation toute spéciale d'un frisson mêlé d'hilarité :

> Bon pendeur et bon écorcheur,
> Bien brûlant homme, bon trancheur
> De têtes pour bailler ès fours,
> Traîner, battre par carrefours,
> Ne doute que meilleur s'appaire.

Il se glorifie de tous les métiers infâmes qu'a exercés sa famille, et continue :

> Or ça, regardez mon épée,
> Cordes, fouets et grésillons.
> J'enrage que nous n'assaillions
> Quelque méchant à ma venue.

C'est un comique du même ordre que nous trouvons dans le *Mystère de Saint Martin*, où un aveugle et un boîteux guéris de leurs infirmités au passage des reliques du saint, se lamentent d'avoir ainsi perdu leur gagne-pain. Dans le *Mystère de saint Bernard de Menthon*, un aveugle-né guéri de la même manière, dit à son valet dont les services lui sont devenus inutiles, et qui lui réclame ses gages : « Je ne sais qui tu es, je ne t'ai jamais vu ! ». Dans le *Mystère de l'Assomption*, quatre juifs devenus aveugles pour avoir touché le cercueil de la Vierge sont désormais réduits à mendier en jouant de la vielle ou de la *guiterre*. L'un d'eux se lamente :

> Que je susse d'une vielle
> Jouer sans plus une chanson :
> Seulement l'ami Baudichon
> Ce serait assez pour me vivre !

Tout ce comique sinistre, et parfois macabre, nous paraît fort peu plaisant aujourd'hui, et nous avons quelque peine à nous remettre en l'état d'esprit de nos aïeux lorsqu'ils riaient de toutes ces horreurs. Il y avait encore chez eux quelque chose de la férocité naïve des enfants, qui éclatent de rire en voyant martyriser un animal ou maltraiter un de leurs camarades sans défense qui n'a su gagner que leur antipathie. La disparition de ce genre de comique au cours des âges suivants confirme la théorie de Ribot d'après laquelle l'évolution du rire selon les progrès de la civilisation se caractérise par le passage du rire féroce au rire intellectuel.

S'il est vrai, comme l'écrit M. Cohen (1), qu' « à nulle époque, pas même à celle du théâtre grec du ve siècle avant Jésus-Christ, on ne peut rencontrer une pareille harmonie préétablie entre les sujets traités sur la scène et les préoccupations spirituelles et morales du public », il nous est possible de nous représenter assez exactement l'état d'esprit des foules immenses qui, au moyen âge, assistaient à ces spectacles. Elles aimaient les actions violentes, le comique appuyé, le réalisme caricatural ; elles étaient encore inaptes à goûter les nuances psychologiques et la subtilité d'une intrigue complexe savamment conduite ; elles voulaient qu'un spectacle frappant vînt soutenir leur attention, que l'alternance du grotesque et du tragique, parfois même leur mélange intime, vînt détendre leurs nerfs, ou au contraire les secouer d'un frisson particulier. C'était en somme à peu près l'état d'esprit de nos publics les plus populaires assistant

(1) *Le Théâtre religieux au Moyen Age*. Rieder, 1929.

aux représentations d'un mélodrame assaisonné de gros comique, ou d'un film à la fois pathétique et simpliste. Dans les siècles suivants le public s'affinera, ou plutôt un public spécial de plus en plus aristocratique se constituera pour venir applaudir, dans des salles de dimensions réduites, des œuvres plus soignées, plus littéraires, mais dont l'effet sur la masse du peuple n'est à aucun degré comparable à celui que produisirent les naïfs mystères, les miracles édifiants, les farces hautes en couleur, au temps où toute une ville accourait pour les applaudir.

IV

PERSISTANCE DE LA FARCE

Dans une pièce religieuse datant du XVIIe siècle, nous voyons l'action tragique interrompue par des scènes du comique le plus grossier ; des tirades mystiques annonçant déjà les effusions de *Polyeucte* y sont entremêlées à des scènes du réalisme populaire le plus cru : une jeune fille, Agnès, aimée par Martian, fils du gouverneur de Rome, le repousse, car son âme est occupée d'un autre amour, celui de Jésus. Le gouverneur furieux lui inflige le supplice d'être conduite au « lieu de paillardise » où elle sera livrée au désir de tous les hommes. Entre cette condamnation et la fin tragique et miraculeuse de sainte Agnès, nous assistons à toutes les scènes de brutalité et de débauche qui se déroulent dans le lieu en question, et ces peintures du naturalisme le plus naïf rappellent à s'y méprendre certains passages des miracles et des mystères que nous avons examinés. Or cette pièce date de 1615, et porte le titre de tragédie (1). On voit par ce seul exemple combien, à cette date, les genres étaient mal définis, quelle confusion régnait dans la dénomination des pièces, et aussi quelle était la persistance de la Farce, jusque dans les productions dont le sujet paraissait le plus sérieux et le plus pathétique.

Dans la période qui s'étend du milieu du XVIe siècle au milieu du XVIIe, des genres nouveaux, la comédie, la tragédie, la pastorale, la tragi-comédie apparaissent, avec des alternatives de

(1) *La Tragédie de sainte Agnès*, par Troterel, sieur d'Aves.

vogue et de discrédit. Mais les genres anciens que cultivait le Moyen Age ne laissent pas de subsister, tantôt sous leur nom habituel, tantôt dissimulés sous des dénominations nouvelles que leur impose la prudence ou la mode ; les Confrères de la Passion ayant reçu, depuis 1548, l'interdiction de jouer des mystères, travestiront des pièces de ce genre sous le nom de tragédies ; les termes de comédie ou de tragi-comédie étant à la mode, on s'en servira pour désigner de véritables farces. Dans cette lutte entre les réguliers et les irréguliers dont M. Lanson a si lumineusement retracé les phases dans son *Esquisse d'une Histoire de la Tragédie française,* il convient donc d'examiner toujours le fond des œuvres, et non point leurs dénominations. Une pièce comme *La Lucelle* de Louis le Jars (1576), intitulée tragi-comédie, est classée par les frères Parfaict parmi les comédies, étudiée par Faguet dans les tragédies et rangée plus justement par d'autres dans le genre mixte ; car elle comporte des parties de tragédie bourgeoise, d'autres de tragédie romanesque, mêlées à des éléments comiques. Le titre même de certaines pièces montre que leur genre est autre que l'auteur ne le prétend : telle est par exemple la « tragi-comédie plaisante et facétieuse » intitulée *les Subtilités de Fanfreluche et Gaudichon, et comment ils furent emportés par le Diable* ; ou encore la *Tragi-comédie des Enfants de Turlupin, malheureux de nature, où l'on voit les fortunes du dit Turlupin, le mariage d'entre lui et la Bolonnaise, et autres mille plaisantes joyeusetés, qui trompent la morne oisiveté.* Il est de toute évidence qu'il s'agit là d'une véritable farce.

Ce qui complique encore la question, c'est que nous ne savons pas exactement lesquelles de ces pièces ont été représentées. On sait à quelles controverses la question des représentations théâtrales au XVIe siècle a donné lieu. Au cours de ce dernier demi-siècle, l'opinion des érudits s'est trouvée complètement retournée ; en 1889, Rigal croyait pouvoir affirmer, après une minutieuse étude de cette période, que presque aucune des tragédies de la Renaissance n'avait été jouée en public. En 1920, M. Lanson avait retrouvé la trace certaine d'au moins une centaine de représentations tragiques entre 1552 et 1620. L'étude de ses recherches nous montre : 1° qu'une pièce ne doit jamais être déclarée injouable, étant donné la capacité d'illusion et aussi la capacité d'ennui dont témoigne le public à certaines époques ; 2° que les œuvres dramatiques du XVIe siècle ont été jouées dans les conditions de mise en scène les plus diverses, depuis le décor simultané et très précis des mystères jusqu'aux simples lectures dialoguées, en passant par l'estrade ornée de tentures et de tapisseries somptueuses avec des embryons de décors fournissant de simples indications sur le lieu de la scène ; 3° qu'il n'y a pas de solution de continuité absolue entre le théâtre du Moyen Age et celui de la Renaissance ; les réformateurs ajoutent, innovent plutôt qu'ils ne détruisent, incorporent souvent les genres anciens dans les genres nouveaux ou les laissent coexister à côté les uns des autres.

Ces mêmes conclusions sont valables en ce qui concerne le théâtre comique, où le nombre des œuvres jouées est beaucoup plus restreint. Il semble bien que les réformateurs de la Pléiade aient tenté d'abord un effort qui se traduit par une demi-douzaine de représentations régulières, s'échelonnant entre 1552 et 1568. Ils paraissent ensuite s'être bornés à l'impression ou à quelques représentations de collèges, tandis que la farce, parée ou non du titre de comédie, gardait la prééminence. Mais dans l'état actuel de nos connaissances, ces conclusions ne peuvent rien avoir d'absolu. Certaines préfaces nous invitent à penser que les œuvres n'ont jamais été représentées ; d'autre part, des prologues comme celui des *Esprits* de Larivey (1579) invitent les spectateurs à se tenir chacun à sa place, et à ne parler ni du prix du pain, ni des prochaines vendanges, ni des événements politiques ; celui de *la Tasse* (1595 environ) de Claude Bonet, s'exprime ainsi :

> Vous aurez de contentement
> S'il vous plaît de faire silence
> Et d'écouter en patience.

Peut-être les auteurs n'écrivaient-ils de telles exhortations que dans l'espoir tout platonique d'une représentation future.

En tout cas le peu de soin que l'on mettait alors à tenir registre des solennités dramatiques, dont nous n'avons connaissance que par pur hasard, ne permet point de conclusion plus nette.

Mais si l'on étudie avec attention la production comique de cette époque, on constatera aisément les faits suivants : 1o l'imitation des modèles antiques ou italiens apporte à la comédie des modifications formelles importantes, en lui fournissant des cadres nouveaux ; 2o ces perfectionnements dans la structure des pièces n'empêchent pas la farce de persister, soit à côté de la comédie, soit à l'intérieur de cette comédie même, et peu importe en ce cas que les pièces aient été représentées ou non : si l'auteur s'est borné à l'impression, il n'en était que plus libre de rompre avec les anciens genres, et la persistance de la farce n'en est que plus frappante ; 3o le genre comique s'achemine lentement vers la comédie classique, dont le fond sera essentiellement psychologique, et dont le ton s'élèvera et deviendra plus littéraire ; cette modification s'opère sous l'influence de genres voisins (la tragicomédie et la pastorale), et aussi des circonstances extérieures qui touchent à l'organisation des théâtres et à certains changements dans l'esprit public.

A vrai dire, les ambitions réformatrices de la Pléiade semblaient annoncer une révolution complète. Dans la *Défense et Illustration de la langue française* (1549) du Bellay écrit : « Quant aux comédies et tragédies, si les Rois et les Républiques les voulaient restituer en leur ancienne dignité, qu'ont usurpée les Farces et Moralités, je serais bien d'opinion que tu t'y employasses ; et si tu le veux faire pour l'ornement de ta langue, tu sais où tu en dois trouver les archétypes ». Ces archétypes, ce sont les comédies anciennes, latines surtout, et les italiennes, construites suivant des règles qu'a formulées dès 1531 Charles Estienne, et que complétera trente ans plus tard le docte Scaliger : elles sont caractérisées par la division en cinq actes, que pourront séparer des « ébattements » ou intermèdes, chaque acte comportant cinq ou six scènes, avec des entrées et sorties de personnages justifiées. Sur le fond, l'*Art poétique* de Jacques

Peletier (1555) précise les types traditionnels de la comédie latine qu'il conviendra d'introduire dans la nôtre ; il ajoute : « Nous n'avons point encore vu en notre français aucuns écrits qui eussent la vraie forme comique ; mais bien force moralités et telles sortes de jeux auquel le nom de comédie n'est pas dû. C'est un genre de poème bien favorable et qui aurait bonne grâce, si on le remettait en son état et dignité ancienne. » Les prologues de l'*Eugène* de Jodelle (1552), de *La Trésorière* et des *Esbahys* de Grévin (1558-1560), des *Corrivaux* de Jehan de la Taille (1562) témoignent du même mépris pour le genre ancien :

> On moralise un Conseil, un Ecrit,
> Un Temps, un Tout, une Chair, un Esprit,
> Et tels fatras, dont maint et maint folâtre
> Fait bien souvent l'honneur de son théâtre. (*Eugène.*)
>
> N'attendez donc en ce théâtre
> Ne farce ne moralité
> Mais seulement l'antiquité,
> Qui d'une face plus hardie
> Se représente en Comédie. (*La Trésorière.*)

Une comédie pour certain vous y verrez, non point une farce ni une moralité : car nous ne nous amusons point en chose ni si basse ni si sotte, et qui ne montre qu'une pure ignorance de nos vieux Français. Vous y verrez jouer une comédie faite au patron, à la mode et au portrait des anciens Grecs, Latins, et quelques nouveaux Italiens, qui, premiers que nous, ont enrichi le magnifique et ample cabinet de leur langue de ce beau joyau.
(Prologue des *Corrivaux.*)

En fait la réalité est encore fort loin de ces nobles ambitions ; les troupes théâtrales en province et à Paris opposent une vive résistance à l'exclusion de la farce : les Confrères de la Passion, nantis d'un privilège royal, mais frappés de l'interdiction de jouer en leur hôtel de Bourgogne des mystères sacrés, y exploitent, avant tout, les genres qui plaisent le plus au public, c'est-à-dire les farces et moralités comprises sous le nom bizarre de Pois Pilés. Cette tradition va se perpétuer jusqu'en plein XVIIe siècle, avec les différentes troupes de comédie auxquelles les confrères louent leur salle. De même en province, les troupes nomades offrent les mêmes pièces facétieuses au menu peuple, que plusieurs témoignages nous montrent prêt à se rebeller et à interrompre le spectacle, si celui-ci se compose de pièces trop sérieuses. Les farces que l'on représentait alors ne nous ont pas toutes été conservées ; beaucoup dataient du siècle précédent, sans que leur succès fût épuisé. Parmi celles que nous avons citées dans le chapitre précédent, plusieurs empiètent fortement sur le XVIe siècle : *la Cornette* date de 1544 ; c'est en 1541 que Marot écrit sa farce des *Deux amoureux, récréatifs et joyeux* ; l'humaniste Etienne Pasquier consacre en 1560 de longues pages à l'analyse admirative de la *Farce de Pathelin*. Nous relevons, dans la deuxième partie du siècle, des titres de farces comme *les Femmes salées*, la *Farce joyeuse et profitable à un chacun, contenant la Ruse, Méchanceté et Obstination d'aucunes Femmes*, etc.

Pendant ce temps, la comédie italienne, soit sous sa forme improvisée (*Commédia dell'arte*), soit sous sa forme écrite (*Commédia sostenuta*), s'introduisait en France tant par voie de traduction que par voie de représentations dans la langue originale ; les traductions de comédies latines abondent concurremment ; mais dans toutes les œuvres nouvelles d'imitation antique ou italienne, représentées ou non, la farce conserve ses droits. La production comique de cette époque a été examinée déjà avec le plus grand soin par M. Pietro Toldo et par Eugène Lintilhac (1), l'un faisant ressortir surtout les acquisitions nouvelles de notre théâtre comique, l'autre insistant au contraire sur la persistance des éléments anciens ; il y a là un mouvement simultané ; le double aspect de la question mérite d'être relevé ; sans en entreprendre l'étude complète, j'en soulignerai la singularité au moyen de quelques exemples.

On sait tout le prix qu'attachait la Pléiade à la représentation de 1552, qui réunit dans un même spectacle les premières tentatives de Jodelle pour acclimater chez nous la tragédie et la comédie antiques. C'est sur le mode dithyrambique que Ronsard célébra cette inoubliable date :

(1) Pietro Toldo. *Revue d'Histoire littéraire de la France*, 1897 à 1900. Cinq articles. Lintilhac. *Histoire du Théâtre en France*, tome II (1905).

Jodelle le premier, d'une plainte hardie
Françoisement chanta la grecque tragédie,
Puis, en changeant de ton, chanta devant nos rois
La jeune comédie en langage françois ;
Et si bien les sonna que Sophocle et Ménandre,
Tant fussent-ils savants, y eussent pu apprendre.

Notons d'abord que la *Cléopâtre* de Jodelle renferme tout comme les anciens mystères un épisode familier et presque plaisant : la fameuse scène entre Cléopâtre et le messager, où l'impatience de la reine se manifeste dans les termes les moins nobles. Quant à *Eugène*, si son prologue trace un programme minutieux de ce que doit être la comédie nouvelle, si nous y trouvons des éléments jusqu'ici inconnus de la farce, division en cinq actes, intrigue plus complexe, personnages plus nombreux, caractères plus voisins de la nature, avec quelques souvenirs de la comédie antique dans les types du parasite et du soldat fanfaron notamment, il faut bien reconnaître que, malgré un réel effort pour nous fournir une exposition assez claire, les scènes sont juxtaposées plutôt que liées. Les thèmes satiriques (un mari balourd et trompé, le libertinage et la rapacité du clergé) sont bien du domaine de la farce, et ont été précédemment exploités dans maintes œuvres comiques comme *Colin qui loue et dépite Dieu*, *Lucas*, *Messire Jehan*, *Frère Guillebert*, *le Meunier*, etc. Ce sont les mêmes plaisanteries gauloises, écrites dans le même rythme octosyllabique, et certaines tirades, si l'on en ignorait l'origine, sembleraient extraites de quelque farce du xve siècle : Eugène vantant les avantages de l'état ecclésiastique, Florimond exaltant l'état militaire, le dialogue cynique du Ve acte où Eugène notifie au complaisant Guillaume son intention de continuer les relations intimes qu'il entretient avec sa femme, tout cela nous transporte ou nous maintient en pleine farce.

EUGÈNE : Etre bien nourris et vêtus,
Etre curés, prieurs, chanoines,
Abbés, sans avoir tant de moines
Comme on a de chiens et d'oiseaux,
Avoir les bois, avoir les eaux,
De fleuves ou bien de fontaines,
Avoir les prés, avoir les plaines,

Ne reconnaître aucuns seigneurs,
Fussent-ils de tout gouverneurs,
Bref, rendre tout homme jaloux
Des plaisirs nourriciers de nous. (*Eugène*, acte I, sc. 1).

EUGÈNE : Il faut maintenant qu'entre nous
Tout mon penser je te décèle,
J'aime ta femme et avec elle
Je me couche le plus souvent,
Et je veux que dorénavant
J'y puisse sans souci coucher.

GUILLAUME : Je ne vous en veux empêcher,
Monsieur, je ne suis point jaloux,
Et principalement de vous :
Je meure si j'y nuis en rien.

EUGÈNE : Va, va, tu es homme de bien.

(*Eugène*, acte V.)

Lorsque Grévin imite ses *Esbahys* (1560) d'une pièce italienne *Gli Ingannati*, récemment traduite par Ch. Estienne, il fait subir à l'un des personnages une transformation bien caractéristique : il en fait un aventurier italien gueux et vantard, que bafoue sans cesse le valet français Julien ; celui-ci le traite de « fantôme du mont Aventin, sépulcre à punaises, pendard », ou encore, en italien de fantaisie :

Furfanti, coïoni, poltroni,
Li compagnoni di Toni
Le mal san Lazaro te vingue,
Et le mau de terre te tingue.

Bien plus, son nationalisme s'étend au domaine linguistique, et devance de plusieurs années le *Dialogue du Nouveau langage français italianisé* d'H. Estienne (1578) :

.. Je m'émerveille
D'entre vous, coïons effrenés.
Pensez-vous nous rendre étonnés
Par une langue déceptive,
Comme si la nôtre captive,
Ne pouvait répondre un seul mot ?
Pensez-vous le Français si sot
Qu'il n'égale bien en parole
Toute l'apparence frivole

De votre langue efféminée
Qui, comme une épaisse fumée
Nous donnant au commencement
Un effroyable étonnement,
A la parfin s'évanouit
Avecque le vent qui la suit ?

M. Toldo a diligemment relevé tous les éléments nouveaux que l'imitation des pièces italiennes, ou des pièces latines et espagnoles introduites chez nous par l'intermédiaire de l'italien, a pu faire acquérir à notre comédie : complexité de l'intrigue agrémentée d'enlèvements, de travestissements, de reconnaissances et apparition de nouveaux personnages. Mais parmi ces derniers, les uns : parasites, valets de comédies, ne répondent à aucune réalité française, et par suite sont traités dans nos imitations comme certaines entités conventionnelles auxquelles se plaisent les moralités du moyen âge. D'autres au contraire : entremetteuses, soldats fanfarons, pédants, femmes infidèles et jeunes filles trop délurées, sont rajeunis et francisés par une représentation de plus en plus appuyée et accusée des mœurs réelles auxquelles nous avait déjà initiés la farce. Les scènes de ménage que nous offre *la Reconnue* de Rémy Belleau ne présentent aucune différence avec celles que nous ont déjà présentées certaines pièces comiques du moyen âge comme *la Farce du Cuvier*. Même dans les neuf comédies de Larivey, qui sont presque des traductions, l'auteur innove par le tour du dialogue, par la transposition de certaines plaisanteries, par le mélange curieux de gauloiserie et de préciosité (1). Le texte

(1) Voir notamment les *Tromperies*, acte I, sc. I : « Voici donc, vilaines putains, le fruit que je recueille de vous ! Voici donc, mâtines, le paiement de vos obligations et la récompense de mes mérites !

« Est-ce ainsi, sales gaupes, que l'on ferme l'huis à celui qui vous a rachetées de misère... et levées de dessus le fumier où les poux vous mangeaient ? ... — Je t'ai bien ouï, Constant ; je veux que toutes ces tiennes bravades me vaillent autant d'écus au soleil, car par cela tu me montres combien fermes sont les clous dont nous te tenons attachés... Va-t'en, déloge, fais voile à ta poste, car d'autant plus chercheras à t'éloigner, d'autant les flots amoureux te repousseront en ce port. »

italien lui avait offert plus d'une plaisanterie licencieuse ; il en rajoute qu'il emprunte au fonds inépuisable de la farce, et il s'en excuse au nom même de la vérité : « S'il est avis à aucuns que quelquefois on sorte des termes de l'honnêteté, je les prie de penser que pour bien exprimer les façons et affections du jourd'hui, il faudrait que les actes et paroles fussent entièrement de la même lascivité ». (Prologue du *Laquais*).

Le chef-d'œuvre de la comédie du XVIe siècle *les Contents*, d'Odet de Turnèbe (1580 environ), est une pièce tout imprégnée d'italien, et pourtant l'auteur y parle lui-même de son « patelinage », hommage déférent à la farce médiévale, et les différents personnages y sont étudiés avec ce souci de creuser la réalité, tout en la poussant à la caricature, qui fait de sa pièce la plus curieuse transition entre la farce et la comédie de caractères ; le personnage de l'entremetteuse Françoise en particulier, dans ses différentes scènes avec la jeune fille et ses deux prétendants, les ruses hardies qu'elle emploie pour encourager l'un et dégoûter l'autre (1), l'hypocrisie pateline dont elle fait preuve en toutes circonstances annoncent déjà la magistrale Macette de Régnier, et font paraître assez pâle par comparaison la figure de Frosine, dont la décence du grand siècle a quelque peu estompé les traits. Dans la même pièce certains détails précis et parfois réalistes nous font connaître ce que devait savoir alors une jeune fille bien élevée (2), et les différents produits souvent peu ragoûtants, dont usaient les « grandes dames » « attifées, goderonnées, lissées, frisées et pimpantes », pour embellir leur visage (3).

(1) Voir notamment la scène avec Basile où, après avoir fait un hypocrite éloge de Geneviève, elle fait croire au malheureux prétendant que celle-ci a « une mamelle toute mangée de chancre ».

(2) « Elle dit bien, elle écrit comme un ange, elle joue du luth, de l'épinette, chante sa partie sûrement et sait danser et baller... En matière d'ouvrage de lingerie, de points coupés et de lacis, elle ne craint personne, et quant est de besogner en tapisserie, soit sur l'étamine, le canevas et la gaze, je voudrais que vous eussiez vu ce que j'ai vu ! »

(3) « Le sublimé, le talc calciné, la laque de Venise, le rouge d'Espagne, le blanc de l'œuf, le vermillon, le vernis, les pignons, l'argent vif, l'urine, l'eau

On ferait des observations du même genre sur maintes autres comédies ou prétendues comédies composées, sinon toujours représentées, à la fin du XVIe siècle et au commencement du XVIIe. Un des cas les plus curieux est l'adaptation par Le Loyer des *Oiseaux* d'Aristophane où, jouant sur l'étymologie du nom de Nephelococcygie, il en fait la ville des cocus, et brode sur ce thème des variations qui rappellent l'énumération des diverses espèces de sots dans le *Cri de la Montre* (1512) :

> Cocus de toutes sortes,
> Gros, amaigris, grêles, carrés et ronds,
> Grands et petits, trapus, menus et longs,
> Noirs, pers, tannés, cendrés, rouges et garres,
> Jaunes, blancs, roux marquetés et bizarres.

Ailleurs c'est sur le ton d'un lyrisme burlesque qu'il célèbre leur généalogie :

> Nobles cocus, dont la race féconde
> Peuple aujourd'hui la plus grand'part du monde !

Dans ce cadre renouvelé de l'antique, il introduit des personnages tout français : un astrologue, un alchimiste, un soldat, un enfant de la matte, c'est-à-dire un filou, un chicanoux, et autres types curieux de la farce.

Plus le siècle avance, plus la farce gagne du terrain. Certaines pièces sont d'une gauloiserie qui défie toute citation : tel le prologue des *Déguisés* de Maupas, où l'orateur de la troupe fait les offres de service les moins... déguisées aux spectatrices. Il y a là toute une série d'équivoques, d'apparence relativement voilée, mais de fond fort obscène, qui constituent un échantillon curieux du comique de mots arrivé à un certain degré de perfectionnement. Dans *la Tasse* de Claude Bonet (1595 environ) nous trouvons des effets de jargons picard, provençal, italien, mêlés au français comme dans la folie simulée de Pathelin.

Deux pièces surtout, au début du XVIIe siècle, *les Corrivaux*

de vigne, l'eau de lis, le dedans des oreilles, l'alun, le camphre, le borax, la pièce de levant, la racine d'orcanète. »

(1612) et *Gillette* (1620) de Troterel, se rapprochent de la farce traditionnelle par la simplicité du sujet, l'allure négligente de l'action et le réalisme sommaire des peintures. Rien de plus simple que le thème des *Corrivaux* : le jeune Brillant et son amie Clorette ont passé la nuit ensemble ; les parents le découvrent, et l'on convient d'attirer de nouveau le jeune homme à la maison et, après flagrant délit, de le forcer au mariage ; plan qui réussit parfaitement. Mais dans les premiers actes, nous avons vu la jeune fille accorder ses faveurs à un autre jeune homme du nom de Gaullard, et même, sans avoir, il est vrai, reconnu son identité, à Almérin, valet de Brillant. C'est bien là le sujet d'une farce, où la vertu du beau sexe est traitée sans plus de ménagements que dans notre théâtre du moyen âge. Un des éléments les plus efficaces du comique est la candeur simulée et désarmante de Clorette qui, au premier acte, dit à ses parents :

Jamais je n'eus d'amour aucune connaissance.
Mais comment est-il fait. Est-il blanc, est-il vert ?
A-t-il le corps de poil ou de plumes couvert ?

La scène où elle explique à sa mère comment Brillant s'est introduit dans sa chambre, puis dans son lit, sans qu'elle puisse se défendre ni appeler, est bien, par le fond, du domaine de la farce, mais le développement en est déjà d'une ampleur, et parfois d'une adresse qui annonce la comédie moderne (1). Dans la même pièce une chanson à boire débitée par Bragard est, par ses sonorités et son rythme, d'une belle allure gauloise. En voici le premier couplet :

Il n'est de tel contentement
Qu'entonner du vin en son ventre

(1) Clorette :
Las ! ma mère, aurez-vous le cœur tant inhumain
Que de me battre avant que de vouloir entendre
Tant soit peu les raisons que j'ai pour me défendre !
Molive : Quelle raison as-tu ? Dis-le et parle un peu.
Cl. : Que je puisse brûler comme bois dans le feu,

Pourquoi je veux qu'incessamment
Au profond de moi il en entre.
Pour ce buvons, buvons d'autant.
Il n'est plaisir que j'aime tant.

Gillette est plus près encore peut-être de la farce : écrit en octosyllabes, ce petit tableau de mœurs n'offre aucune complexité. Nous y voyons un gentilhomme campagnard lassé de sa femme après dix ans de mariage :

Certes l'adage est véritable
Qui dit que dessus une table
Un mets trop souvent présenté
Rend notre estomac dégoûté.

Malgré la jalousie de celle-ci, il séduit sa servante Gillette, et lui fait épouser un paysan nommé Mathurin, que le curé Josse, après un entretien avec la fausse ingénue, rassure pleinement sur la vertu de sa fiancée. Le scénario, l'allure et le ton des personnages, tout, jusqu'à la versification, pourrait dater d'un siècle plus tôt.

Cette tradition gauloise de la farce va, sous des formes diverses, se perpétuer jusqu'à Molière. De la même manière que Larivey adaptait ses modèles italiens, Bruscambille, le fameux farceur de

Ou le grand Lucifer dans son enfer m'emporte
Si par sort le méchant n'a fait ouvrir la porte
Et puis à pas comptés est finement venu
Près de moi se coucher, étant dépouillé nu ;
Et si je ne m'en suis nullement aperçue
Voyez s'il ne m'a pas étrangement déçue.

M. : Eh ! que ne venais-tu bien vite m'appeler
Afin de le chasser et le faire en aller ?

Cl. : Ma douce et bonne mère, hélas, je n'avais garde !

M. : Et ! qui t'en empêchait, dis-moi, grosse mouflarde ?

Cl. : Las ! ma mère, c'était que trop fort je dormais.
Je pense qu'il m'avait en se couchant frottée
Les tempes et les yeux du froid jus du pavot
Car je n'entendais pas tout seulement un mot !

l'hôtel de Bourgogne, accommode les satires bernesques en une parade de tréteaux. De ces productions éminemment littéraires, il élimine l'éloquence fleurie, l'érudition, la finesse des allusions ; il accentue le mélange de préciosité et de grossièreté, s'appesantit sur les thèmes les plus libres en les développant à l'aide de procédés qu'il emprunte à Rabelais ; c'est ainsi que dans les prologues adressés au public avant le spectacle, il ne fait pas seulement comme ses modèles l'éloge de la Pauvreté, de la Colère ou de la Poltronnerie, mais encore celui des Galeux, des « naveaux » (navets) et des choux, prononce la harangue funèbre du « bonnet de Jean Farine », et quelques autres discours dont le titre même ne saurait être reproduit. Après lui, trois autres farceurs non moins illustres de la même troupe : Turlupin, Gros Guillaume et Gaultier Garguille (1), maintiennent la tradition ; ce n'est que vers 1634 que disparaîtront ces trois amuseurs que Saint-Amant quittant Paris, regrettait en ces termes :

> Adieu, bel hôtel de Bourgogne
> Où, d'une joviale trogne
> Gaultier, Guillaume et Turlupin
> Font la figue au plaisant Scapin.

Tous trois composent, comme Bruscambille des prologues et aussi des farces grossières qui faisaient le plus grand attrait du spectacle. Nous possédons encore la farce de *La Querelle de Gaultier Garguille et de Perrine sa Femme*, dont tout le comique résidait dans la grossièreté des termes et les grimaces des personnages ; de certaines autres comme le *Cadet de Champagne* ou *Tire la Corde j'ai la Carpe*, nous n'avons plus que le titre ; le scéna-

M. : Si tu dis vérité, le cas est bien étrange.
CL. : Si le tout n'est ainsi, que le malheureux ange
Qui commande là-bas en l'abîme d'enfer
Me puisse devant vous maintenant étouffer !
M. : Maintenant je te crois ! ...
(Act. IV, sc. I.)

(1) Cf. Emile Magne. *Gaultier Garguille, comédien de l'hôtel de Bourgogne*, (1911).

rio du *Retrait* qui nous est parvenu est de la plus répugnante scatologie (1). Sur le prix qu'une certaine partie du public attachait à ce genre de pièces il nous reste des témoignages irréfutables : Bruscambille répondait aux adversaires de la farce : « Ah ! vraiment pour ce regard, je passe condamnation. Mais à qui en est la faute ? à une vieille superstition populaire qui croit que le reste ne vaudrait rien sans elle, et qu'on n'aurait pas de plaisir pour la moitié de son argent» (2). En 1634 Guillot Gorju dit encore qu'une représentation sans farce serait « une viande sans sauce, et un Gros Guillaume sans farine ». Un passage du *Roman comique* de Scarron (1651) n'est pas moins caractéristique : « La farce divertit encore plus que la comédie, comme il arrive partout ailleurs hors de Paris » (3). Six ans après, l'abbé d'Aubignac écrit dans *La Pratique du Théâtre* : « Nous voyons dans la cour de France les tragédies mieux reçues que les comédies et que, parmi le petit peuple, les comédies et même les farces et vilaines bouffonneries de nos théâtres sont tenues plus divertissantes que les tragédies ». Nous voyons que la farce devra, dès le second tiers du siècle, subir la concurrence de pièces mieux construites et plus raffinées, mais jusqu'à l'avènement de Bellerose et Mondory, c'est-à-dire jusqu'en 1630, il est hors de conteste que c'est la partie du spectacle de beaucoup la plus appréciée : c'était tantôt un vieux texte plus ou moins fidèlement reproduit ou rajeuni par quelques lazzis nouveaux, tantôt un canevas improvisé à la manière italienne, où l'on faisait entrer le scandale du jour, la critique d'une tragédie nouvelle, quelque mystification à l'adresse d'un spectateur ou, plus rarement, des traits de satire politique. En 1607, Henri IV avait défendu de

(1) C'est au même genre qu'appartiennent les farces dont, à la même époque, mais en plein air, Tabarin et les autres « opérateurs », amusaient les badauds du Pont-Neuf.

(2) Cf. sur la persistance de la farce et l'évolution vers la grande comédie : Rigal. *Le théâtre français avant la période classique*, Paris (1901).

(3) A Paris, d'après le même Scarron, la bonne compagnie riait encore de farces et d'équivoques « basses et sales » qui, à cette date, n'étaient plus tolérées par « les loges de l'hôtel de Bourgogne ». Cf. le chapitre suivant.

poursuivre une troupe d'écoliers coupables d'avoir joué une farce où lui-même était traité avec peu de ménagements ; mais ses successeurs eurent rarement la même longanimité.

En outre la farce continue à s'infiltrer dans d'autres genres, soit dans la comédie, soit, au moment où celle-ci subit une éclipse, dans la pastorale et la tragi-comédie, qui sont les genres à la mode, où nous trouverons d'ailleurs l'origine d'autres éléments de la comédie classique. Dans la pastorale, un rôle grotesque est généralement réservé au satyre, dont la laideur et les prétentions amoureuses, toujours repoussées, amusent les spectateurs : ici c'est un berger fou qui débite des propos incohérents, là c'est toute une farce en octosyllabes qui vient s'insérer au milieu de la pastorale (1) ; c'est parfois une vieille entremetteuse qui exprime, sous la forme la plus crue, les désirs que lui inspire un satyre (2). Dans *Philistée* de Troterel, pièce singulièrement composite dont le dénouement est horrible, nous voyons Hermon, vieil avare, au moment où il est mis en demeure de tenir sa parole, chercher un prétexte pour s'y dérober, et voici ce qu'il trouve :

Une douleur d'une rude colique
Subitement m'est venu torturer.
Dieux ! qu'est ceci ? Je ne saurais durer !
Quelle douleur m'époinçonne le ventre ?
Excusez-moi, s'il vous plaît, si je rentre.

Dans maintes pastorales, le ton est ainsi fort mêlé, et la farce intervient à chaque instant au milieu d'une action tragique. Le *Cydippe* de Bausseys (1633), plein de péripéties émouvantes, finit sur un dénouement licencieux ; le *Mercier inventif* (1632)

(1) Voir la *Folie de Silène*, pastorale anonyme. L'Amour trouble le sommeil de Silène en évoquant la vision d'une fille galante, et Silène éveillé, mais non guéri de sa folie, adresse les déclarations les moins voilées à la première personne qu'il rencontre, dans l'espèce, son maître, le vieillard Polite (1624).
(2) Voir la scène finale entre Francine et Turquin, dans la *Carline* de Gaillard, sieur de Pontaneille (1626).

débute comme une farce obscène, et continue tragiquement ; un titre comme celui de l'*Impuissance*, tragi-comédie pastorale de Veronneau (1634), est assez éloquent par lui-même pour dispenser de toute analyse, et jusque dans la *Sylvie* de Mairet (1628), l'un des plus ardents défenseurs de la régularité théâtrale, il se glisse encore bien des grossièretés.

Il en est de même pour la tragi-comédie, qui acquiert son maximum de popularité au moment où la pastorale commence à décliner (1632 environ), mais qui va bientôt, elle aussi, céder la place aux genres réguliers : la tragédie et la comédie (1640). Sans doute le terme de tragi-comédie ne doit pas nous tromper ; il n'implique point par définition le mélange du tragique et du comique ; le genre est caractérisé essentiellement par un sujet romanesque et non historique, un dénouement heureux amené par des péripéties singulières, et l'emploi de ressorts psychologiques. Mais en fait, le mélange des tons y est extrêmement fréquent ; il est d'autant plus violent que le sujet est plus voisin de la tragédie (1). La plus célèbre de ces pièces, *Tyr et Sidon* de Jean de Schelandre, est toute farcie de burlesque : le traître Zorote ne cesse de faire rire à ses dépens. Voici le début d'un de ses monologues :

> Qu'on me plante à mon su des cornes sur le front,
> Et que sans m'émouvoir je souffre un tel affront !
> Qu'une troupe de gens à ma suite accourue
> Marque, avecque deux doigts, ma tête par la rue !
> Que mes propres voisins de brocards ambigus
> Fassent rougir ma joue en parlant de cocus !
> Qu'à tous festins de ville un chacun me diffame !
> Que pour les étrangers je nourrisse une femme !
> Qu'incertain des enfants engendrés dans mon lit
> Je les aie en horreur, bien que nés du délit ! (2)... etc.

Lorsqu'il est envoyé avec sa femme Almadice, au bûcher qui

(1) Sur la pastorale et la tragi-comédie, j'emprunte de nombreux exemples aux ouvrages de M. Marsan : *La Pastorale Dramatique en France* (1905) et de M. H. Carrington Lancaster : *A History of french dramatic Litterature in the seventeenth century* (1929).

(2) 1re journée, acte V, scène III.

sera leur lit nuptial, la pièce se termine sur ces réflexions goguenardes :

> Vieillard, si, toi vivant, ta femme était trop belle,
> Ne crains point que là-bas un tel soin te martelle :
> Tu ne deviendras pas cornu par celle-ci.
> — Je serais bien mieux veuf que d'épouser ainsi ! (1).

Dans la même pièce, un page est déguisé en courtisane, ce qui amène les quiproquos et les équivoques que l'on devine. C'est là une fréquente source de comique dans la tragi-comédie, dont les intrigues romanesques comportent à chaque instant des déguisements ; ainsi dans les *Heureuses infortunes* de Bernier de la Brousse (1618) une jeune fille, Apollonie, se travestit en baigneur et reçoit les compliments de son client : il a été si bien essuyé

> ... Que jamais dans la Grèce
> Au Jeu d'Isthme ou d'Elide on ne trouva garçon
> Qui oignit ou frotta de si docte façon !

L'héroïne de *Bélinde* (1630), tragi-comédie de Rampalle, rassure le jeune Polydore qui, déguisé en fille, feint de craindre que le roi n'attente à sa vertu ; elle lui dit :

> ... Ne crains point, ma mignonne,
> Je te ferai plutôt coucher avecque moi.

Et Polydore, dont le spectateur n'ignore pas le vrai sexe, répond :

> Je l'aimerais bien mieux que d'être auprès du Roi.

Pichou, dans les *Folies de Cardenio* (1630), imitées de Cervantès, pousse nettement à la caricature le caractère de Don Quichotte :

(1) Seconde journée, V, v. On sait que *Tyr et Sidon* avait été écrite en 1608 sous forme de tragédie. Même dans cette première version, elle comportait des scènes d'un ton nettement comique. Cf., édition Haraszti, Introduction, p. XLVIII.

ce n'est plus un chevalier aux illusions généreuses, mais un matamore ridicule :

> Le Tage, tous les jours, me voyant sur ses rives,
> Précipite le cours de ses vagues craintives,
> Et la mer, recevant ses flots ensanglantés
> Qui traînent les corps morts de ceux que j'ai domptés
> Croit que sa violence a dépeuplé la terre !

Dans la tragi-comédie intitulée *Richecourt*, « écrite pour l'édification des étudiants et le plaisir du primat de Lorraine », on relève un curieux dialogue entre la Mort et un vieillard, dont le comique macabre est bien dans la note de certains mystères ou de certaines moralités du moyen âge.

Cependant la comédie se fraie un chemin, et va bientôt détrôner les genres éphémères de la pastorale et de la tragi-comédie. Elle ne cessera pas, jusqu'à Molière, de s'inspirer de la farce dans maintes scènes. L'intrigue espagnole des *Galanteries du Duc d'Ossonne* (1627) fournit à Mairet l'occasion d'exploiter non seulement des situations d'une singulière liberté, que lui reprochera Corneille en termes fort crus, mais aussi de donner libre cours à sa verve burlesque. A un certain moment le duc croit avoir comme compagne de lit une vieille femme, et avant de reconnaître la charmante Flavie, qui va tomber dans ses bras, il exhale sa mauvaise humeur dans les vers suivants :

> Sa bouche est en deçà, mets-toi fort en avant,
> Dessous le bord du lit de peur du mauvais vent.
> Ce vieux sujet de rhume et de décrépitude
> Témoigne en son repos beaucoup d'inquiétude.
> Ses esprits assoupis et ses membres pesants
> Semblent moins accablés du sommeil que des ans.
> Voilà bien des soupirs, encore il est croyable
> Qu'elle fait maintenant quelque songe effroyable,
> Ou c'est que l'estomac, indigeste et gâté
> Lui cause à tous moments cette ventosité.
> O mes gants ! mes sachets ! esprits de musc et d'ambre,
> Que n'êtes-vous ici plutôt que dans ma chambre !

Le burlesque de Scarron, dans *Jodelet ou le Maître Valet* (1545), *l'Héritier ridicule* (1649), *Don Japhet d'Arménie* (1652) rappelle sur bien des points le comique de la farce, et la continuité du genre se trouvait encore soulignée par l'interprétation de ces comédies, jouées pour le rôle principal, par le fameux farceur Julien Geoffrin, qui conserva dans la suite le nom de Jodelet, du rôle qu'il avait si magistralement créé. C'est lui aussi qui joua *Don Bertrand de Cigarral* et *le Geôlier de soi-même* de Thomas Corneille (1650 et 1655) et si, dans ces pièces fortement influencées par des modèles espagnols, le burlesque présente certains caractères particuliers, on y trouve maints exemples de ce comique verbal, de cette verve gauloise qui triomphèrent si longtemps dans la farce. Tel est le monologue parodique de Jodelet se curant les dents :

Soyez nettes, mes dents, l'honneur vous le commande.
Perdre les dents est tout le mal que j'appréhende.
L'ail ma foi vaut mieux qu'un oignon ;
Quand je trouve quelque mignon,
Sitôt qu'il sent l'ail que je mange,
Il fait une grimace étrange,
Et dit, la main sur le rognon :
« Fi, cela n'est point honorable ! »
Que béni soyez-vous, seigneur,
Qui m'avez fait un misérable
Qui préfère l'ail à l'honneur.

C'est encore, dans *Don Japhet d'Arménie*, la profession de foi du faux valet, don Alphonse :

Jeune comme je suis, Monsieur, je sais tout faire.
Je rase, je blanchis, je couds, je sais saigner,
Je sais noircir le poil, le couper, le peigner,
Je travaille en parfums, je sais la médecine,
J'entends bien les procès et fais bien la cuisine...

Tout le long de la pièce, un comique de mots vigoureux et toujours jaillissant souligne des situations souvent d'une grande vulgarité, mais toujours désopilantes.

Thomas Corneille n'est pas moins voisin de la farce lorsqu'il nous montre don Bertrand, gentilhomme crasseux et galeux, étalant sa malpropreté et ses infirmités :

> Il mouche, il tousse, il crache, en poumon malaisé,
> Pour fluxions, sans cesse il est cautérisé...
> Joignez à tout cela vilain, jaloux, quinteux,
> Obstiné comme un diable et mutin comme deux.

Ou encore lorsqu'il met dans la bouche de ses personnages des néologismes cocasses ou des allitérations grotesques :

> Quand un cœur est lion, j'ai l'âme léoparde,
> Délionnons le vôtre...
>
> Marraine, ce faquin m'a tout colérisé !
> Il sera, sur ma foi, déchambellanisé !...
>
> Il est presque toujours sur le raisonnement
> Et, raisonnant, raisonne irraisonnablement (1).

Ainsi, nous arrivons jusqu'au moment où Molière compose ses premières pièces sans que jamais la tradition de la farce ait été abandonnée par notre théâtre ; jusqu'aux dernières années qui précèdent l'avènement de notre grand comique nous trouverions d'autres exemples non moins frappants : depuis *l'Intrigue des Filous* (1647) de Ch. de l'Estoille, qui reproduit, à la manière des miracles et moralités médiévales, les entretiens de malandrins groupés dans l'île du Palais, devant le cheval de bronze, jusqu'au *Parasite* de Tristan l'Hermite (1654), dont la verve n'est pas moins grossière que celle de Scarron (2). La même année, Cyrano de Bergerac donne son *Pédant Joué*, dont les scènes les plus comiques seront utilisées par Molière dans ses *Fourberies de Scapin*, qui sont, elles aussi, une farce italienne adroitement francisée. Pendant tout un siècle nous avons donc vu la farce, soit sous son nom et à découvert, soit mêlée à d'autres genres, persister inébranlablement, et demeurer la partie la plus solide et la plus continuellement applaudie de nos

(1) Cf. G. Reynier. *Thomas Corneille, sa Vie et son Théâtre* (1893).

(2) Deux vers suffiront pour en convaincre le lecteur : l'ex-parasite Frippe-sauces se lamente en ces termes :

> Je ne suis plus admis à servir des maîtresses,
> Et je n'ai plus d'emploi, qu'à me gratter les fesses.

spectacles : perpétuant les types et les traditions scéniques issus de l'esprit gaulois, elle a utilisé les nouvelles conquêtes techniques de l'art théâtral pour se mettre en valeur, ou elle a substitué aux personnages stéréotypés de la comédie italienne et latine ceux qui, dans notre théâtre national, s'en rapprochaient le plus. Elle les a étudiés de plus près, leur a donné plus de relief, et s'est ainsi maintenue, du fond du moyen âge, jusqu'au cours du Grand Siècle, offrant au rire infatigable du spectateur français la plus heureuse et la plus libre des caricatures.

V

VERS LA GRANDE COMÉDIE

La persistance de la farce dans notre théâtre, antérieurement à la période classique, n'est qu'un des aspects particuliers d'une évolution assez complexe ; elle en représente un des caractères les plus notables, mais non le plus essentiel. Pendant le premier tiers du XVIIe siècle, des modifications profondes s'opèrent dans l'état des mœurs et dans l'esprit du public français. Elles vont avoir une importante répercussion au théâtre, notamment en ce qui concerne les diverses formes du comique. Les moyens employés pour faire rire un public dont la composition même se modifie subiront l'influence de conceptions sociales d'ordre général, et de circonstances particulières au théâtre, qui concourront, les unes et les autres, à déterminer certains caractères de notre production dramatique.

Nous sommes à l'époque où les premières manifestations de la préciosité vont réagir contre la brutalité de la période précédente. Les quarante années pendant lesquelles se sont déroulées les guerres de religion avaient compromis la politesse des mœurs qui déjà fleurissait à la cour de Henri II et ramené la grossièreté que le contact avec la civilisation italienne avait momentanément atténuée. Dès qu'on sent la situation générale du pays plus stable et plus prospère, on aspire à voir un esprit de société plus courtois et plus fin se développer. La cour de Henri IV affiche encore une grande liberté de manières ; la licence y régne dans les mœurs et le langage ; par son sans-gêne et son gasconisme, elle choque certaines personnes délicates comme la marquise de Rambouillet qui va, par réaction, réunir dans son fameux hôtel tout ce que Paris compte de plus cultivé et de plus poli, parmi les courtisans et les gens de lettres. Pendant un quart de siècle, l'influence de l'hôtel de Rambouillet est prépondérante dans le domaine de la mode, des mœurs et du goût littéraire. D'autre part, la littérature, par un mouvement inverse et simultané, encourage la réforme des mœurs et des manières. C'est le moment où l'on se plonge dans la lecture des *Amadis*, où le succès énorme de l'*Astrée* remet en vogue le culte de la femme et de l'amour courtois.

A vrai dire, ces raffinements n'auraient eu sur le théâtre qu'une influence tardive, indirecte, peut-être même nulle, si celui-ci était resté un divertissement populaire dédaigné de l'aristocratie et des dames ; mais précisément les cercles précieux s'intéressent à l'art dramatique et la composition du public, en s'élargissant et en s'épurant, va contribuer à modifier grandement le ton de la production théâtrale. Vers le même moment où les « doctes » vont ressusciter les règles classiques et les imposer aux auteurs, le public nouveau qui fréquente maintenant les salles de spectacle exige lui aussi des passe-temps plus délicats. Il y avait certes beaucoup à réformer. Au début du siècle, la salle de l'Hôtel de Bourgogne, la seule de Paris où l'on donnât des spectacles réguliers, était aussi mal fréquentée que mal éclairée et dépourvue de tout confort ; avec son parterre trop vaste et sa scène trop étroite, la grossière installation de ses chandeliers, l'obscurité de ses couloirs propice aux tête-à-tête scandaleux, elle était, au dire des contemporains, « le cloaque de toutes les impudicités, le réceptacle de tous vices, et le rendez-vous de toutes personnes qui ont fait banqueroute à l'honneur » (1). Le parterre, après avoir passé debout plus de deux heures « en devis impudiques, en jeux de dés, en gourmandises... et ivrogneries, querelles et batteries », était incapable d'écouter avec patience la pièce qu'on lui pré-

(1) Bruscambille, prologue de la *Colère*, cité par Rigal : *le Théâtre Français avant la période classique*, (1901).

sentait, surtout si elle contenait des scènes d'analyse un peu fine ou de comique délicat. Dans un de ses prologues, Bruscambille apostrophe des spectateurs insupportables, leur reprochant de crier « à gorge dépaquetée » dès qu'ils sont entrés. « A-t-on commencé, c'est pis qu'antan : l'un tousse, l'autre crache... l'autre rit, l'autre se gratte »... (j'atténue la crudité du texte) ; pages et laquais s'administrent des « gourmades réciproquées », ou parfois même lancent des pierres sur des spectateurs inoffensifs, pendant que les filous exercent leur industrie. On imagine bien que les honnêtes femmes ne fréquentaient point un tel milieu ; aussi bien lorsque l'orateur de la troupe s'adressait à la partie féminine de l'auditoire, il le faisait en termes qui ne convenaient qu'à des spectatrices dont le front ne sait plus rougir.

Mais vers 1630 tout a changé peu à peu à Paris, du moment où la troupe de Valleran-Lecomte a loué aux Confrères, à titre provisoire, puis définitif, la salle de l'Hôtel de Bourgogne et a obtenu le droit de s'intituler « Comédiens ordinaires du Roi ». Lorsque la troupe rivale de Le Noir et Mondory s'est installée dans la salle du Marais, l'une et l'autre s'attachent à introduire plus de décence dans leurs spectacles, plus d'intérêt proprement littéraire dans leurs répertoires. Ces comédiens, qui ont longtemps parcouru les provinces, vont maintenant se soumettre au goût plus raffiné de la bonne société parisienne. Vers 1615, c'est Rouen qui donne le ton en matière de théâtre ; quinze ans plus tard, c'est Paris. La capitale, qui a passé toute l'année 1622 sans avoir aucune représentation théâtrale, fait aujourd'hui fête à des acteurs plus fins et plus distingués que leurs prédécesseurs. Bellerose et Mondory dans leurs rôles d'amoureux détrônent dans la faveur publique les illustres farceurs qui ont, jusque-là, fait la réputation de l'Hôtel de Bourgogne.

Le mouvement se trouve encore accentué par l'intérêt que porte au théâtre le cardinal de Richelieu ; à son imitation, les personnages les plus haut placés acceptent la dédicace de pièces nouvelles. La farce subsiste, nous l'avons vu : c'est là une concession nécessaire à la partie la plus populaire du public ; mais de toute évidence, le ton général a changé. Les comédiens, en annonçant au public les pièces qu'ils se proposent de représenter en 1634, déclarent qu'elles « sont devenues autant d'aimants attractifs pour y faire venir non seulement les plus graves d'entre les hommes, mais les femmes les plus chastes et les plus modestes, qui ne veulent plus faire maintenant autre chose que d'y aller ». L'année sui vante, dans l'avertissement qui précède *Cléagénor et Doristée*, Rotrou fait l'éloge des « incomparables auteurs... qui ont mis la comédie à un si haut point qu'elle est aujourd'hui le plus doux divertissement du plus sage roi du monde, et du plus grand esprit de la terre ». Le même auteur, dans son Epître au Roi en tête de *la Bague de l'Oubli* (1635), déclare « qu'enfin la comédie est en un point où les plus honnêtes récréations ne peuvent plus lui causer d'envie », et il ajoute : « J'ai pris tant de peine à polir ses mœurs que si elle n'est belle, au moins elle est sage, et que d'une profane j'en ai fait une religieuse ». Sans doute exagère-t-il quelque peu, car ses pièces contiennent encore certaines plaisanteries et certains jeux de scène qui ne sont pas de la plus parfaite décence, mais il n'est pas douteux que l'épuration de la comédie est désormais un fait accompli, et c'est avec une légitime fierté que Corneille peut faire dire à l'un des personnages de l'*Illusion comique* (1636) :

A présent le théâtre
Est en un point si haut que chacun l'idolâtre ;
Et ce que votre temps voyait avec mépris
Est aujourd'hui l'amour de tous les bons esprits,
L'entretien de Paris, le souhait des provinces,
Le divertissement le plus doux de nos princes,
Les délices du peuple et le plaisir des grands ;
Il tient le premier rang parmi leurs passe-temps :
Et ceux dont nous voyons le sagesse profonde
Par ses illustres soins conserver tout le monde,
Trouvent dans les douceurs d'un spectacle si beau
De quoi se délasser d'un si pesant fardeau.

Cette transformation ne s'est opérée que par une marche lente et progressive ; c'est surtout dans la période d'une douzaine d'années (1620-1632) pendant laquelle la comédie proprement dite disparaît pour laisser place aux genres à la mode, tragi-comédie et pastorale, que commencent à poindre déjà, dans ces exemplaires d'une formule éphémère, quelques éléments essentiels de la vraie comédie. Ils vont se développer ensuite dans les premières pièces de Corneille et chez ses rivaux, qui nous donneront des exemplaires déjà fort remarquables de la comédie d'intrigue, de caractère et de mœurs. Sans doute, la farce subsiste concurremment, soit à titre indépendant, soit dans certaines parties de ces pièces ; mais la comédie acquiert peu à peu des éléments qui lui étaient étrangers au moyen âge et dans les tentatives encore maladroites de la Renaissance : une intrigue bien conduite, le souci de la décence, le sens de la nuance, le don de la fantaisie. Quand on parle de la décence, il n'en faut assurément point juger ici avec les préventions longtemps apportées dans les questions de ce genre par les critiques du XIXe siècle, habitués à un théâtre qui, pour des raisons que nous aurons à démêler plus tard, s'était rendu l'esclave d'un moralisme pointilleux ; mais il est indéniable qu'un effort réel est tenté à ce moment pour ne pas gêner la pudeur des femmes qui d'ailleurs n'avaient pas toutes, à beaucoup près, les susceptibilités de certaines précieuses (1). Il reste sans doute dans les pièces de ce temps des scènes assez libres, des mots qui nous paraissent crus ou grossiers, et qui l'étaient moins alors, et aussi, nous l'avons vu, des parties franchement bouffonnes. Mais dans celles des tragi-comédies qui se tiennent dans une note tempérée et ne pratiquent pas systématiquement la juxtaposition du grotesque et de l'horrible, dans la pastorale surtout, le ton devient celui de la bonne compagnie ; il vise à faire sourire plutôt qu'à faire rire aux éclats, il s'adresse déjà visiblement à la partie délicate d'un public hétérogène, dans lequel les spectateurs grossiers que haranguait Bruscambille ne sont plus qu'une minorité.

(1) Malgré tous les progrès de l'esprit précieux, on tolérait de singulières grossièretés jusque dans les ballets exécutés à la cour de Louis XIII. Voir le recueil de P. Lacroix (1869), et Lintilhac, *op. cit.*, tome III (1908).

La tragi-comédie, qui comportait une action compliquée parfois jusqu'à l'extravagance, ne semblait pas, par sa contexture même, pouvoir prêter à la peinture des mœurs et à l'analyse psychologique. Pourtant, dans certaines de ces pièces si curieuses, nous pouvons relever une tendance marquée à la description précise de certaines catégories sociales. Il ne s'agit plus, comme dans la farce du moyen âge, de nous montrer les types très généraux du mari brutal, de la femme volage, de la belle-mère acariâtre, du marchand cupide ou du soldat fanfaron; on éprouve quelque surprise à constater, surtout dans les tragi-comédies qui avoisinent ou dépassent la date de 1630, des embryons de ces peintures sociales, dont notre comédie classique tirera ses grands chefs-d'œuvres : dans la *Généreuse Allemande* de Mareschal (1630), un médecin, non sans faire des grimaces et prendre des postures ridicules, parle déjà un langage assez semblable à celui que Molière mettra dans la bouche de ses confrères. Voici en quels termes il commence l'établissement de son diagnostic :

> Cela provient, Madame,
> De certaines humeurs qui lui surchargent l'âme,
> Qui tiennent son esprit à leur force sujet,
> Lui font des passions presque de chaque objet...

La *Bourgeoise* qui donne son titre à une comédie de Reyssaiguier (1633) semble devancer Monsieur Jourdain :

> La gloire des aïeux n'est qu'un titre inutile
> Qui n'a pas grand éclat dans une bonne ville,
> Étant riche, on se fait damoiselle toujours,
> Il ne nous faut ôter que deux doigts de velours.
> La noblesse à Paris est tellement confuse,
> Que pour la discerner le plus sage s'abuse.

Dans le *Jaloux sans sujet* (1635) de Charles Beys nous lisons déjà une tirade qui annonce de loin les vers charmants que prononce Eliante dans la scène des portraits.

Ne croirait-on pas entendre Chrysale s'écrier :

Non, non, ma femme, non ; laissez ce badinage,
Et prenez vos ébats en votre seul ménage,
Tantôt à contempler vos joyaux plus exquis,
Tantôt à calculer les biens par nous acquis...
... Tantôt mettre nos blés et nos froments en vente,
Tailler de la besogne à chacune servante ;
Tantôt faire causer vos perroquets mignons,
Faire jouer, sauter, vos chiens et vos guenons,
Et quelquefois aussi feuilleter un bon livre,
Voilà comme en honneur la matrone doit vivre.

Or ces vers sont extraits de *Tyr et Sidon*, et prononcés par Zorote, vieillard ridicule, à la fois traître et bouffon.

Il n'est pas jusqu'aux *Plaideurs* qu'on ne voie annoncés dans l'*Espérance glorieuse* de Richemont Banchereau : les termes du Palais y sont plaisamment adaptés à une aventure galante : voici comment débute la requête d'une jeune fille :

A Monsieur le Bailli des Amours de Paris
Supplie innocemment l'amoureuse Cloris,
Disant qu'un feu secret qui consomme son âme
Ayant déjà souffert le tombeau de sa flamme,
A rendu sa beauté maîtresse d'un amant,
Qui ne parle jamais que sa langue ne ment.

Et le juge conclut ainsi sur cette requête :

Vu la requête ci-dessus.
Et vu qu'Amour a le dessus
Sur la terre, le ciel et l'onde,
Nous ordonnons que tout le monde
Lui fera comme il est requis.

Un autre type de plaideur plus voisin de la réalité se retrouve dans l'*Hôpital des Fous*, tragi-comédie de Beys (1635), qui contient déjà une sorte de revue des manies humaines analogue à celle des *Fâcheux*. Nous y voyons défiler, avec le portrait du plaideur, celui du philosophe, du musicien et de l'alchimiste.

Ces figures épisodiques pouvaient entrer aisément dans le cadre de la tragi-comédie ; mais il est moins favorable aux développements de l'analyse psychologique : au milieu de tant d'événements variés et complexes, il ne semblait pas qu'il y eût place pour une étude raffinée du sentiment. Pourtant, la tragi-comédie n'est pas entièrement dépourvue de cet élément, qui peut fournir des effets comiques d'ordre assez relevé. Rotrou, dans l'*Hypocondriaque ou le Mort amoureux*, se plaît à étudier un cas de psychologie morbide assez étrange : celui d'un homme qui se croit mort et vit déjà dans le monde de l'au-delà, qui, d'autre part, est toujours amoureux, et se sent retenu par là dans le monde des vivants. La manière dont il est guéri de sa folie n'est pas moins curieuse : un ami qui se fait passer pour fou tire sur lui avec un pistolet chargé à blanc, et en constatant que cet attentat ne l'a pas détruit, le malheureux hypocondriaque revient à la raison. C'est un cas moins exceptionnel que présentait dès 1614 l'auteur encore insuffisamment identifié de l'*Ephésienne*, mettant en scène le conte célèbre de Pétrone que reprendront plus tard La Fontaine et d'autres écrivains. L'auteur de cette jolie pièce analyse, avec des nuances souvent très délicates, les états successifs par lesquels passe la jeune veuve depuis le désespoir des premières heures jusqu'à l'indifférence et l'oubli total du défunt dans un nouvel amour. Les *Folies de Cardenio* ne contiennent pas seulement une intrigue amusante et des tirades burlesques, mais des scènes d'amour, des analyses de sentiment et des tableaux gracieux comme celui où Sancho dépeint son message auprès de Dulcinée, ce qui fait soupirer Don Quichotte :

O célestes accords
Des grâces de l'esprit aux merveilles du corps ! (1)

Mais c'est principalement dans la pastorale que l'étude psychologique se trouvera développée, surtout à partir du moment où l'influence de l'*Astrée* se fait sentir. Déjà, chez Hardy, nous rencontrons quelques types de vraies jeunes filles, ni effrontées ni niaises, sincèrement aimantes, décidées et raisonnables. Nous y trouvons aussi le tableau exact et nuancé de la lutte

(1) Cf. H. Carrington Lancaster, *op. cit.*

qui se livre entre la passion fougueuse des jeunes gens et la sagesse, tantôt morose, tantôt attendrie, des vieillards (1).

Ces notations psychologiques ne peuvent être, dès l'abord, très développées, car les spectateurs s'attachent surtout aux épisodes violents, aux aventures extraordinaires, aux péripéties qui peuvent donner lieu à quelque effet sensationnel de mise en scène. « Pour vous plaire, leur déclare Bruscambille, il faudrait faire voler quatre diables en l'air, vous infecter d'une puante fumée de poudre, et faire plus de bruit que tous les armuriers de la Heaumerie ». Mais après cette période où les fines analyses de la pastorale italienne et espagnole sont trop souvent remplacées par une trivialité mêlée de maniérisme, l'élément psychologique prend de plus en plus d'importance. Les thèmes déjà indiqués par Hardy sont développés avec plus de délicatesse et plus d'ampleur à la fois, dans les *Bergeries* de Racan où règne le ton d'une conversation polie, très courtoise et très française. Les types traditionnels — le satyre, le magicien, Diane et l'Amour — perdent de leur importance pour laisser passer au premier plan des couples d'amoureux dont les brouilles, les réconciliations et les dépits prennent déjà la forme dont Molière usera avec tant de maîtrise ; dans un grand nombre de pastorales domine le schéma de l'amour contrarié : A aime B et n'en est pas aimé, B aime C et n'en est pas aimé ; C aime D et n'en est pas aimé, etc., qui aboutira, dans le genre tragique, à la situation d'*Andromaque*, et qui peut donner lieu, dans un ton plus tempéré, à des développements psychologiques qui éveilleront chez le spectateur, tantôt un demi-sourire complaisant et amusé, tantôt un rire discret.

Par un mouvement parallèle à celui qui s'opère dans la farce, mais ici sur un plan supérieur, la pastorale prend un caractère national : les dieux, les bergers et les nymphes parlent le langage des grands seigneurs qui fréquentent l'Hôtel de Rambouillet, et les auteurs se complaisent à développer le type bien

(1) Voir Marsan : *La Pastorale dramatique en France* (1905), et Saint-Marc Girardin : *Cours de Littérature dramatique*, tome III (1877).

français de l'inconstant Hylas, Don Juan dépourvu de grandeur et de pathétique, qui représente le courtisan moyen d'alors. Voici comment s'abordent le chasseur Démonace et une nymphe :

Démonace : Je loue les Dieux, belle déesse, de ce qu'ils m'ont favorisé d'une si heureuse rencontre, et les prie de vous combler d'autant de félicité que vous avez de mérites. — *L'Oréade* : Je leur fais la même prière pour vous, vénérable chasseur. — *Démonace* : Vous m'obligez plus qu'il ne m'appartient, et je vous serai encore plus redevable, s'il vous plait de me dire si vous n'avez pas vu un cerf que nous chassons (1).

L'inconstance d'Hylas (1635), d'Antoine Mareschal, contient déjà une peinture de l'inconstance où le charme de la diversité, le plaisir pervers de ravir à un ami sa maîtresse, ou de tromper deux femmes à la fois sont étudiés avec une perspicacité et rendus avec une aisance qui font prévoir déjà certaines nuances dont Molière ornera le portrait de son illustre séducteur. Voilà qui nous change des grossièretés de *la Folie de Silène* ou de la *Carline* ; la pastorale savait prendre tous les tons, mais celui de la farce n'était pas le plus fréquent. Aussi peut-on trouver Corneille un peu injuste lorsqu'il écrit dans l'examen de *Mélite* : « La nouveauté de ce genre de comédie, dont il n'y a pas d'exemple dans aucune langue, et le style naïf qui faisait une peinture de la conversation des honnêtes gens furent sans doute cause de ce bonheur surprenant qui fit alors tant de bruit. On n'avait guère vu jusque-là que la comédie fît rire sans personnages ridicules, tels que les valets bouffons, les parasites, les capitans, les docteurs, etc. Celle-ci faisait son effet par l'humeur enjouée des gens d'une condition au-dessus de ceux qu'on voit dans les comédies de Plaute et de Térence, qui n'étaient que des marchands ». Soit antérieurement aux premières comédies de Corneille, soit en même temps qu'elles, les pastorales mettaient déjà sur la scène tous les aspects variés de l'amour et les conversations des honnêtes gens. On ne sera pas étonné

(1) L'*Amour Triomphant* de Troterel, acte II, scène v (1615).

qu'une pastorale de Rotrou ait pu, moyennant quelques modifications toutes superficielles, être transformée en comédie, puis publiée sous sa première forme après la mort du poète.

Mais désormais le genre de la comédie est fondé ; il se caractérise avant tout par le ton de la bonne compagnie, le goût des notations psychologiques, et la recherche d'une certaine actualité réaliste. Les premières pièces de Corneille en sont d'excellents exemples : le début de la *Galerie du Palais* (1634) donne une reproduction quasi photographique d'un des lieux les plus fréquentés par les Parisiens d'alors ; les conversations entre clients et marchands, les disputes d'une boutique à l'autre sont prises sur le vif, et ne diffèrent de la réalité que par l'emploi du vers. Après *la Comédie des Comédiens* de Gougenot (1633) et celle de Scudéry (1635), l'*Illusion comique* (1636) nous fait pénétrer dans la vie des coulisses, dont les spectateurs de toutes les époques ont toujours été très curieux. La manière dont Corneille imite ses modèles espagnols démontre d'une façon frappante comment s'affirmait alors le caractère français de notre comédie. Dans le *Menteur* le lyrisme exubérant d'Alarcon est remplacé soit par des allusions contemporaines, soit par des développements d'ordre psychologique ou moral. Dès les premiers vers, il est question des récents embellissements de Paris, du charme des Tuileries,

Le pays du beau monde et des galanteries.

Plus loin (acte II, scène v), Dorante admire les transformations du Pré-aux-Clercs, et les beautés récentes du Palais Cardinal :

Paris semble à mes yeux un pays de roman.
J'y croyais ce matin voir une île enchantée :
Je la laissai déserte et la trouve habitée ;
Quelque Amphion nouveau, sans l'aide des maçons,
En superbes palais a changé ses buissons.

La tirade de Cliton sur Paris :

Paris est un grand lieu plein de marchands mêlés...

pourrait encore aujourd'hui, en modernisant les termes tombés en désuétude, constituer un fort bon guide pour un provincial faisant ses débuts dans la capitale. La tirade suivante, sur la libéralité, qui contient le fameux vers :

> La façon de donner vaut mieux que ce qu'on donne

est déjà l'un de ces développements de morale mondaine qui feront le principal attrait de toutes les comédies au XVIIIe siècle. A la scène II, de l'acte II, les vers de Clarisse sur l'impossibilité pour une jeune fille de bien connaître son futur mari :

> Mais pour le voir ainsi, qu'en pourrai-je juger ?...

annoncent déjà la scène initiale du *Jeu de l'Amour et du Hasard*. Par ces modifications profondes, Corneille était pleinement autorisé à déclarer dans son *Avis au lecteur*, que dans le *Menteur* comme dans *Pompée*, il avait « entièrement dépassé les sujets pour les habiller à la française ».

Ainsi la comédie, de 1630 à 1660, va nous offrir un tableau plus précis et moins caricatural, plus diversifié et plus nuancé de la vie française, non seulement dans les classes bourgeoises et populaires, qui ont toujours fourni la matière de ses peintures comiques, mais aussi dans les parties les plus élevées et les plus cultivées de la société. Tandis que l'élément le plus grossier du public s'amuse à des pièces comme *la Comédie des Proverbes* d'Adrien de Montluc (1633), la *Comédie des Chansons* (1640) ou bien *le Galimatias* du sieur Desroziers (1639), véritables farces, parfois indécentes et toujours assez plates, les spectateurs plus délicats goûtent dans *les Visionnaires* (1637) de Desmarets de Saint-Sorlin tout un défilé d'originaux, dont seules des personnes d'une certaine culture pouvaient apprécier les ridicules. Il fallait au moins connaître Ronsard pour sentir le comique qui se dégageait des vers parodiques prononcés par un poète de la vieille mode :

Déjà de toutes parts j'entrevois la brigade
De ces Dieux chèvrepieds, et des folles Ménades,
Qui s'en vont célébrer le mystère orgien,
En l'honneur immortel du père Bromien.
Je vois ce cuisse-né, suivi du bon Silène,
Qui du gosier exhale une vineuse haleine ;
Et son âme fuyant parmi les Mimallons
Qui, le bras enthyrsé, courent par les vallons.

Le personnage d'Hespérie est un premier crayon de Bélise et toute une scène reproduit un « docte entretien », dans le ton des *Femmes savantes*, sur la régularité du poème dramatique. La *Comédie des comédies* du sieur du Péchier (1629) n'est guère qu'une satire dialoguée dirigée contre la prose emphatique de Balzac et par conséquent accessible aux seuls connaisseurs. *Les Académistes* de Saint-Evremont (1643) raillent avec esprit l'institution nouvelle et Molière y a sans doute trouvé plus d'un trait que nous admirons dans les caractères de Philaminte, de Vadius et de Trissotin.

La peinture de la noblesse revêt un aspect autrement précis et nuancé que dans les grossières esquisses du moyen âge. Voici un gentilhomme campagnard partant pour la chasse :

Sitôt que l'on eut fait sonner l'arrière-ban,
Etant déjà pourvu d'armes et de bagages,
J'ai fait de trois mulets grossir mon équipage,
Tiré de mon fermier quatre chevaux de bât,
Habillé six valets du haut jusques en bas
Et vais, quoique d'amour j'eusse l'âme troublée,
Monté comme un saint Georges au lieu de l'assemblée.
Là, je trouve d'abord vingt ou trente voisins,
Onze ou douze neveux et dix et huit cousins,
Deux oncles, trois filleuls, un bâtard de mon père ;
Et six de vos parents, avecque mon beau-père.

Ailleurs une courtisane raille les allures masculines et équivoques de certaines dames de la haute société, et se moque des femmes de qualité qui cherchent sans cesse à imiter l'élégance des professionnelles :

Mille attraits que nos jeux en public ont produits
Vous les étudiez dans vos chastes réduits,

Et par une honteuse et libre flatterie
Ce qui nous est péché vous est galanterie.
Vous imitez nos yeux, nos gestes, nos propos
Nous découvrons le sein, vous la moitié du dos.
Nous voyons, sans mêler le ciel à nos sottises,
Nos amants à la chambre, et vous dans les églises (1).

Un passage de ce genre où, sous les mœurs du jour, subsiste tant de vérité permanente, montre assez comment un double mouvement s'opère à la fois dans la comédie : en même temps que les traits d'observation contemporaine acquièrent plus d'exactitude et de nuances, l'étude des caractères suit la même évolution. Souvent au reste il est malaisé de discerner l'un et l'autre de ces deux éléments : quand l'auteur comique a réalisé la synthèse exacte et vivante d'un être humain, l'analyse ne parvient pas sans peine à démêler ce qui tient à la condition sociale du personnage — pli professionnel, préjugés de caste, attitude imposée par les fonctions ou la situation familiale — et ce qui est inhérent à la nature même de l'homme. En s'efforçant de représenter des gentilshommes et de grandes dames chez qui règne l'esprit de galanterie et de préciosité, l'auteur est entraîné à étudier avec une attention particulière certains types plus fréquents dans cette société qu'ailleurs, comme celui de la coquette, de la prude ou du séducteur ; mais les sentiments que ces personnages éprouvent ou qu'ils feignent, relèvent, pour une grande part, de l'humanité générale : ainsi l'étude de mœurs arrive à impliquer celle des caractères.

Lorsque Hylas, au lieu d'un berger fictif, devient un jeune seigneur de l'époque, il prend un aspect de réalité qui se précise au moyen de certains traits de mœurs, de costume ou d'humeur ; mais en même temps, sa psychologie se creuse et s'affine. Dans une des meilleures comédies de cette période, l'*Esprit fort* de Claveret (1630), le héros est défini au moyen d'un certain nombre de particularités précises, qui matérialisent en quelque sorte son portrait :

(1) Gillet de la Tessonnerie. *Le Campagnard* (1657). — Antoine Mareschal. *Le Railleur* (1636).

Affecter en parlant un ton impérieux;
Blâmer les feux d'amour, mais en feindre en tous lieux,
... Emprunter de l'argent et jamais ne le rendre ;
Aller tout seul au cours, revenir satisfait,
Bien qu'on soit les sujets des pièces qu'on y fait...
Etre inquiet, escroc ; jouer à tout propos,
Ne parler que de battre et de casser le dos,
Mais toujours le premier recourir à la fuite...
Dire un mot des bons vers, puis y faire une glose ;
Jurer que saint Martin vaut mieux que Bellerose...
Etre au bal sans cordon, danser négligemment,
Faire une extravagance au lieu d'un compliment...

Nous le voyons aussi faire une déclaration dans le plus pur style précieux. Mais dans tout le cours de la pièce, la manière dont agit le personnage, ses manœuvres, ses succès, et surtout ses échecs contribuent à nous faire mieux connaître ce qu'il y a de plus essentiel et de plus généralement humain dans son caractère.

Le même type est repris en 1651 par Thomas Corneille dans *l'Amour à la Mode*. Le caractère d'actualité du personnage est bien précisé par un dialogue entre le héros, Oronte, et son valet, Cliton : celui-ci s'étonne, avec quelque candeur, de l'humeur volage de son maître.

CLITON.

Quoi ? donner tout ensemble et reprendre son cœur,
C'est amour ?

ORONTE.

C'est amour ! Cliton, et du meilleur.

CLITON.

Mais l'amour, n'est-ce pas une ardeur inquiète
(Car j'y suis Grec, depuis que j'en tiens pour Lisette.)
Un frisson tout de flamme, un accident confus
Qui brouille la cervelle et rend l'esprit diffus,
Une peine qui plaît, encore qu'elle incommode ?

ORONTE.

C'est l'amour du vieux temps, il n'est plus à la mode.

Mais l'étude même du personnage dépasse l'actualité, et comporte surtout des traits généraux que nous retrouvons non seulement chez les petits marquis du *Misanthrope* ou dans les ouvrages légers comme *le Chevalier à la Mode* et *l'Homme à bonnes fortunes*, mais aussi dans des pièces plus profondes et plus pathétiques sur le caractère du séducteur, depuis le *Don Juan* de Molière jusqu'au *Marquis de Priola*, et *l'Homme et ses fantômes* de M. Lenormand, en passant par toutes les imitations de Richardson ; telle est cette déclaration d'Oronte, dans la même scène :

> Jamais de préférence, et point de servitude ;
> Ainsi divers objets m'engageant chaque jour,
> Je me regarde seul dans le trafic d'amour.

Le pauvre Cliton s'étonne, et ne comprend pas les façons de son maître :

> Et servante, et maîtresse, et blanche, et brune et blonde
> Vous vous accommodez de tout le mieux du monde,
> Votre bon appétit en prend à gauche, à droit,
> Et rien, à votre goût, n'est trop chaud ni trop froid.
> Ici, l'air enjoué, vous contez des merveilles,
> Là, de soupirs aigus vous trompez les oreilles.
> Je m'y laisse duper moi-même assez souvent,
> Vous pleurez, vous riez, et tout cela... du vent !
> Quels tours de passe-passe !

N'est-ce pas déjà la tirade de Sganarelle, le grand air de Leporello, et les reproches bourrus du domestique au premier acte de *l'Homme et ses fantômes* ? Nous sommes bien là en présence de traits éternels, et la comédie de mœurs rejoint la comédie de caractères.

L'Amour à la Mode est une des pièces où Thomas Corneille s'est le plus efforcé de franciser son modèle espagnol. C'est ce qui lui arrive très souvent ; nous nous en sommes aperçus déjà à propos de *Don Bertrand de Cigarral* et du *Geôlier de soi-même*. Mais il lui arrive aussi de suivre de près son modèle, et de s'appliquer à rendre fidèlement toutes les complications de l'intrigue qui caractérisent le théâtre d'outre-Pyrénées. Il n'est pas seul à pratiquer ce genre d'exercice : les adaptations de Méteil d'Ouville sont, elles aussi, d'une rare fidélité ; comme Thomas Corneille, il tâche de conserver tous les incidents d'une intrigue complexe, tout en la resserrant dans un système qui respecte le plus possible les unités. Méteil d'Ouville pouvait prendre comme devise ces vers qu'il met dans la bouche du poète Lysidas, personnage de *l'Esprit follet* (1641) :

> Les vers n'en sont point forts, je n'en suis point flatteur,
> Quoique je sois pourtant grand ami de l'auteur.
> Mais dans l'économie, il faut que je confesse
> Qu'il conduit son sujet avecque tant d'adresse,
> Le remplit d'incidents si beaux et si divers,
> Qu'on excuse aisément la faiblesse des vers.

Après la comédie latine et italienne, la *comedia* espagnole offrait aux amateurs français une intrigue plus complexe encore, plus variée, où l'imagination avait plus de part : elle comportait plus de situations imprévues, et les péripéties, au lieu de se succéder simplement, s'y enchevêtraient les unes dans les autres, produisant ainsi des effets de surprise, et posant à chaque scène une nouvelle énigme aux spectateurs. Notre tragi-comédie, puis notre comédie, imitèrent donc cette forme théâtrale avec plus ou moins de succès et de facilité.

> Je ne sais où j'en suis...

dit naïvement Lucrèce au Ve acte du *Menteur* tant elle a de peine (et le spectateur aussi) à se dépêtrer dans cet imbroglio. Mais que l'adaptateur ait plus ou moins de dextérité, le perfectionnement de la comédie d'intrigue se substituant à la structure gauche et élémentaire de la farce fournit des ressources nouvelles au théâtre, en lui permettant de mettre davantage en valeur le comique de situations. A la veille de l'arrivée de Molière à Paris, plusieurs auteurs (De Brosse, Boisrobert, Quinault, Tristan l'Hermite) dépassent le stade de l'imitation, pour essayer de composer des comédies d'intrigue originales et entièrement françaises. Ils y réussissent parfois brillamment comme dans le *Parasite* (1654), où le tragique Tristan se découvre une verve bouffonne que viennent renforcer les effets de surprise ou les quiproquos ménagés à chaque instant par l'intrigue.

L'influence espagnole se fait encore sentir, et fort heureusement, dans la qualité même de cette bouffonnerie. L'imitation de l'Espagne vient donner à notre comédie une note piquante qui n'a pas seulement le mérite de répondre à un goût général, à un certain snobisme qui faisait trouver admirable alors tout ce qui venait de l'autre côté des monts ; la *comedia* espagnole relève d'une saveur nouvelle le réalisme un peu lourd et sommaire de notre farce nationale ; de même qu'elle apportait dans nos intrigues le goût du romanesque et de la fantaisie et qu'elle ajoutait aux types consacrés de la farce ou de la *commedia dell' arte* une nouvelle série de personnages, elle nous enseignait ainsi une manière nouvelle de plaisanter : le burlesque espagnol, même transposé par la verve très française de Scarron, peut bien, comme nous l'avons vu, présenter extérieurement quelques-uns des caractères principaux de la farce, mais il comporte en outre une perpétuelle confrontation avec le grandiose dont l'Espagne, à cette date, continuait à imprégner notre tragédie. La farce médiévale rabaisse des existences déjà par elles-mêmes fort mesquines et banales. Le burlesque s'attaque à des personnages en qui tout respire la grandeur ; il tourne cette grandeur en ridicule, mais il en conserve quelque chose dans la caricature qu'il nous donne. L'héroï-comique, dont Scarron use déjà concurremment avec le burlesque, donne un ton grandiose aux propos de gens de peu. Ici et là, nous voyons la comédie s'évader de la plate réalité pour introduire dans la bouffonnerie une espèce de fantaisie poétique vraiment nouvelle, et acquérir par là un caractère d'art dont on pouvait, jusqu'alors, déplorer l'absence.

Ainsi, partie de la bouffonnerie parfois ingénieuse, mais trop souvent lourde et terre à terre des farces, sotties et moralités, la comédie par ses emprunts successifs aux littératures étrangères et aux genres voisins a, en un siècle environ, augmenté prodigieusement ses ressources, et enrichi la palette de ses effets comiques, francisant à des degrés divers ce qui lui venait de la Rome antique, de l'Italie et de l'Espagne ; elle a désormais à sa disposition des moyens de faire rire très variés, et capables de satisfaire non plus seulement une foule ignorante, mais des spectateurs cultivés et délicats. Quelques auteurs — Corneille surtout — ont déjà usé habilement de ces moyens, et doté la comédie de ce *style* sans lequel aucun ouvrage ne peut survivre. Un homme va les mettre en œuvre avec une maîtrise encore inconnue, les varier, les mélanger, les faire valoir l'un par l'autre, et amplifier leur résonance et leur portée bien au delà de ce que le genre comique semblait devoir comporter. C'est Molière.

VI

MOLIÈRE OU LE GÉNIE CAPTIF

Si Molière mérite de nous arrêter beaucoup plus longuement qu'aucun de ses devanciers et de ses successeurs, s'il est légitime de lui consacrer un chapitre entier, ce n'est pas seulement parce que son génie lui assure une place exceptionnelle dans l'histoire de notre théâtre et que le rayonnement de sa gloire éclipse celle des autres écrivains comiques ; mais c'est aussi parce que ce génie même rendra son exemple plus frappant et plus probant, quant au dessein propre de ce livre ; qu'est-ce qui pourrait, en effet, nous montrer plus efficacement la nécessité de considérer l'œuvre de théâtre comme le résultat d'un rapport entre l'auteur et le public, sinon le spectacle du plus original, du plus puissant génie comique de notre littérature, obligé de compter, lui aussi, avec des contingences qui lui sont imposées du dehors, et d'écrire, de faire représenter et de jouer lui-même des pièces qui ne sont pas du tout les créations indépendantes de son cerveau dégagé de toute contrainte extérieure, mais bien au contraire un perpétuel compromis entre son inspiration personnelle et les cadres, les types ou les effets comiques imposés par les goûts, les habitudes ou les préjugés de son public — disons, plus exactement de ses publics ?

Rien là dedans, au reste, qui puisse diminuer en rien l'admiration que nous devons à l'auteur de *Tartuffe* et du *Misanthrope*, bien au contraire. De ce qu'il a subi les mêmes lois et reçu l'empreinte du même milieu que d'autres écrivains moins grands que lui, sa supériorité n'en est pas moins éclatante. L'identité des circonstances extérieures n'implique pas le nivellement des talents. Il serait vain de se demander ce que Molière eût écrit, vivant dans un autre siècle et jouissant d'une plus grande liberté. Shakespeare aurait-il produit un théâtre plus génial s'il avait disposé d'une réalisation scénique moins sommaire ? La tragédie de *Britannicus* serait-elle plus brillante ou plus touchante si Racine l'avait écrite pour la cour de Henri II ou pour celle de Napoléon Ier ? De pareilles questions n'ont ni fondement solide ni signification utile. Le génie se manifeste dans des circonstances données, dont il n'est pas le maître. Qu'il reste, malgré tout, le génie, c'est ce qui importe à notre admiration ; que ces circonstances et leur répercussion sur l'œuvre soient intéressantes à étudier, qu'elles soient instructives pour l'historien, c'est ce dont on ne saurait guère douter non plus. Et la manière dont le génie s'accommode des circonstances, s'y plie ou les dompte, son rôle dans une évolution qu'il subit pour une part, qu'il modifie pour une autre part, c'est assurément un des spectacles les plus passionnants que puisse nous offrir l'histoire littéraire.

L'essence du génie n'est point aisée à définir ; du moins peut-on en noter les caractères extérieurs et en saisir les effets. Chez Molière, ce qui frappe tout d'abord, c'est une aptitude singulière à créer des individualités aussi vivantes que des êtres réels et à nous les imposer si impérieusement qu'elles deviennent aussitôt inoubliables. S'il s'agit d'un personnage épisodique, il le met en une telle lumière, il lui donne un tel relief que son image s'imprime à jamais dans notre souvenir, non pas seulement comme un type moral ou social, mais comme un individu distinct et doué de caractéristiques qui lui sont propres. Une scène suffit pour vouer M. Dimanche à l'immortalité ; quelques répliques font de M. Loyal une silhouette épique ; une simple phrase incarne en M. Josse, qui est orfèvre, toute l'insinuante douceur dont sait user la cupidité mercantile. Il arrive souvent à Molière de « reprendre son bien où il le trouve », c'est-à-dire d'emprunter sans vergogne à ses devanciers ce qu'ils ont produit de meilleur ; mais ces emprunts prennent entre ses mains une valeur nouvelle ; il concentre sur eux une lumière inconnue et magique, il leur attribue la place où ils deviendront frappants, essentiels et nécessaires, où ils accentueront une situation ou illumineront le tréfonds d'un caractère ; et, du coup, l'auteur imité, qu'il s'appelle Larivey, Desmarets de Saint-Sorlin, Cyrano de Bergerac, Scarron, Rabelais, Boccace, Moreto ou Plaute, disparaît totalement et c'est de Molière seulement qu'on se souvient. La phrase caractéristique, en qui se résume tout le subconscient d'un être humain — « Sans dot ! » — « Qu'allait-il faire dans cette galère ? » — « Le pauvre homme ! » — est choisie et construite de façon à nous hanter et à s'implanter dans notre cerveau invinciblement et pour toujours, avec tout le cortège d'aperçus psychologiques qu'elle implique ou qu'elle résume.

Quand il s'agit d'un grand caractère, — Arnolphe, Tartuffe, Alceste, Harpagon, —qui peut se développer sous toutes ses faces dans une pièce entière, Molière, tout en faisant saillir en pleine lumière son vice ou son travers essentiel, le dote de traits accessoires dont la complexité donne l'illusion de la vie et souvent crée une énigme qui irrite notre curiosité : Arnolphe est-il comique ou pathétique ? Comment concilier l'allure pateline et les attitudes austères de Tartuffe avec son teint fleuri et sa mine vermeille, ses aspects sinistres avec ses aspects comiques ? Alceste est-il sympathique ? Est-il ridicule ? Est-il l'un et l'autre à la fois ? Harpagon est-il surtout un avare ou d'abord un vieillard amoureux ? Nous nous posons ces questions devant ces êtres fictifs, comme nous nous en posons de semblables devant des êtres réels, dont aucun n'est simple, clair et schématisé à la façon des bonshommes superficiels dont nous amusent les auteurs comiques de second ordre.

Superficiel, voilà ce que Molière n'est jamais, ce qu'il ne peut pas être, quand même il le voudrait ; et c'est peut-être cette constatation négative qui définit le mieux son génie : *incapacité de rester à la surface*, nécessité, inéluctable et constitutionnelle, d'aller au fond des choses et des êtres, tel est, je crois, le grand secret par lequel Molière a imposé ses créations à l'admiration universelle, en y joignant, nous l'avons vu, un autre secret, celui de les animer d'une vie intense, et, après en avoir pénétré le fond, de nous en montrer les aspects extérieurs avec tous les caractères de la réalité. Molière a eu le double don, — rarement réuni en une seule personne, — d'aimer la vie et d'en comprendre le sens profond. Quelques-uns de ses contemporains ont remarqué chez lui un air taciturne et parfois morose dont l'origine doit être cherchée, pour une part et à une certaine date, dans ses soucis et ses chagrins intimes, mais, d'une façon beaucoup plus permanente et essentielle, dans la concentration de son esprit tout entier occupé à observer : « Je l'ai trouvé, dit un personnage de *Zélinde ou la véritable Critique de l'Ecole des Femmes* (1), appuyé sur ma boutique dans la posture d'un homme qui rêve. Il avait les yeux collés sur trois ou quatre personnes de qualité qui marchandaient des dentelles ; il paraissait attentif à leurs discours et il semblait, par le mouvement de ses yeux, qu'il regardait jusqu'au fond de leurs âmes. » Il n'est pas surprenant que ce travail d'observation pénétrante lui ait souvent ôté le loisir et le goût de dire ces riens agréables qui alimentent la conversation des honnêtes gens. Mais ce contemplateur silencieux, dont de Visé, alors son ennemi, a si bien senti la puissance et la profondeur d'intuition psychologique, n'était point l'ennemi de la société ni de l'humeur joyeuse. L'écrivain bohème, Charles d'Assoucy, qui rencontra, en 1655, à Lyon, Molière et sa troupe et fut admis à leur table tout un hiver, s'extasie sur la bonne chère qu'on y faisait et déclare plaisamment que « jamais plus gueux ne fut plus gras ». Quand il cessa d'être gueux, il ne cessa pas de bien vivre, dépensant largement et recevant avec magnificence : s'il lui arrivait de prendre des notes sur des tablettes ou des cartes à jouer, en écoutant certaines conversations, il s'y mêlait le plus souvent, sans quoi l'on n'eût pas parlé librement devant lui ; il observait la vie, mais la vivait aussi, ce qui est une condition nécessaire pour en donner une transposition artistique.

Mais cette transposition, si réaliste et si animée qu'elle puisse être, repose toujours sur une philosophie : Molière a été penseur en même temps que peintre et il nous fait pressentir le fond des

(1) Comédie de Donneau de Visé (1663).

choses en même temps qu'il nous en montre l'aspect mouvant et pittoresque. Sous les gestes bouffons et les propos risibles de ses personnages, on sent partout le fondement solide d'une thèse sous-jacente, qui, parfois exposée à découvert, plus souvent implicite et secrète, assure l'unité de l'œuvre et sa stabilité : sur la jalousie, sur l'hypocrisie, sur la médecine, sur la famille et le mariage, sur la vie et la mort, Molière a tout un système d'idées et il n'est pas besoin qu'un de ses personnages prenne la parole et les expose en une sorte de parabase pour que nous en apercevions la solidité et en sentions sans cesse l'impérieuse présence. C'est dans sa comédie-ballet de *l'Amour médecin*, commandée par le roi, écrite et répétée en cinq jours, qu'il fait dire à l'un de ses personnages Filerin, le médecin conciliateur :

« Le plus grand faible des hommes, c'est l'amour qu'ils ont pour la vie et nous en profitons, nous autres, par notre pompeux galimatias, et savons prendre nos avantages de cette vénération que la peur de mourir leur donne pour notre métier. »

Admirable épigraphe pour *le Malade imaginaire*, a-t-on dit. Admirable épigraphe également pour *Knock*, dont l'auteur est, lui aussi, un comique et un philosophe, et pour tous les ouvrages où un homme, sujet à la maladie et à la mort, a osé scruter ce phénomène tragique et dérisoire qu'est le « triomphe de la médecine ».

Après avoir rendu le plus sincère et le plus fervent hommage à ce prodigieux génie comique, à la fois universel et actuel, profond t vivant, et montré ce qu'il a de vraiment exceptionnel et unique, il m'est bien permis de constater que, malgré toute son originalité foncière, malgré son énergie et sa puissance, il a dû recevoir du dehors les modalités de son expression, se plier au goût de son temps et aux préférences du public et que par là il rentre bien dans le cadre d'une étude comme celle que j'ai entreprise ici. Si forte que soit une individualité de génie, elle n'échappe pas à certaines nécessités, à certaines lois de psychologie collective. Ces lois se trouvent parfois d'accord avec le tempérament même de Molière, et c'est l'harmonie parfaite ; d'autres fois, il ruse avec elles, les tourne, les élude ou les assouplit et c'est un pectacle curieux au possible pour quiconque connaît assez bien la technique théâtrale ; souvent enfin le génie de Molière engage une lutte sourde et violente avec ces nécessités que lui imposent des conditions extérieures ; délibérément ou sans le vouloir, malgré lui parfois et sans s'en rendre compte, il brise ces cadres trop rigides, trahit sa personnalité en croyant la travestir au goût du jour. Comme Corneille pousse parfois des rugissements de vieux lion en se débattant dans le réseau mesquin des unités, de même, Molière laisse voir alors le penseur sous l'amuseur, la philosophie sous la comédie, l'homme qui a souffert sous le baladin. Le spectacle devient d'une grandeur pathétique ; la défaite, dans ce cas, pour Molière, c'est de paraître bizarre et de rester momentanément incompris ; la victoire, c'est d'imposer à ses spectateurs et à ses émules les originalités qui les avaient déconcertés d'abord et de faire entrer ainsi, de vive force, ce trésor personnel dans la masse des richesses collectives accumulées par notre comédie nationale.

Nous ne devons jamais oublier, en lisant ou en voyant jouer une comédie de Molière, qu'il était à la fois auteur, acteur et directeur. Il n'avait pas promené vainement pendant treize ans sa troupe à travers les provinces, puis affronté la concurrence des deux autres troupes parisiennes ; il savait quels devoirs lui imposait cette triple tâche : telle pièce écrite un peu vite, et dont nous jugeons certaines parties bâclées et peu dignes de l'auteur du *Misanthrope* a dû être hâtivement composée et mise sur pied pour assurer la continuité des représentations, interrompues par la maladie d'un interprète, l'échec imprévu d'une autre pièce ou l'interdiction d'une œuvre jugée trop hardie par le pouvoir. Le miracle est que ces improvisations contiennent malgré tout des parties profondes et immortelles. Il doit, dans la conception même de ses personnages, faire entrer en ligne de compte les qualités et les défauts des acteurs qui les incarneront ; nous le voyons tantôt utiliser le tic d'une actrice, tantôt, par une brève réplique, devancer les railleries du public en soulignant l'infirmité d'un interprète. Cette compagnie bien recrutée mais peu nombreuse, dont *l'Impromptu de Versailles* nous fait connaître le fort et le faible,

Molière sait en utiliser les ressources et en masquer les insuffisances ; quoi qu'en vaillent individuellement les différents membres, quelle que soit l'inclination qui ait rapproché Molière de telle ou telle de ses interprètes féminines, il est dévoué à cette troupe corps et âme, dévoué jusqu'à l'héroïsme, jusqu'à la mort ; à la veille de la représentation du *Malade imaginaire* où il expirera en jouant, il refuse de faire relâche, pour ne pas laisser sans pain « cinquante pauvres ouvriers qui n'ont que leur journée pour vivre ». Il mérite souvent l'éloge d'être le plus ingénieux des metteurs en scène et d'obtenir des distributions à peu près parfaites (1). Mais au moment où sa pièce s'élaborait dans son cerveau, Molière ne pouvait avoir la même liberté d'invention que le créateur indépendant dont l'inspiration n'a pas à se soucier des contingences scéniques et des préoccupations directoriales.

En outre il jouait lui-même, et, indiscutablement reconnu comme « le premier farceur de France », il réussissait beaucoup moins bien dans les rôles tragiques : c'est le grief dont ses ennemis et ses rivaux lui rebattent les oreilles :

C'est un bouffon plaisant
Qui divertit le monde en le contrefaisant.

concède Pradon, qui a le front, après *l'Ecole des Femmes*, le *Misanthrope* et *Tartuffe*, de le déclarer

mauvais poète et bon comédien

On lui accorde l'héritage de Scaramouche ; mais dans les rôles tragiques, Montfleury nous le montre :

(1) « Jamais comédie ne fut si bien représentée, ni avec tant d'art ; chaque acteur sait combien il doit faire de pas, et toutes ses œillades sont comptées. On peut dire que son auteur mérite beaucoup de louanges pour avoir si bien joué son rôle, pour avoir si judicieusement distribué tous les autres, et pour avoir enfin pris le soin d'avoir fait si bien jouer ses compagnons que l'on peut dire que tous les acteurs qui jouent dans sa pièce sont des originaux que les habiles maîtres de cet art pourront difficilement imiter. » (De Visé, sur l'*Ecole des femmes*.)

le nez au vent
Les pieds en parenthèse et l'épaule en avant,
Sa perruque qui suit le côté qu'il avance,
Plus pleine de lauriers qu'un jambon de Mayence,
Les mains sur les côtés, d'un air peu négligé,
La tête sur le dos comme un mulet chargé,
Les yeux fort égarés, puis, débitant ses rôles,
D'un hoquet éternel sépare ses paroles.

Un autre lui interdit les rôles d'amoureux qui « ont une action trop tendre » et l'invite à se regarder quand il s'y essaye :

Si tu voyais tes yeux hagards et de travers,
Ta grande bouche ouverte en prononçant un vers,
Et ton col renversé sur tes larges épaules, etc...

et on lui recommande de se borner aux bouffons :

Tu ne naquis jamais que pour faquiniser.

La recherche du simple et du naturel jusque dans le genre tragique, que Molière s'impose à lui-même et veut imposer à sa troupe arrive avant son heure ; le public préfère la diction emphatique et les gestes outrés qui ont cours à l'Hôtel de Bourgogne. Montfleury triomphe :

Car pour le sérieux à quoi l'Hôtel s'applique,
Il fait, quand on y va qu'on ne rit qu'au comique ;
Mais au Palais-Royal, quand Molière est des deux,
On rit dans le comique et dans le sérieux.

Il n'est pas téméraire de penser que cet insuccès dans le genre tragique, accentué, en ce qui concerne Molière auteur, par l'échec de *Don Garcie de Navarre* (1661) a fortement contribué à le faire renoncer au genre mixte de la comédie sérieuse et héroïque et l'a engagé à ramener dans la note comique les sujets qui auraient pu tourner au pathétique.

Harcelé par la concurrence des autres comédiens, Molière avait à combattre aussi celle d'écrivains dont plusieurs ne sont pas négligeables : les *Plaideurs* de Racine, déjà brouillé avec lui, et la *Mère Coquette* de Quinault soutiennent la comparaison avec celles de ses œuvres qui ne sont pas de tout premier ordre ; les petites comédies satiriques de Boursault, de Villiers, de Visé, et d'autres encore dirigées contre lui, durant la querelle de *l'Ecole des Femmes*, si plates ou sottement méchantes qu'elles nous paraissent aujourd'hui, n'étaient point alors inoffensives à un moment où toute attaque contre l'auteur atteignait en même temps le chef de troupe et tous ses collaborateurs.

Surtout Molière dut toujours faire face à la tâche difficile de contenter plusieurs publics dont les tendances et les goûts étaient différents, ou même opposés. C'est tout d'abord le roi pour qui, en quelques jours, il faut brocher une comédie-ballet, où le texte n'est qu'un prétexte, où le dialogue sert à relier les intermèdes chorégraphiques ou musicaux, à occuper les spectateurs pendant que les danseurs changent de costumes ou qu'on prépare les somptuosités du spectacle. Dans ces scènes qui, par leur destination, n'étaient que de simples bouche-trous, Molière introduit tantôt un gracieux marivaudage, tantôt une légère satire, parfois aussi la verve la plus bouffonne, l'observation psychologique la plus ample et la plus pénétrante : car tout comme la *Princesse d'Elide* ou *Mélicerte*, *Monsieur de Pourceaugnac* et *le Bourgeois gentilhomme* sont des comédies-ballets. Si haut que soit le degré où Molière élève la dignité de ce genre inférieur, il faut, avant tout, plaire au maître, qui, parfois, — ce fut le cas pour les *Amants Magnifiques*, — fournit lui-même le scénario de l'ouvrage. Lui déplaire, ce serait se déconsidérer aussitôt auprès de la cour et de la ville. Pendant cinq jours, Molière croit que *le Bourgeois gentilhomme* est un four : le roi ne lui a pas dit un mot d'éloge et la cour s'évertue à dauber sur les défauts de la pièce ; mais à la seconde représentation, le roi rompt le silence, se répand en compliments et les courtisans renchérissent : le succès est assuré.

Mais la cour et la ville ne sont pas elles-mêmes toujours d'accord : telle comédie, reçue avec enthousiasme à Versailles ou à Saint-Germain, ne trouve qu'un accueil des plus froids quand elle se transporte dans la salle du Palais-Royal. Les petits bourgeois, clercs et étudiants qui, debout, se pressent au parterre, sont souvent en conflit avec les belles dames des loges, ou avec les seigneurs qui, entrés noblement sans payer, occupent le devant du théâtre

..........de *leur* large dos morguant les spectateurs

et aux endroits qui leur semblent de mauvais goût, crient : Ris donc, sot parterre !.

Aussi faut-il voir avec quel soin Molière ménage les différentes catégories de son public. Admirez comment, dans la *Critique de l'Ecole des Femmes*, l'apologie du parterre a pour pendant la défense de la cour ; le premier est ravi d'entendre dire que « la différence du demi-louis d'or et de la pièce de quinze sols ne fait rien du tout au bon goût » ; les spectateurs de qualité se rengorgent en apprenant qu'à la cour « on se fait une manière d'esprit qui, sans comparaison, juge plus finement que tout le savoir enrouillé des pédants ». La note est la même dans *les Femmes savantes* : il n'est pas défendu au bon bourgeois de la rue Saint-Denis d'applaudir à tout rompre les théories grossières du bonhomme Chrysale ; mais Clitandre qui, pour les spectateurs mieux avertis, représente la pensée de l'auteur, prend aussi le parti de « cette pauvre cour » contre les savants en *us* qui se croient les premiers personnages de l'Etat,

Pour savoir ce qu'ont dit les autres avant eux,
Pour avoir eu trente ans des yeux et des oreilles.
Pour avoir employé neuf ou dix mille veilles
A se bien barbouiller de grec et de latin.

Le jeune roi, dont l'autorité est encore insuffisamment assurée, ne voit pas non plus d'un fort bon œil les impertinences et les empiétements, — politiques ou amoureux, — des petits marquis : voilà pourquoi Molière, qui flatte la cour, prise en bloc, ridiculise quelques courtisans, certain d'ailleurs que chacun des jeunes seigneurs qui écouteront ses pièces, reconnaîtra l'un de ses amis dans sa propre caricature. Le parterre de son côté est ravi de voir critiquer les modes ridicules qu'il ne suit pas et donner des nasardes aux grands seigneurs écervelés, comme au bourgeois qui déserte la classe où il est né.

Et n'est-ce pas jouer à coup sûr que de faire rire le Parisien qui se croit le seul homme spirituel de la terre, aux dépens du provincial ahuri ou de l'étranger qui baragouine ? Quant aux médecins, les ridiculiser est un moyen sûr d'obtenir l'adhésion d'un public dont chaque membre se sent, au premier malaise, livré, pieds et poings liés, à leur despotique confrérie : bienheureuse et trop brève revanche, où les rates se dilatent aux dépens de ceux qui vont demain saigner et purger sans merci. Quant à la Faculté, elle proteste pour le principe, mais elle connaît trop bien l'immensité de son pouvoir pour s'alarmer beaucoup : elle aura bientôt le dernier mot, contre les spectateurs et contre l'auteur lui-même.

Ainsi les ordinaires victimes du rire moliéresque sont judicieusement choisies parmi les gens que le spectateur moyen n'aime point, parce qu'il les craint, ne peut les comprendre ou se sent dépassé par eux. Pédants et précieux, dévots, marquis et médecins prennent place dans le troupeau bouffon où la tradition a déjà réuni les maris trompés, les vieillards incandescents, les pères hargneux et avares, les filles légères, les entremetteuses et les valets sacripants. La satire de Molière n'est aucunement révolutionnaire : elle choisit ses têtes de Turc parmi celles que son public aime à frapper à tour de bras ; c'est sans doute cette prudence qui l'a fait baptiser *épicier de génie* par un critique irrévérencieux. Eh ! oui, le directeur-auteur, comme l'épicier, cherche à satisfaire sa clientèle ; seulement comme celui-ci a du génie, il est obligé, par sa nature même, d'aller au fond des questions ; quelques précautions qu'il prenne, la pénétrante acuité de son regard étonne et inquiète : l'homme de théâtre veut rassurer un public d'un jour, le penseur pose des problèmes que nous discutons encore. *Don Juan* n'a peut-être été écrit que pour soutenir la concurrence avec les scènes rivales qui avaient exploité la même donnée ; le héros, pourtant, nous déconcerte encore par sa complexité et la scène du pauvre nous stupéfie par son audace.

8

Epicier par nécessité, génie par nature: la formule n'est pas si mauvaise.

Mais ce génie, enserré et ligoté par d'impérieuses contingences, dispose, pour réaliser son œuvre, de moyens dont nous avons vu l'abondance et la variété. La comédie, maintenant constituée, a enrichi, depuis un siècle, la tradition médiévale de ressources nouvelles : du comique de gestes au comique de caractères, sans oublier ni la virtuosité verbale, ni l'art d'échafauder une intrigue, et de présenter un réalisme précis dans le cadre d'une libre fantaisie, on peut dire que l'orchestration comique est désormais complète : Molière n'a entre les moyens de faire rire que l'embarras du choix. Ce n'est pas trop de cette richesse pour satisfaire des publics variés, pour faire face à des concurrences jalouses, pour soutenir, au rythme moyen de deux pièces par an, une production qui ne doit jamais laisser apparaître de faiblesses marquantes, ni engendrer la lassitude par sa monotonie.

Molière va puiser à pleines mains dans le trésor des observations malignes et typiques que ses longues séances de « contemplation » lui ont permis d'accumuler ; mais il usera aussi des souvenirs qui lui sont restés de ses lectures: il connaît tout ce qu'ont écrit ses prédécesseurs français ; sa bibliothèque ne contient pas moins de quarante volumes de comédies italiennes et espagnoles, et il ne se fait pas faute de s'en inspirer. Mais il s'en faut qu'il utilise également de tous les ingrédients comiques que lui offrent ses vastes magasins. Il excelle à préparer et à mettre en valeur une situation comique donnée : mais il néglige volontiers l'art de l'imbroglio qui enchaîne les différentes péripéties et les renforce l'une par l'autre. D'abord un demi-siècle de tragi-comédies et de comédies imitées de l'espagnol avait pu calmer jusqu'à saturation l'appétit du public pour les intrigues complexes. Puis Molière se sentait moins à l'aise dans cette partie tout extérieure de son art que dans l'étude profonde des mœurs et du cœur humain. Souvent aussi le temps le pressait ; or le minutieux ajustage de cette pièce d'horlogerie que représente un bon scénario de vaudeville peut demander des semaines et des mois, alors qu'un auteur psychologue met assez vite au net les dialogues criants de vérité extérieure et lourds de réalité subconsciente qu'il porte depuis longtemps dans sa pensée. Toujours est-il que la comédie d'intrigue n'est, ni en quantité ni en qualité, l'élément prépondérant du répertoire moliéresque. *L'Etourdi*, avec sa mosaïque d'imitations et le mouvement preste, souple et endiablé de son action, était une réussite méritoire ; mais le *Dépit amoureux*, qui contient des scènes adorables, témoigne dans la conduite de l'action d'une gaucherie qui se reflète dans l'expression et aboutit parfois au pur galimatias. Dans la suite, Molière ne retrouva l'aisance à équilibrer une intrigue complexe que dans *Amphitryon*, où le modèle latin lui était d'un grand secours : si la plupart de ses expositions sont claires, vives et très théâtrales, la négligence et l'invraisemblance arbitraire de ses dénouements, — exception faite du *Misanthrope*, de *Georges Dandin* et des *Femmes Savantes,* — sont proverbiales.

Notre grand comique est visiblement attiré surtout par l'étude des caractères ; mais, si capitale qu'elle lui paraisse, il ne l'isole jamais de la peinture des mœurs et il ne lui déplaît pas de la mettre en valeur par tous les gros moyens de la farce. Il apporte le plus grand soin à préciser le milieu où évoluent ceux de ses héros dont le caractère est le plus largement humain : Alceste ne saurait être transporté dans un salon bourgeois : le conflit de cet inadapté avec le monde où il doit vivre perdrait toute sa signification ; Tartuffe, opérant dans une famille de haute noblesse, y jouerait un autre rôle et s'y prendrait d'une tout autre façon. La portée générale de tels caractères n'exclut point la peinture satirique de leur condition sociale et de leur entourage, à quoi le public était le plus particulièrement attaché.

Quant à la farce, que Boileau et Fénelon ont reprochée à Molière avec autant d'injustice dans l'ordre esthétique que d'incompétence dans celui des possibilités pratiques, elle était pour Molière une nécessité professionnelle, autant qu'un moyen de frapper juste en frappant fort. Songez que la farce reste le mets favori de la partie du public la moins délicate, mais la plus bruyante ; que les comédiens rivaux représentaient par dizaines, non seulement des farces purement françaises, mais des bouffonneries d'importation espagnole et surtout italienne, et qu'il fallait soutenir la concurrence. Molière y réussit, tant dans ses farces proprement dites que dans les parties bouffonnes de ses grandes comédies, avec un bonheur dont on ne peut se rendre un compte exact que par comparaison : qu'on lise, après *Pourceaugnac*, la *Comtesse d'Escarbagnas* ou les deux derniers actes du *Bourgeois gentilhomme*, la puérile énormité de cette farce de Donneau de Visé, intitulée *l'Embarras de Godard ou l'Accouchée* (1667) que Molière joua sur son propre théâtre et qui fut un des grands succès de rire à cette époque : on sera pleinement édifié.

La farce, c'est-à-dire le rire caricatural, agit puissamment sur le spectateur ; Molière en use partout, jusqu'en ses pièces sérieuses, parce qu'il est, avant tout, homme de théâtre. C'est cette qualité même qui détermine son style, critiquable du point de vue exclusivement littéraire, mais excellent comme style théâtral. Le jargon qu'y relève La Bruyère n'est qu'une forme du comique de mots et le barbarisme, quand il n'est pas voulu, n'est que le résultat de la hâte avec laquelle Molière était souvent forcé d'écrire pour alimenter son répertoire : encore cette réserve ne s'applique-t-elle guère qu'aux pièces en vers. Homme de théâtre, Molière ne sépare pas le geste du mot, ni de la situation, et toutes ces formes de comique, — voilà en quoi s'affirme l'homme de génie, — servent à mieux faire ressortir le comique de mœurs ou de caractère. Lazzis empruntés à la *commedia dell'arte*, excentricités de costume, formules plaisantes, allitérations bouffonnes, ou équivoques gauloises, quiproquos et surprises sont là pour amuser le public ; mais sous le rire qu'ils déchaînent le spectateur avisé sait découvrir la connaissance la plus profonde et la plus amère parfois, du cœur humain. Oui, le déshabillage grotesque de Mascarille et de Jodelet est un moyen grossier de faire rire ; mais il symbolise toute la morale de leur mésaventure, comme la cérémonie turque et la réception du *Malade imaginaire* stigmatisent par leur énormité même, la suffisance de M. Jourdain et l'aveuglement d'Argan ; si, Dubois, valet ahuri, vient terminer le quatrième acte du *Misanthrope*, sur une note bouffonne, ce n'est pas seulement pour détendre nos nerfs, mais pour donner à Alceste, exaspéré, l'occasion de soulager les siens sur un subalterne grotesque ; le rôle de Frosine est tout semé d'équivoques sur lesquelles il est prudent de glisser, quand on explique *l'Avare* dans une classe de lycée ; mais ces louches sous-entendus sont là pour accentuer le caractère spécial du personnage ; et si l'innocent article *le*... dans l'interrogatoire d'Agnès n'est pas innocent du tout, c'est que Molière n'écrit pas pour les pensionnats et que son héroïne ne sera pas, elle non plus, longtemps innocente.

Il est très rare que, chez Molière, les moyens comiques les plus vulgaires — calembours ou coups de bâton — viennent là sans autre raison que de faire rire les badauds ; si vous m'objectez certaines répliques de *l'Avare*, et surtout la scène de remplissage, si peu vraisemblable, du troisième acte, entre Valère et Maître Jacques, je vous répondrai que *l'Avare*, écrit hâtivement, sans que Molière ait eu même le temps de le versifier, est précisément instructif par le contraste de sa profondeur psychologique avec ses négligences de métier ; l'étude du vieillard avare et amoureux est du Molière homme de génie ; les plaisanteries faciles, les lazzis sans portée, l'exposition lourde et laborieuse et la langueur du dénouement appartiennent au directeur pressé, que talonne le besoin d'attirer le public et de faire vivre sa troupe.

De tout ce que j'ai essayé d'établir, il ressort assez nettement, sans que j'aie besoin d'y insister beaucoup, que la figure de Molière, homme de théâtre, ne m'apparaît point sous l'aspect pathétique et tourmenté qu'on lui prête volontiers, d'après les vers célèbres de Musset et le portrait dramatisé de J.-J. Weiss ; les attitudes romantiques eussent fâcheusement détonné en plein XVIIe siècle. L'œuvre, pas plus que l'homme, ne doit être interprétée au tragique ; vingt témoignages contemporains nous le prouvent, en dépit de toutes les exégèses qui se fondent bien plutôt sur les réactions de notre sensibilité actuelle que sur une étude loyale du texte, entreprise dans l'esprit du temps. Je ne doute pas que Molière ait souffert et qu'il ait plus d'une fois mis ses souffrances sur la scène ; mais il est bien certain aussi, — et le cas n'est pas unique, — qu'il les a transposées dans la note comique : Arnolphe et Georges Dandin ont fait rire aux éclats, — des témoignages irrécusables nous l'attestent —; le public d'alors, de complexion plus rude, s'ébaudissait sans arrière-pensée au spectacle de certaines infortunes que cent cinquante ans de sensibilité débordante nous ont accoutumés à envisager de plus en plus dans la note sombre ; Alceste, lui aussi, semblait fort plaisant, et la cour, qui, plus que la ville, applaudit *le Misanthrope*, n'y cherchait point les graves problèmes moraux et sociaux qu'à la suite de Rousseau nous avons coutume d'y découvrir. Molière, profond par instinct, a peut-être eu quelquefois la conscience très nette de tout ce que les thèmes de ses pièces impliquaient de sérieux et de pathétique ; mais il n'a certainement pas voulu, au cours de la représentation tout au moins, y arrêter l'esprit de ses spectateurs. *Molière est un auteur comique*, vérité jadis banale, qui fait aujourd'hui figure de paradoxe, vérité que ne peuvent détruire les plus ingénieuses discussions ni les interprétations magistrales, mais fausses, de Lucien Guitry.

Fausses du point de vue du XVIIe siècle, bien entendu. On ne saurait ôter aux chefs-d'œuvre de Molière ce privilège qu'ont tous les vrais chefs-d'œuvre de recéler en eux de quoi faire méditer, rêver et discuter en sens divers les générations successives et d'apparaître à chacune d'elles sous un jour nouveau. A chaque étape de notre vie sociale, Molière se modernise et prend un sens imprévu. Mais le Molière de 1670, replacé à sa date et dans son milieu ne varie pas ; l'Alceste de 1666, comme l'Agnès et l'Arnolphe de 1662, ont été, pour les contemporains, des figures dont nous avons quelque peine à discerner les traits exacts, mais auxquelles, historiquement, nous n'avons pas le droit de substituer celles que le texte, alourdi par deux siècles et demi de commentaires et déformé par les variations de notre sensibilité, peut nous suggérer aujourd'hui. On a pu expurger Molière, éditer un *Tartuffe* mutilé, à l'usage des maisons bien pensantes, et intituler *Sganarelle* le « coquin » imaginaire ; cela n'enlève rien à la verve franche et gauloise dont tout le théâtre de notre grand comique est animé. On peut jouer le *Misanthrope* et *Tartuffe* en veston, en costume tailleur, en pull-over ou en pyjama, appeler Célimène Monique, Scapin Julot, ou Tartuffe Tartempion, ces modernisations n'empêcheront pas ce qui a été d'avoir été.

Faisant ici œuvre d'historien, sans me soucier de remettre à neuf les chefs-d'œuvre, ni de ravaler les façades classiques, j'ai le droit d'affirmer que Molière, tout en enfermant dans son œuvre une pensée dont la richesse et la profondeur nous confondent, s'est, avant tout, efforcé de « faire rire les honnêtes gens » en choisissant, parmi tous les moyens qui s'offraient à lui, les plus directs, les plus efficaces, les mieux appropriés à son tempérament personnel et aux goûts de son public. Sans grandes innovations techniques il y a réussi et comme, à l'instinct dramatique il joignait le génie, il continue de donner à rire aux générations suivantes et il n'a pas cessé de leur donner à penser.

VII

GRANDEUR ET DÉCADENCE DE LA GAITÉ

Entre Molière et l'avènement du Romantisme, s'étend une période où triomphe, au moins en apparence, l'idéal classique. Elle est loin de présenter une complète uniformité, mais il n'est pas possible non plus d'y distinguer des époques nettement différenciées, sauf en ce qui concerne les années de la Révolution. Certains caractères demeurent permanents ; d'autres s'accentuent ou s'effacent suivant les circonstances historiques, l'état des mœurs et les modifications qui s'opèrent dans l'esprit du public ; mais on ne saurait sans trahir la vérité découper une telle période en tranches chronologiques ; il est préférable de l'examiner successivement sous différents aspects, dont l'étude portera tantôt sur son ensemble, tantôt sur une de ses parties. C'est ainsi que dans les trois chapitres qui vont suivre, il sera question d'abord de cette sorte de déclin de la gaîté théâtrale qui semble caractériser le XVIIIe siècle, puis de l'influence de la Révolution sur le comique, enfin de ce mélange du bouffon et du tragique qui passe généralement pour une des grandes nouveautés du Romantisme, et dont il est aisé de retrouver l'origine dans l'époque précédente.

On ne peut comprendre l'évolution du comique après Molière si l'on ne connaît pas, au moins sommairement, l'histoire intérieure et administrative des théâtres à cette date ; les rapports qu'ils entretiennent, la hiérarchie qui les distingue sont essentiels à considérer pour qui veut saisir le sens et la portée de certains faits et de certaines tendances. Même aujourd'hui où ces rapports sont plus libres et cette hiérarchie moins fermement établie, il serait téméraire de porter un jugement sur le comique théâtral actuel, en étudiant pêle-mêle des pièces représentées à la Comédie-Française, à l'Athénée, au Palais-Royal, au Grand-Guignol et aux Deux-Anes. A plus forte raison cet ordre de considération importe à une époque où seule la Comédie-Française a un droit d'existence légal, affirmé par un privilège, où les autres scènes ne subsistent que par tolérance, et au prix de ruses sans nombre et de luttes continuelles.

On sait qu'en 1680 la troupe de Molière, qui avait déjà absorbé sept ans auparavant celle du Théâtre du Marais, opère sa fusion avec ses concurrents de l'Hôtel de Bourgogne, et devient la Comédie-Française. Nantis d'un privilège exclusif par lettre de cachet du 21 octobre 1680, les « Comédiens Ordinaires du Roi » ne jouissaient pas en fait du monopole total qui leur avait été concédé en droit ; heureusement pour les progrès de l'art dramatique, ils avaient à lutter contre la concurrence, tantôt simultanée, tantôt successive, des Comédiens Italiens et des théâtres de la Foire. Les premiers, installés dès 1662, avaient obtenu, avec une pension de 15.000 livres, le titre de « Comédiens Italiens Ordinaires du Roi », et lorsque la mode espagnole avait fait délaisser leurs comédies transalpines, leur représentant, l'astucieux Dominique Biancolelli, avait obtenu du Roi par une habile facétie l'autorisation de jouer des pièces françaises. Lorsque, à la suite des plaintes portées contre la liberté de certains de leurs spectacles, et surtout au moment de l'annonce d'une pièce qui paraissait dirigée contre Mme de Maintenon, les Comédiens Italiens furent expulsés (1697), il resta encore en face de la Comédie-Française les théâtres de la Foire, installés temporairement auprès de Saint-Germain-des-Prés et de Saint-Laurent et comportant, à côté d'attractions acrobatiques, de marionnettes et de parades, certains théâtres qui jouaient de véritables pièces littéraires. L'histoire des persécutions exercées contre ces petites scènes par la Comédie-Française a été souvent contée (1) ; elles redoublèrent

(1) Voir notamment Bernardin : *La Comédie-Italienne en France et le*

lorsque, à la mort de Louis XIV, les Comédiens Italiens furent autorisés à reprendre leurs représentations à Paris. Traqués par les uns et par les autres lorsqu'ils jouaient la comédie, menacés d'interdiction ou rançonnés par l'Opéra lorsqu'ils représentaient des pièces comportant une partie musicale, ces malheureux entrepreneurs de spectacles réussirent pourtant à vivre et à accroître l'importance de leur public, le luxe de leur installation et l'intérêt de leur répertoire. Il y eut une période héroïque où ils étaient réduits à jouer des pantomimes, en indiquant par des écriteaux les paroles qu'auraient dû prononcer les personnages, ou en faisant chanter par les spectateurs des couplets sur des airs connus, et dont les paroles étaient appropriées à la situation. A un autre moment, ils n'étaient autorisés qu'à donner des pièces à un seul personnage ; comme le monologue ne présentait pas des ressources inépuisables, un de leurs plus ingénieux fournisseurs, Piron, réalisa, dans *Arlequin Deucalion* (1722), le tour de force de soutenir l'intérêt pendant trois actes avec un seul personnage parlant, mais une vingtaine de personnages muets, augmentés d'un perroquet et de Polichinelle sur qui ne pouvait pas valablement s'exercer l'interdiction.

Vers 1760, la situation de ces scènes se trouve singulièrement consolidée, malgré l'effort des privilégiés. La Comédie-Italienne fusionne, en 1762, avec l'Opéra-Comique, jusque-là exploité par des directeurs forains, et la même année l'incendie de la Foire Saint-Germain amène les théâtres qui en faisaient partie à s'installer d'une façon permanente, soit aux environs du Palais-Royal, soit sur le boulevard du Temple. Des scènes comme celle d'Audinot et de Nicolet (Ambigu Comique et Gaîté), ou comme le théâtre des Variétés Amusantes, se constituent un répertoire qui supporte souvent la comparaison avec celui du Théâtre-Français. Quant à la Comédie-Italienne, aussi bien dans son premier séjour à la fin du XVIIe siècle qu'après son retour, puis sa fusion avec l'Opéra-Comique, des noms comme ceux de Regnard, Dufrény,

Théâtre de la Foire (1902) et M. Albert : *Les Théâtres de la Foire* (1900) ; *les Théâtres du Boulevard* (1902). Van Bellen. *Les Origines du Mélodrame* (1927).

Marivaux, Favart, Sedaine disent assez quelle est son importance dans l'histoire de notre production dramatique.

En présence de ces concurrents qu'ils n'arrivaient pas à détruire, deux partis se présentaient pour les Comédiens Français, soit lutter avec l'adversaire sur son propre terrain, soit lui concéder une partie du domaine commun, et défendre jalousement la portion que l'on se réservait. Les Comédiens Français employèrent successivement les deux méthodes, et cette attitude est extrêmement importante à observer pour quiconque étudie l'évolution de la comédie au XVIIIe siècle. Le jour où la Comédie-Française, devenue assez tolérante pour les pièces bouffonnes, se réserve ce qu'on a coutume d'appeler le «haut comique», c'est-à-dire le comique le moins comique, l'historien qui n'attache de réelle importance qu'au répertoire de notre première scène peut croire que le rire disparaît de notre théâtre, ou tout au moins s'éteint et s'amortit. Mais si l'on est plus attentif à l'ensemble des faits et moins préoccupé de la hiérarchie des scènes, on constate que le rire ne disparaît pas, mais se déplace seulement. En même temps on notera un phénomène important : les différences dans l'état d'esprit du public, suivant qu'on est au Théâtre-Français, à la Comédie-Italienne ou sur les petites scènes. Chacun de ces théâtres a ses habitués, dont les dispositions et les exigences diffèrent suivant les salles, et le même spectateur changera d'esprit suivant qu'il se transportera de l'une à l'autre.

Dans la première période (1680-1725 environ) la Comédie-Française exploite surtout la comédie satirique et joyeuse qui a fait le succès des pièces françaises jouées par les Comédiens Italiens jusqu'en 1697, et que les théâtres de la Foire ne cesseront pas de cultiver. Sous le titre de *Théâtre de Gherardi* ont été rassemblées 155 comédies de l'ancien Théâtre-Italien, qui constituent un ensemble extrêmement divertissant et instructif, tant pour l'histoire du théâtre que pour l'étude des mœurs. La grande différence qui sépare à ce moment les pièces des Italiens ou de la Foire de celles du Théâtre-Français, c'est que les premières ne peuvent représenter que des scènes détachées ou des sortes de revues fantaisistes, au lieu que la Comédie-Française se réserve le monopole des pièces régulièrement construites. Mais les auteurs s'interchangent d'un théâtre à l'autre : Regnard, Dufrény passent des Italiens aux Français ; Piron monte du théâtre de la Foire jusqu'à notre première scène, tandis que Lesage suit le chemin inverse.

La concurrence s'affirme jusque dans les sujets des pièces : la même année on joue au Français *la Foire de Besons*, aux Italiens *le Retour de la Foire de Besons*. L'année suivante (1696) chacun des deux théâtres affiche une comédie sur *la Foire Saint-Germain*. Les auteurs qui, pour des causes personnelles, restent fournisseurs attitrés et exclusifs du Théâtre-Français (Baron, Hauteroche, Dancourt, Legrand) ne sont, ni pour le fond ni pour les tendances générales, différents de leurs confrères. Que l'on examine le répertoire qui va de l'*Homme à bonnes Fortunes* (1686) à *l'Ecole des Bourgeois* (1728), pièces de Baron et de d'Allainval, que l'on y englobe non seulement des pièces comme *la Désolation des Joueuses*, *les Vendanges de Suresnes*, *la Réconciliation Normande*, *le Légataire Universel* ou *Turcaret* (1) représentées sur notre première scène, mais encore toutes les productions des Italiens et de la Foire, on y retrouvera sans peine un certain nombre de caractères permanents : la comédie de mœurs prédomine sur la comédie de caractères, qu'il semble dangereux d'aborder après Molière et sur la comédie d'intrigues, assez peu cultivée à cette époque malgré les curieuses tentatives de Le Sage, ses imitations et sa préface du *Théâtre espagnol*; cette comédie de mœurs présente a elle-même comme traits principaux : l'esprit satirique reposant sur un jugement très sévère de la société, assez dissolue en effet, qui va des dernières années du règne de Louis XIV aux premières années de Louis XV, en passant par la Régence ; une gaîté débordante et continuelle, et aussi, dans certaines pièces, une fantaisie comique dont bientôt le secret se perdra.

De tout cet ensemble de pièces, on pourrait tirer un tableau de mœurs d'un réalisme satirique qui ne laisserait guère d'illusions

(1) De Dancourt, Dufrény, Regnard, Le Sage.

sur la vertu du « bon vieux temps ». Il serait piquant aussi de comparer ce tableau avec celui qui ressort de la comédie du moyen âge et qui n'est, nous l'avons vu, ni plus bienveillant ni plus édifiant. L'opinion des comiques sur l'humanité moyenne est aussi peu optimiste au XVIIe siècle qu'au XVe, mais bien des nuances se sont modifiées dans les habitudes sociales, dont la comédie est ici le reflet (1). La femme n'est pas plus sérieuse ni plus fidèle, les libertés qu'elle a conquises donnent à son humeur volage et à sa légèreté des facilités beaucoup plus grandes. La mode a changé et les soins de toilette ont pris une singulière importance. Un jeune laquais, Pierrot, qui assiste aux préparatifs de trois jeunes filles chez qui il est en service, s'écrie : « L'une attend des cheveux qui sont chez la coiffeuse ; l'autre deux ou trois dents qu'on achève de limer ; celle-ci, sa couturière qui lui fait une gorge de satin ; l'autre répète sa leçon devant un miroir. Tant y a qu'il leur faut encore quelque temps pour achever tous leurs exercices. » Une des trois sœurs manque étouffer tandis qu'on lui lace son corset, une autre cherche partout sa gorge, qui n'est point sous son peignoir comme le lui dit naïvement Pierrot, mais qui consiste en deux vessies de cochon (*les Mal Assortis*, de Dufrény). Tous ces soins réussiront sans doute à faire tomber dans le piège le mari désiré : « On se soucie bien d'être aimée d'un homme quand on l'a épousé, déclare Colombine dans *le Marchand Dupé*, de Nolant de Fatouville, le grand talent est de devenir femme, tout le reste va comme il plaît à Dieu. »

Le pauvre mari qui a épousé une de ces « demi-filles », comme dit Regnard avant M. Marcel Prévost, n'a pas toujours un sort enviable. Voici le programme d'existence que se trace Colombine devisant avec sa vieille nourrice Gabrion : « Je vais le lundi à Vincennes, le mardi à l'Opéra, le mercredi aux Italiens, le jeudi je cours au bal, le vendredi à la Comédie-Française, le samedi je fais des visites, et le dimanche on joue chez moi depuis le

(1) Voir, sur cette peinture des mœurs, d'après le recueil de Ghérardi : Linthilhac, *Histoire du Théâtre en France*, tome IV, chapitre Ier. Cf. *supra*, ch. III, sur le moyen âge.

matin jusqu'au soir. Or ça, de bonne foi, nourrice, peut-on passer son temps avec plus de retenue ? Et quand le diable y voudrait mordre, tout diable qu'il est, que pourrait-il reprocher à une femme de ménage qui partage sa semaine avec tant de jugement et d'économie ? »... « Ma pauvre Gabrion, les femmes les plus austères vivent comme moi ; et quand je me mets sur le pied des autres, je prétends que je fais mon devoir. Sommes-nous faites pour vivre prisonnières dans nos maisons ? et ne vaut-il pas mieux être occupée de son plaisir que de mille chagrins domestiques que la noce traîne après elle ? » Dans *la Cause des Femmes* de Delosme de Montchenay, nous apprenons comment une femme avisée réussit à domestiquer son mari, en feignant d'abord de s'intéresser aux « dernières bagatelles du ménage ». Mais ce n'est là qu'un faux-semblant : « Une femme n'est pas plus tôt maîtresse du coffre-fort qu'elle craint de gagner le mauvais air auprès de son mari. » Elle arrive à ne plus prendre à la maison qu'un repas par semaine, à rentrer fort avant dans la nuit ; puis elle se hasarde à découcher une fois, et si le mari se plaint, on le laisse dire, et l'on se venge sur la garniture de cheminée. Quand la femme a trop dépensé, le mari se voit obligé de vendre son carrosse et ses chevaux, et l'épouse trop mondaine donne alors à jouer chez elle.

Sur le démon du jeu qui sévit à cette date, les indications données par les comédies sont en plein accord avec celles que nous fournissent les sermonnaires, les moralistes, les correspondances privées et les décrets officiels. Dans sa *Désolation des Joueuses*, Dancourt nous offre un tableau plaisant du désarroi où une partie de la société parisienne est jetée par la nouvelle ordonnance qui interdit le Lansquenet et le Pharaon. Autant vaudrait défendre aux gens de dormir ou de manger ! Et comme le respect de l'ordonnance est assuré par des inquisitions policières et des constats à domicile, les joueurs enragés se décident soit à passer en Angleterre, soit à transporter leur tripot successivement à la cave, au grenier, sur les toits, dans une masure abandonnée du faubourg Saint-Antoine, ou même sur un bateau qui les conduira jusqu'à Saint-Cloud.

D'autres distractions sont aussi onéreuses, et plus nuisibles encore à l'honneur du mari. Nous pouvons suivre toutes ces jeunes femmes dans les promenades à la mode, les guingettes, le Bois de Boulogne ou le Moulin de Javel, où les accompagnent de jeunes abbés galants ou des hommes d'épée fort hardis, toujours démunis d'argent, et qui ne se font aucun scrupule d'emprunter ce qui leur manque à la bourse de leurs belles.

La foi de nos guerriers pèse moins que leurs plumes,
Et l'on perd chez eux les coutumes
De prendre des femmes à soi.
Mars n'épousa jamais la reine de Cythère,
Ils suivent son exemple et vivent comme lui ;
Et leur mariage ordinaire
Se fait avec celle d'autrui.
Hé ! comment un homme de guerre,
Qui court tous les coins de la terre,
Errant tantôt ci, tantôt là,
Pourrait-il se borner à son petit ménage ?
Il ne faut pas croire cela ;
Voulez-vous qu'une épouse en tous lieux l'accompagne
Non ! leur méthode vaut bien mieux.
Selon le changement des lieux,
Ils ont femme de ville et femme de campagne.

... Pour tarir une bourse,
Un guerrier a toujours un merveilleux talent,
Et des pertes qu'il fait, la belle est la ressource.
Après l'effet des petits soins
Le cavalier aura l'âme chagrine
La dame du chagrin veut savoir l'origine,
Il voudra le cacher, ou le feindra du moins,
L'amante s'en plaint et s'obstine ;
Alors on fait savoir tous les petits besoins :
On aura perdu son bagage ;
Il faut refaire un équipage ;
Peut-on voir un amant chagrin ?
Il a besoin d'argent, on en offre à la fin.
L'amant s'en fâche et le refuse ;
On le fléchit tout doucement
Il l'accepte, en faisant une fort tendre excuse,
Et voilà tout le paiement !

(Nolant de Fatouville : *La Toison d'Or*.)

Le Chevalier à la mode, dans la fameuse pièce de Dancourt, ne procède pas autrement : « Il a ordinairement cinq ou six commerces avec autant de belles. Il leur promet tour à tour de les épouser selon qu'il a plus ou moins affaire d'argent. L'une a soin de son équipage, l'autre lui fournit de quoi jouer ; celle-ci arrête les parties de son tailleur, celle-là paye ses meubles et son appartement : et toutes ces maîtresses sont comme autant de fermes qui lui font un beau revenu. »

Pour suffire à ces fantaisies ruineuses il faut que le mari se procure beaucoup d'argent. Il le fait généralement aux dépens des clients qu'il exploite. Une scène souvent citée nous montre Arlequin prenant des leçons auprès du procureur Coquinière sur la manière de plumer les justiciables (1). C'est par des moyens analogues ou pires qu'ont fait fortune tous les traitants, dont M. Turcaret offre l'image la plus complète. La comédie de Le Sage est, dans toute cette période, la pièce qui nous offre le tableau d'ensemble le plus vigoureux, et le plus pessimiste aussi, des mœurs du jour. Le valet Frontin en donne un excellent résumé : « J'admire, dit-il, le train de la vie humaine ; nous plumons une coquette, la coquette mange un homme d'affaires, l'homme d'affaires en pille d'autres ; cela fait un ricochet de fourberies le plus plaisant du monde. »

Beaucoup de ces riches parvenus sont d'origine paysanne, et ceux qui croient retrouver à la campagne les vertus idylliques et l'âge d'or se tromperaient fort, à en croire les comédies de Dancourt et de Dufrény. Ici c'est un valet qui touche des deux mains pour faire le jeu de deux prétendants différents qu'il introduit en secret auprès de sa maîtresse ; là, c'est un paysan qui se fait passer pour mort afin d'épouser à quelques lieues de là une jeune fille qui lui plaît ; il ne comprend pas ce que peut lui reprocher sa femme : « Mais v'là une extravagante créature ! Alle voudrait être défaite de moi, je voudrais être débarrassé d'elle ; qu'elle me passe veuf, je la passerai veuve. Il m'est avis qu'il faudrait pour ça qu'un petit mot d'accommodement sous seing privé : et quand je serions d'accord une fois,

(1) Nolant de Fatouville. *Arlequin Grapignan*. Voir Lintilhac, *op. cit.* Bernardin. *La Comédie italienne en France et le Théâtre de la Foire* (1902).

ce ne serait l'affaire de personne : qui est-ce qui s'aviserait de nous plaider ? » Ailleurs, c'est une meunière qui fait des avances aux galants de ses filles et de sa nièce, et les trois jeunes filles partent avec lesdits galants pour un pèlerinage, qui n'est sans doute pas un enlèvement, mais au retour duquel on sera forcé de les marier (1).

Tout l'espoir des plus madrés parmi ces paysans est d'entrer dans « les affaires » ; l'un d'eux dit à sa femme : « Je me fais partisan, tu seras partisane ; j'achèterons quelque charge de noblesse, et pis, et pis, on oubliera ce que j'avons été, et je ne nous en souviendrons morgué peut-être pas moi-même. » Ces enrichis s'en souviendront si peu que leur ambition, à la génération suivante, est de marier leur fille avec quelque gentilhomme ; mais il faut voir de quel ton le jeune seigneur qui acceptera ainsi de redorer son blason et de « fumer ses terres », traitera ces gens de peu dont il consent à s'approprier la fortune. *L'Ecole des Bourgeois*, de D'Allainval (1728), nous donne un tableau impitoyable d'une de ces mésalliances où la jeune fille, Benjamine, se résigne bien vite à l'indifférence conjugale qui était de mode alors et accepte toutes les conditions que lui pose son futur époux, pourvu qu'elle puisse faire enrager ses petites amies, que sa nouvelle condition fera crever de dépit. Tout irait pour le mieux si l'on ne surprenait une lettre où le jeune comte arrange de belle manière les bourgeois qui vont devenir sa nouvelle famille : « Enfin, mon cher duc, écrit-il, c'est ce soir que je m'encanaille : ne manque pas de venir à ma noce, et d'y amener le Vicomte, le Chevalier, le Marquis et le gros Abbé. J'ai pris soin de vous assembler un tas d'originaux qui composent la noble famille où j'entre. Vous verrez particulièrement ma belle-mère, Mme Abraham ; vous connaissez tous, pour votre malheur, cette vieille folle. Vous verrez ma petite future, Mlle Benjamine, dont le précieux vous fera mourir de rire. Vous verrez mon très honoré oncle, M. Mathieu, qui a poussé la science des nombres jusqu'à savoir combien un écu rapporte par quart d'heure. Enfin vous y verrez

(1) Dancourt. *Le Galant Jardinier, le Mari retrouvé* et *les Trois Cousines.*

un commissaire, un notaire, une accolade de procureurs. Venez vous réjouir aux dépens de ces animaux-là, et ne craignez point de les trop berner ; plus la charge sera forte, et mieux ils la porteront ; ils ont l'esprit le mieux fait du monde, et je les ai mis sur le pied de prendre les brocards des gens de cour pour des compliments. »

On voit combien ces peintures sont — comme la société qu'elles représentent — plus diversifiées et plus nuancées que celles dont la comédie du moyen âge nous a offert le spectacle. Cette société — paysans cupides, procureurs fripons, abbés galants, amants grugés par leur maîtresse, maîtresses plumées par leur amant, joueurs et tricheurs, bourgeois qui veulent porter l'épée, gentilshommes qui redorent leur blason — pourrait nous laisser une impression de singulière amertume et de profond dégoût. Mais toutes ces pièces, même les plus cruelles comme *Turcaret*, restent constamment dans la note gaie. Dans la comédie de Le Sage, les épisodes de l'homme d'affaires Rafle, de l'huissier Furet, du marquis ivrogne et roué, les plaisanteries des valets, les vers grotesques de M. Turcaret, les reconnaissances finales où se retrouvent, dans des personnages humbles ou ridicules, les membres d'une famille qu'il a abandonnée, la fureur de ce parvenu berné et déchu, tout cela prend une teinte bouffonne qui nous empêche de nous attacher à la piètre qualité morale de ce monde sans règle et sans idéal.

Dans l'année 1709, où paraissait cette audacieuse satire, à l'un des plus tristes moments de la fin du règne de Louis XIV, dans cette année célèbre par son hiver impitoyable et sa terrible famine, on jouait aux Français une petite pièce désopilante de Legrand, intitulée *la Famille Extravagante* où les vides creusés dans la population masculine par les guerres du grand roi fournissent le thème de la bouffonnerie : il ne reste plus d'hommes, les femmes sont trop nombreuses, et nous voyons un jeune et élégant cavalier poursuivi, pour le bon ou le mauvais motif, par quatre femmes différentes ; l'une d'elles déclare fort nettement :

On prend ce que l'on trouve, en ce siècle où nous sommes
Et l'on n'a jamais vu telle disette d'hommes.

La chasse acharnée à laquelle se livrent toutes ces femmes sans emploi amène les péripéties les plus plaisantes (1).

C'était assurément trouver de quoi rire dans les côtés les moins plaisants d'une situation difficile. Quelques mois auparavant, *le Légataire Universel* (1708) transposait dans le mode d'une bouffonnerie énorme une supercherie qui, aujourd'hui, entraînerait ses auteurs devant la Cour d'assises. Cette gaîté est le caractère essentiel de Regnard bon vivant, bohème insouciant, comme presque tous les auteurs comiques de l'époque, à l'exception de Le Sage, qui paraît avoir mené une vie digne et rangée. Regnard, pasticheur audacieux de Molière, qui intitule *le Distrait* ou *le Joueur* des pièces où le comique est tiré beaucoup plus des mœurs que des caractères, et où le crayon reste singulièrement léger et superficiel, est avant toutes choses un auteur gai. Ses *Folies Amoureuses*, où l'on trouve assurément beaucoup plus de folie que d'amour, nous éblouissent par une action d'un mouvement incessant, un dialogue d'une verve toujours jaillissante. Dans le prologue de cette comédie, Regnard s'est mis en scène sous le nom de Clitandre. Son ami Eraste lui dit

Tout respire chez toi la joie et l'allégresse ;
Y peut-on manquer de plaisirs ?
A-t-on même le temps de former des désirs ?
De tous les environs la brillante jeunesse
A te faire la cour donne tous ses loisirs.
Tu la reçois avec noblesse :
Grand'chère, vins délicieux,
Belle maison, liberté tout entière,
Bals, concerts, enfin tout ce qui peut satisfaire
Le goût, les oreilles, les yeux.
Ici le moindre domestique
A du talent pour la musique :
Chacun, d'un soin officieux,
A ce qui peut plaire s'applique.

Et Clitandre acquiesce :

Pour être heureux, je l'avouerai,
Je me suis fait une façon de vie

(1) Deux siècles plus tard, au lendemain de la Grande Guerre, le même sujet a été repris, mais sur un mode plus sérieux, par M. Maurice Donnay, dans *la Chasse à l'Homme* (1920).

A qui les souverains pourraient porter envie,
Et tant qu'il se pourra je la continuerai...
Les danses, le jeu ni le vin
Ne m'arrachent point à moi-même ;
Et cependant je bois, je joue et j'aime ;
Faire tout ce qu'on veut, vivre exempt de chagrin,
Ne se rien refuser, voilà tout mon système,
Et de mes jours ainsi j'attraperai la fin.

Ce programme de vie, que Regnard remplit scrupuleusement jusqu'à l'indigestion finale qui causa sa mort, nous donne exactement le ton général de ce théâtre joyeux et optimiste envers et contre tous.

Une pièce comme *les Folies Amoureuses* nage en pleine fantaisie et ne saurait prétendre au réalisme exact et implacable de *Turcaret*. Dans tout le répertoire de la Comédie-Italienne et de la Foire, ce parti pris de fantaisie domine. A côté des types traditionnels du théâtre italien qui, pour un Français, ne représentent aucune réalité contemporaine, ce ne sont que personnages allégoriques, pays imaginaires ou îles fictives où se passent des aventures merveilleuses qui permettent la critique indirecte des mœurs. Là encore la Comédie-Française imite ses rivaux, témoin cette pièce si curieuse de Legrand, intitulée le *Roi de Cocagne* (1718), qui contient des parties de féerie et annonce l'opéra-bouffe moderne : le roi possède un anneau qui fait passer ceux qui le portent au doigt de la raison à la folie ; les différents personnages de la pièce en usent tour à tour, ce qui donne lieu à des péripéties souvent imprévues et toujours comiques. Le style est plein de verve et se rehausse à chaque instant d'agréables trouvailles. Voici par exemple la description du pays de Cocagne :

Quand on veut s'habiller, on va dans les forêts,
Où l'on trouve à choisir des vêtements tout prêts :
Veut-on manger ? Les mets sont épars dans nos plaines,
Les vins les plus exquis coulent de nos fontaines,
Les fruits naissent confits dans toutes les saisons.
Les chevaux tout sellés entrent dans nos maisons.
Le pigeonneau farci, l'alouette rôtie,
Nous tombent ici-bas du ciel comme la pluie.
Dès qu'on ouvre la bouche, un morceau succulent...

Ou encore la tirade parodique du roi :

> Que chacun se retire et qu'aucun n'entre ici.
> Bombance, demeurez et vous, Ripaille, aussi.
> Cet Empire envié par le reste du monde,
> Ce pouvoir qui s'étend une lieue à la ronde,
> N'est que de ces beautés dont l'éclat éblouit,
> Et qu'on cesse d'aimer sitôt qu'on en jouit.
> Je ne suis pas heureux tant que vous pourriez croire.
> Que diable de plaisir, toujours manger et boire !
> Dans la profusion le goût se ralentit.
> Il n'est, mes chers amis, viande que d'appétit.

Les balourdises du paysan Guillot monté sur le trône, la confession gaillarde de trois vieilles servantes rajeunies par magie, ne sont pas moins plaisantes ; les gracieuses nymphes représentant des fleurs animées dans les jardins du roi, et qui annoncent de fort loin *Parsifal*, contribuent à faire de cette bouffonnerie féerique un spectacle fort séduisant, qu'il serait assez curieux de reprendre aujourd'hui.

Mais ce ton joyeux va bientôt cesser d'être celui de notre théâtre ; le second tiers du siècle amène une transformation profonde sinon dans les mœurs, du moins dans la mode, qui met en vogue certaines façons de penser et de sentir. Le goût de la sensibilité se développe, on aime à sympathiser avec des êtres ou avec des classes sociales dont on se souciait peu jusque-là. Un excès de politesse a enlevé aux hommes et aux femmes qui font partie de la société le goût et la possibilité d'être originaux. Quiconque les étudie devra borner son champ de vision aux nuances infiniment délicates d'une galanterie raffinée, précieuse, sceptique ou perverse, qui ignore les sentiments violents, ou les dissimule sous un vernis de politesse glaciale ou de persiflage; et pourtant on veut être ému, et chaque jour davantage ; la bourgeoisie qui a soif d'émotions a aussi l'orgueilleux désir que l'on s'attendrisse sur ses propres infortunes. C'est à ces besoins nouveaux que répondent les romans de Richardson, traduits avec empressement et lus avec enthousiasme, puis *la Nouvelle Héloïse*, qui va faire couler des torrents de larmes, enfin *Paul et*

Virginie, qui procurera aux âmes éprises de vertu les joies les plus pures et les plus touchantes. D'autre part, la première de ces tendances contradictoires se satisfait dans les romans de Crébillon fils et de Laclos, dont les analyses subtiles et desséchantes ne laissent aucune place à l'illusion. Partout et dans tous les sens on éprouve le besoin de tirer des conclusions, ici édifiantes, là cyniques, et de moraliser à propos d'aventures fictives : Le Sage dans son *Gil Blas* brosse, sans commentaires, un tableau perspicace et peu indulgent de la société de son temps ; Voltaire, dans ses *Contes*, enveloppe d'une fantaisie sarcastique la peinture d'un monde qu'il adore et qu'il méprise ; mais les héros de Rousseau et de ses imitateurs dissertent à perdre haleine ou à dessécher leur encrier sur les droits et les devoirs de l'homme et de la femme, envers eux-mêmes, envers les autres, envers l'amour promu au rang de divinité nouvelle. Marmontel croit devoir intituler *Contes Moraux* des anecdotes sentimentales, parfois empruntées à la vie réelle, qui dissimulent souvent l'apologie du plaisir baptisé sentiment, et purifié par des déluges de pleurs.

Les mêmes tendances se retrouvent au théâtre, peut-être même s'y sont-elles marquées plus tôt. La manie de moraliser en scène et de faire du dialogue théâtral une sorte d'épître à la Boileau que récitent plusieurs personnages, est déjà sensible dans des pièces de Boursault comme *Esope à la Cour* (1680) et *Esope à la Ville* (1701), ou dans le *Jaloux désabusé* de Campistron (1709) ; elle va s'épanouir avec Destouches, comme la comédie psychologique avec Marivaux et ses imitateurs, la comédie pathétique (on disait alors « larmoyante ») avec La Chaussée, en attendant que le drame la remplace et crée un genre vraiment neuf, participant de la tragédie par la nature des événements, de la comédie par la condition des personnages.

Ici pourtant quelques précautions sont à prendre pour juger exactement du ton de ces ouvrages. Sauf dans le drame proprement dit, celui de Diderot et de Mercier, et avant eux dans quelques-unes des pièces de La Chaussée comme *Mélanide* et *la Gouvernante*, le ton reste toujours enjoué. A la limite des deux genres, *le Philosophe sans le savoir*, si grave qu'en soit le sujet, si sentencieuses qu'en soient certaines tirades, contient plusieurs scènes qui permettent au moins de sourire ; l'ouvrage de Sedaine est encore intitulé comédie, comme ceux de Destouches et de Marivaux, comme les pièces même, toutes larmoyantes qu'elles sont, de La Chaussée. Toujours quelques scènes entre valets, un ou deux types légèrement ridicules, quelques situations comiques maintiennent la note plaisante. L'expérience est aisée à contrôler. Dans *le Jeu de l'Amour et du Hasard* il y a plus de scènes qui fassent rire que dans le *Misanthrope* ; *le Glorieux* de Destouches, remis à la scène il y a quelques années, a paru beaucoup plus plaisant que sa réputation n'eût pu le faire attendre. Même dans *le Préjugé à la Mode* (1735) ou dans *l'Ecole des Mères* (1744), quelques passages sont franchement comiques. Dans la première de ces pièces nous voyons deux fats se moquant des maris qui aiment leur femme, devant Durval qui est sincèrement attaché à la sienne et désirerait le lui faire comprendre (1). Dans l'autre, l'action est égayée par un laquais fripon et bavard et par un mari de l'encolure de Chrysale qui, lorsqu'il rentre chez lui, n'est reconnu de personne, pas même du suisse ni du maître d'hôtel qui demande si c'est là « Monsieur ». Dans le prologue de sa *Fausse Antipathie* (1733), La Chaussée faisait dire à Thalie, critique de sa pièce :

> J'y voudrais une fable mieux faite,
> Un peu plus de comique, et l'intrigue plus nette.

« un peu plus » seulement... le comique n'est plus en effet le but essentiel de la comédie ; moraliser, analyser, émouvoir, voilà qui paraît désormais plus important que de faire rire.

(1) Voici comment s'exprime Clitandre, au sujet du mari qui est allé cacher loin de Paris sa tendresse conjugale :

> Parbleu, cette sottise en a fait beaucoup dire.
> A la cour, à la ville, on l'a tant blasonné,
> Hué, sifflé, berné, brocardé, chansonné,
> Qu'enfin, ne pouvant plus tenir tête à l'orage,
> Avec sa Pénélope il a plié bagage ;
> En fin fond de province il l'a contrainte à fuir,
> Ils sont allés s'aimer, et bientôt se haïr.

Dans la préface du *Glorieux*, Destouches écrit : « J'ai toujours eu pour maxime incontestable que, quelque amusante que puisse être une comédie, c'est un ouvrage imparfait et même dangereux, si l'auteur ne s'y propose pas de corriger les mœurs, de tomber sur le ridicule, de décrier le vice et de mettre la vertu dans un si beau jour qu'elle s'attire l'estime et la vénération publique ». Et dans le prologue du *Curieux Impertinent* :

> L'auteur de notre pièce, en tout ce qu'il écrit,
> Evite des auteurs les écarts ordinaires ;
> Il a pour objet principal
> De prêcher la vertu, de décrier le vice.

Ces prédications sont formulées en tirades et en sentences souvent si bien frappées qu'on les attribue à chaque instant à Boileau :

> La critique est aisée, et l'art est difficile...
> Chassez le naturel, il revient au galop...

Elles ont tant d'efficacité que le héros, s'il est gâté par quelque défaut, se corrige miraculeusement à la fin de la pièce, erreur psychologique dans laquelle Molière se serait bien gardé de tomber. C'est du même ton qu'est écrite une autre des comédies les plus applaudies de l'époque : *le Méchant*, de Gresset (1745), qui est une revanche de la bonhomie provinciale contre ce que nous appellerions aujourd'hui la « rosserie » parisienne.

Marivaux, lui, a essentiellement pour but l'analyse subtile des sentiments de l'amour, surtout à leur naissance et à leur déclin. « J'ai guetté dans le cœur humain, écrit-il, toutes les niches différentes où peut se cacher l'amour lorsqu'il craint de se montrer, et chacune de mes comédies a pour but de le faire sortir d'une de ces niches. » Ce n'est pas là sans doute tout Marivaux, mais ce qu'on y trouve de différent est empreint d'un caractère social plus sérieux encore. C'est en tout cas le seul genre de pièces que la Comédie-Française comprend alors à son répertoire (*la Seconde Surprise de l'Amour*, *le Legs*, *le Préjugé vaincu*, *les*

Serments Indiscrets) (1). Assurément Marivaux maintient toujours la note comique, mais ni le rire ni la satire ne sont l'essentiel de ses pièces. Chez ses émules — Dorat, Voisenon, Boissy — qui donnent aux aventures sentimentales de leurs héros le cadre réel de la haute société, les ridicules sont de plus en plus légers, le ton de plus en plus impassible et guindé : « Nos auteurs modernes, écrit Grimm, ne savent que faire des portraits et des pointes, leurs pièces pétillent d'esprit et gèlent de froid ; elles sont d'un ennui d'autant plus insupportable qu'il a l'air léger et sémillant, et que c'est un travail que de les écouter. »

On a l'illusion de composer des comédies de caractères qui s'intitulent *l'Irrésolu*, *le Méchant*, *l'Impertinent*, *le Jaloux sans Amour*, *la Coquette fixée*, *la Coquette corrigée*, mais ces prétendus caractères ne sont que des nuances imperceptibles, atténuées par un vernis général d'élégance ; ainsi affadie et quintessenciée, la comédie est à peine une comédie.

De même dans les pièces de La Chaussée comme dans *Nanine* de Voltaire ou *Cénie* de Mme de Graffigny, c'est l'aventure romanesque et pathétique qui importe avant tout et qui détermine le succès. Desfontaines, qui dissèque sévèrement *Mélanide*, avoue qu'il n'a pu résister à l'émotion, au IVe et au Ve actes ; un autre auditeur plus favorable montre Boileau, Racine et Molière pleurant à l'envi en voyant représenter la même pièce dans le Temple de la Critique. La Harpe pense que Diderot ne fait que « défigurer en prose barbare un genre où La Chaussée avait mérité, par un style naturel et des peintures vraies, la réputation d'un bon poète de second ordre », et Mercier, enragé dramaturge, s'écrie : « Ah ! si La Chaussée, si pur, si élégant, si noble, avait eu plus de force, d'intérêt et de chaleur, le drame existerait aujourd'hui dans toute sa beauté. »

Nous voilà bien loin de Molière ! De fait, vers le milieu du siècle, Molière est — passagèrement — démodé. Voltaire écrit en 1739 : « Le spectacle est désert quand on joue ces comédies, et

(1) *Le Jeu de l'Amour et du Hasard*, *les Fausses Confidences*, *Arlequin poli par l'Amour*, *l'Epreuve*, etc., n'entreront au répertoire du Théâtre-Français qu'après 1790.

il ne va presque plus personne à ce *Tartuffe* qui attirait autrefois tout Paris. » En 1746, le duc d'Aumont interdit au nom des gentilshommes de la chambre la représentation des grandes comédies de Molière, « entièrement abandonnées par le public » ; quant à ses petites pièces, elles se voient préférer des comédies nouvelles en un acte, d'un ton plus mondain et plus décent. On lit, en 1764, dans les *Mémoires* de Bachaumont : « Hier les Comédiens Ordinaires du Roi ont remis à leur théâtre *le Malade Imaginaire*, comédie en trois actes et en prose. On y a joint tous les agréments. Notre scrupuleuse exactitude sur les bienséances ne nous a pas permis de rire autant à cette pièce qu'on le faisait au temps de Molière. » De même le public déclare révoltante, à une reprise de *l'Avare*, la scène entre Harpagon et Cléante, et malgré une série de distributions particulièrement soignées qui s'échelonnent de 1764 à 1772, cette pièce est manifestement délaissée par les spectateurs du Théâtre-Français.

Si l'on compare le nombre de représentations obtenues par les pièces de Molière pendant trois périodes différentes de trente ans chacune (1700-1730 ; 1750-1780 ; 1890-1920) on se rend compte que le déclin est manifeste entre la première et la seconde, et que pour la plupart de ces comédies le nombre annuel de représentations est supérieur aujourd'hui, malgré l'extension du répertoire, à ce qu'il était vers la fin de l'ancien régime : ainsi *Tartuffe*, joué plus de dix fois par an entre 1700 et 1730, ne l'est plus que six fois entre 1750 et 1780, et remonte à sept entre 1890 et 1920. *Le Malade Imaginaire*, qui obtient en moyenne quatre représentations annuelles pour la première période, descend à deux dans la seconde, alors qu'il monte jusqu'à neuf aujourd'hui. *Le Mariage Forcé*, joué environ six fois par an au début du XVIIIe siècle comme au début du XXe, descend à une représentation annuelle entre 1750 et 1780.

Regnard avec sa gaîté superficielle tient encore l'affiche, mais les comédies nouvelles font à peine sourire ; la dernière comédie franchement gaie, *la Métromanie* de Piron, date de 1738; encore est-elle beaucoup moins joyeuse que celles que le même auteur écrit pour le théâtre de la Foire. Le comique vigoureux et le rire franc de Molière ne sont plus de mise chez les « Comédiens Ordinaires de Sa Majesté ».

Mais le public rit ailleurs qu'à la Comédie-Française ; le rire gaulois n'est pas en exil ; il règne toujours parmi nous, mais il ne fréquente plus les mêmes endroits. Nous sommes ici en présence d'un phénomène curieux, qui participe de l'histoire de l'art dramatique, du statut administratif des théâtres, et de l'évolution des mœurs.

On se rappelle que la lutte entre les Comédiens Français, leurs concurrents italiens et les histrions de la Foire aboutit d'abord à la reconnaissance officielle de la troupe des Comédiens Italiens Ordinaires du Roi, entretenus par Sa Majesté, puis, à sa fusion avec l'Opéra-Comique, enfin à l'installation des troupes foraines au boulevard du Temple ou aux environs du Palais-Royal. Or, par un mouvement psychologique très humain et plus spécialement français, chaque fois qu'une de ces troupes montait en dignité, elle croyait s'honorer davantage en jouant des pièces sérieuses. La Comédie-Française renonce de plus en plus au comique ; la Comédie-Italienne, dès qu'elle en a le pouvoir, monte des opéras-comiques attendrissants et des drames pathétiques, si bien que ce dernier genre, entre 1770 et 1790, est plus abondamment représenté chez elle qu'au Théâtre-Français. Les deux troupes privilégiées opéraient un triage dans le répertoire du théâtre de la Foire dont les manuscrits leur étaient soumis avant les représentations. Quand une pièce paraissait relever de leur propre genre elles l'annexaient à leur répertoire si elle en semblait digne, ou elles l'interdisaient. Les petits théâtres, installés à la Foire, puis aux Boulevards (l'Ambigu Comique d'Audinot, la Gaîté de Nicolet, les Variétés Amusantes), écrasés sous la triple censure de la police, de la Comédie-Française et du Théâtre-Italien voyaient néanmoins une certaine catégorie de pièces échapper à cette minutieuse inquisition et à cette proscription jalouse : c'étaient précisément les pièces franchement bouffonnes que le Théâtre-Français, de plus en plus majestueux, et la Comédie-Italienne, désormais haussée en dignité, ne jugeaient pas convenables à leurs augustes tréteaux.

Ainsi on aura pu rire tout le long du XVIIIe siècle, mais à condition de choisir soigneusement les théâtres où l'on prétendait s'amuser. On rit à la Foire des fantaisies irrévérencieuses et satiriques de Le Sage et D'Orneval (*Arlequin Hulla, le Monde Renversé*) ; on rit aux facéties goguenardes de Piron, aux propos gaillards et aux mots crus du bachique Panard, aux opéras-comiques libertins de Favart, qui accommode *Daphnis et Chloé* à la mode du jour, en attendant qu'il tourne lui aussi au moraliste ; à la Comédie-Italienne on s'égaie aux scènes comiques qui émaillent celles des pièces de Marivaux où le plaisant et le touchant s'équilibrent ; on s'amuse des hardiesses satiriques de l'*Arlequin Sauvage* de Delisle de la Drevetière (1721) ; on rit des parodies malicieuses et bouffonnes qui mettaient Voltaire en fureur, et dont plusieurs sont devenues aussi célèbres que les pièces originales, depuis *Agnès de Chaillot*, parodie d'*Inès de Castro* (1723) (1), jusqu'aux *Rêveries renouvelées des Grecs*, parodie d'*Iphigénie en Tauride* (1779), en passant par *Marotte*, parodie de *Mérope* : ce genre de pièces, dont on retrouve l'équivalent dans certaines scènes de nos revues actuelles, offrait ce caractère particulier de représenter par une transposition grotesque certains milieux populaires et bas qui, sans la parodie, n'auraient jamais eu de place sur la scène.

C'est un rire un peu équivoque que suscitent les spectacles d'enfants d'Audinot :

> Chez Audinot, l'enfance attire la vieillesse.

Cette troupe adolescente est appelée à la cour par Mme du Barry pour émoustiller les sens blasés du roi Louis XV. Le théâtre de Nicolet a la gloire de servir à une représentation privée des officiers aux Gardes-Françaises, de compter presque tous les soirs le duc de Chartres parmi ses spectateurs, et de s'intitu-

(1) Cette parodie de Dominique et Legrand était jouée trente ans encore après la mort de La Motte, auteur d'*Inès de Castro*. Cf. l'étude de G. Lanson sur les parodies dans *Hommes et Livres* (1895).

ler enfin *Théâtre des grands Danseurs et Sauteurs du Roi* ; on y applaudit les prodigieuses facéties du fameux Taconnet, ancien apprenti menuisier, puis second rôle de l'Opéra-Comique, qui excelle dans les personnages de savetiers et d'ivrognes, au point que Préville, premier comique du Théâtre-Français, vient étudier son jeu. La veille de la Révolution, on rit beaucoup au Théâtre des Variétés Amusantes dont quelques auteurs, mécontents des Comédiens Ordinaires du Roi, voudraient faire un second Théâtre-Français ; on y joue des drames, mais les plus grands succès vont à des bouffonneries sans prétention qui font courir tout Paris. Le comique Volange, qui excelle dans l'emploi des niais et dans les rôles à transformations, et forme ainsi une sorte de composé de Dranem et de Frégoli, crée le type de Janot dans *les Battus paient l'Amende* (1779) et sa suite *Janot chez le Dégraisseur* (1779) de Dorvigny. La première de ces deux pièces fut jouée cent quarante-deux fois de suite : « Non seulement le peuple y court en foule, lit-on dans les *Mémoires* de Bachaumont, mais la ville et la cour, les grands en raffolent ; les graves magistrats, les évêques y vont en loges grillées. Les ministres y ont assisté, le comte de Maurepas surtout, grand amateur de farce. On a même prétendu que celle-ci était de sa composition, et cette anecdote n'a pas peu contribué à en soutenir et augmenter la vogue. » Tant il est vrai que le besoin de rire, naturel à l'homme, se satisfait où il peut, en dépit des prétentions au sérieux et du grave académisme qu'adoptent désormais les scènes privilégiées. En 1781-1782, le succès passe de Janot à la famille Pointu que nous présentent Beaunoir, puis Guillemain, dans *Jérôme Pointu*, plaisant imbroglio qui se déroule dans une étude de procureur, et dans *Boniface Pointu et sa Famille*, où l'inimitable Volange jouait cinq rôles différents.

En même temps le comique de situation rencontrait une vogue nouvelle avec deux pièces de Dumaniant : *Guerre Ouverte* ou *Ruse contre Ruse* (1786), et *la Nuit aux Aventures* (1787), toutes deux fort amusantes ; la première imitée de l'Espagnol présente un imbroglio assez heureux pour que Victorien Sardou n'ait pas dédaigné de s'en inspirer.

D'autre part la tradition des parades n'en continuait pas moins; leurs libertés cyniques s'étalaient à la porte des théâtres forains, dont le spectacle intérieur était beaucoup plus décent. Ces spectacles de « haulte gresse » venaient compléter les attraits assez louches et équivoques que venait chercher, à la Foire ou aux Boulevards, un public singulièrement mêlé. Notre époque, qui passe pour dévergondée, a peine à comprendre que ces bouffonneries énormes et du plus gros sel aient pu être jouées en plein vent, dans un siècle si raffiné. Ici la citation devient impossible, on ne peut que renvoyer au recueil de Georges d'Heylli, *le Théâtre des Boulevards* (2 vol., 1881), où sont reproduites les parades qu'avait réunies le savant légiste Thomas Gueullette. A eux seuls les titres de certaines pièces suffiront à édifier le lecteur sur leur contenu : *Léandre Etalon*, *Isabelle grosse par Vertu* renchérissent encore sur les comédies poissardes de Vadé, si goûtées au milieu du siècle, et dépassent, par les jeux de scène et les mots, toutes les limites imaginables de la crudité obscène (1).

Or, de très bonne heure, M. de Sallé, secrétaire de M. de Maurepas, avait introduit ce genre de comédies dans la haute société, et durant tout le XVIIIe siècle les théâtres particuliers des grands seigneurs et des financiers restent l'asile du rire déchaîné et des libertés les plus indécentes. Collé, secrétaire du duc d'Orléans, écrit à ce sujet : « Ces scènes croustilleuses, la manière dont elles étaient rendues, la franche gaieté qu'ils y mettaient, les ordures gaillardes dont ils savaient les assaisonner, enfin jusqu'à leur prononciation vicieuse et pleine de cuirs, faisaient rire à gueule ouverte et à ventre déboutonné tous ces seigneurs de la cour, qui n'étaient pas tout à fait dans l'habitude d'être grossiers et de voir chez le roi des joyeusetés aussi libres, quoiqu'ils fussent dans l'intimité du défunt Louis XV. »

Aussi Collé pouvait-il se vanter à juste titre d'avoir épuré ce théâtre que son ami Carmontelle, attaché lui aussi au duc d'Orléans, alimentait de ses proverbes d'un réalisme précis, mais

(1) H. d'Alméras et Paul d'Estrées. *Les Théâtres libertins au XVIIIe siècle*, Paris (1905).

d'un comique plus décent, plus mesuré aussi. Le théâtre de Collé est beaucoup plus monté de ton que celui de Carmontelle, quoique très retenu en comparaison des parades ; *la Tête à Perruque*, *la Vérité dans le Vin*, *le Galant Escroc*, nous donnent un tableau animé, vivant, libre et joyeux, audacieux sans grossièreté dans l'expression, des amusements les moins édifiants auxquels se livrait alors la haute société, et quelques femmes de la moyenne bourgeoisie qui se mêlaient à ses plaisirs. Ce sont là certainement les meilleures pièces comiques de la seconde moitié du XVIIIe siècle, après celles de Beaumarchais. Dans *la Tête à Perruque*, nous assistons à une partie carrée organisée dans la maison même du bailli par sa gaillarde épouse ; le mari rentré par surprise assiste à la scène dissimulé sous la robe qui pend au col de la « tête à perruque », et lorsqu'à la fin de l'orgie sa femme, sans se douter qu'elle s'adresse à une tête bien vivante, lève son verre à la santé de l'époux qu'elle croit absent et lui crie : « A ta santé, cocu ! » le bailli lui répond : « Je te remercie, coquine. » Dans *le Galant Escroc*, la mieux conduite des pièces de Collé, le Comte emprunte à un financier, M. Gasparin, l'argent qui lui est nécessaire pour séduire la propre femme du prêteur, et par une ruse très hardie fait rendre par la jeune femme les deux cents louis qui pourront assurer le mariage de son ami le Chevalier : celui-ci aime en effet Sophie, nièce de Mme Gasparin, et a déjà obtenu d'elle les dernières faveurs ; les scènes où le « galant escroc » raille le mari en lui racontant sa bonne fortune, comme s'il s'agissait d'une autre femme que la sienne, et où il exerce sur Mme Gasparin un véritable chantage, sont d'un comique à la fois plaisant et cruel, qui n'aurait pu être risqué sur un théâtre régulier. *La Vérité dans le Vin*, malgré le « but moral » que Collé prétend s'y être proposé, peint les mêmes mœurs, avec plus d'entrain et de verve encore. La scène où l'abbé avoue au président, non moins ivre que lui, qu'il est l'amant de sa femme, est aussi hardie qu'habilement conduite.

Mais quand il écrivait pour le Théâtre-Français, Collé composait *Dupuis et Desronais*, comédie attendrissante et toute de délicate analyse, ou *la Partie de Chasse de Henri IV*, où étaient exaltées sur le mode familier les vertus du Béarnais. Beaumarchais donnait au même moment au Théâtre-Français ses sombres drames d'*Eugénie* et des *Deux Amis*, tandis qu'il faisait applaudir dans les salons de Le Normand d'Etiolles des parades plus que libres comme *les Bottes de Sept Lieues*, ou *Jean Bête*. « Elle était haute en couleur, écrira-t-il plus tard d'une de ses parades ; les jolies femmes la soutenaient fort bien dans le demi-jour d'un salon peu éclairé, le soir après souper. Elles disaient seulement que j'étais bien fou ! »

On voit avec quel soin était alors respectée la convention qui répartissait les genres de comique, suivant les scènes, publiques ou privées, privilégiées ou persécutées, où étaient représentées les pièces nouvelles. La grande audace de Beaumarchais à partir de 1775 va être précisément de transporter sur le Théâtre-Français, dans *le Barbier de Séville*, et surtout dans *le Mariage de Figaro*, une partie des libertés qu'on trouvait toutes naturelles sur les scènes des Boulevards. C'était là ce qui causait alors un véritable scandale : les grands seigneurs voulaient, pour s'encanailler, choisir l'endroit propice et les critiques n'admettaient point que la Comédie-Française, grave et guindée depuis un demi-siècle, prît à son tour le ton libre et franc des théâtres « à-coté ». Beaumarchais interrompt l'évolution, fait fi des distinctions de genres et viole la règle du jeu ; il s'en rend si bien compte que les premiers mots de sa préface sont pour protester contre l'hypocrisie de la décence et le bégueulisme du « bon ton » et de la « bonne compagnie », et en même temps contre la licence effrénée des Boulevards, « ramas infect de tréteaux élevés à notre honte ». Le scandale du *Mariage de Figaro* ne vient pas, comme on l'a dit, de ce qu'il offrait un type nouveau de comédie complexe trop intriguée pour le goût d'alors ; il vient de ce qu'une pièce très libre et franchement gaie se présentait sur la scène auguste d'où le véritable comique semblait de plus en plus banni. Il y avait encore aux résistances dont cette comédie fut l'objet une autre cause non moins importante : elle était le premier exemple du comique révolutionnaire ; l'histoire de ce genre de comique mérite à elle seule une étude spéciale.

VIII

L'ESPRIT RÉVOLUTIONNAIRE ET LE COMIQUE

S'il est vrai que la nature et la forme du comique sont en rapport étroit avec les mœurs de la société, nous possédons un moyen facile de vérifier cette loi : c'est de constater comment l'esprit révolutionnaire, soit lorsqu'il lutte contre un état social relativement solide, soit quand il en a réalisé la transformation, a pu modifier les aspects du rire sur la scène. Le XVIIIe siècle et le début du XIXe nous offrent une période particulièrement favorable à cette recherche : nous y trouvons d'abord la préparation de la Révolution, puis son triomphe, enfin le passage à un nouvel état stable, après une période troublée ; c'est donc une évolution complète que nous pouvons examiner dans ses répercussions sur le théâtre comique.

Dans une période de stabilité politique et sociale (toujours relative, bien entendu, puisque en cette matière le calme plat n'existe pas), le comique qui se donne pour objet l'état général de la société peut prendre deux positions différentes : il peut être soit conservateur, soit révolutionnaire. Les chances de succès de ces deux attitudes opposées sont fort inégales, étant donné l'état d'esprit habituel du public qui fréquente les salles de spectacle et qui ne vient généralement pas au théâtre pour s'exciter à l'action : le théâtre est tout d'abord destiné à le distraire ; il peut remuer des idées, il pousse rarement les spectateurs à agir, et, s'il le fait, ce n'est point par des moyens comiques. La satire n'est pas créatrice ; les pièces qui prétendent exercer une action sociale visent plus à convertir ou à indigner qu'à faire rire ; on peut discuter leur efficacité, mais on ne saurait nier leur sérieux.

D'autre part la malignité du public qui assiste à une comédie veut y trouver un aliment. Ce public rira-t-il aux dépens du vice ou de la vertu ? C'est la question de la moralité au théâtre qui se pose ainsi et l'on sait quelle réponse y a donnée Rousseau. Rira-t-il aux dépens des conservateurs ou des novateurs ? C'est maintenant l'influence sociale du théâtre qui est en question. Or évidemment le rire conservateur s'exerçant aux dépens des tendances révolutionnaires est d'un effet beaucoup plus sûr ; il est d'accord avec la majorité des spectateurs, en les laissant dans un certain état de quiétude, en ne leur conseillant aucun changement dans leurs habitudes invétérées, en encourageant chez eux la paresse de l'esprit et de la volonté. Auprès du Français moyen, une pièce obtient un succès immanquable en raillant ce qui dépasse le spectateur, ou ce qui constitue une innovation en matière esthétique, sociale ou politique : on a fait rire des milliers de gens au cours de ce dernier demi-siècle en tournant en dérision le drame wagnérien, la peinture d'avant-garde, le vote des femmes, l'égalité des sexes ou des classes. Ce genre de comique, qui est souvent une concession peu sincère de l'auteur aux préjugés du public, est couramment exploité dans toutes les revues et dans beaucoup de comédies bouffonnes. Son représentant le plus illustre a été dans l'antiquité Aristophane, comique éminemment conservateur, dont les attaques contre Euripide, novateur esthétique, et contre Socrate, novateur philosophique, sont restées célèbres.

Le comique révolutionnaire qui s'exerce aux dépens des institutions ou des habitudes existantes est d'un maniement beaucoup plus délicat ; sans doute il satisfait la malignité du public, son esprit satirique, mais non point le besoin de stabilité et de confiance que celui-ci apporte dans une salle de théâtre où il vient se distraire. Pour combattre les idées reçues, l'auteur est obligé de prendre de grandes précautions : ou bien il emploie l'allégorie, dépeignant un monde imaginaire où tout serait à l'envers du monde actuel, et sa critique est aisément supportée parce qu'elle ne sort pas du domaine de la fantaisie ; ou bien il fait une satire réaliste d'un état familial, social et politique, dont tous les spectateurs s'accordent tacitement à juger la transformation impossible. Le public est alors animé du même humour résigné que l'ouvrier qui, voyant tituber un ivrogne sur le trottoir, s'écrie : « Voilà comment je serai dimanche! » Dans ce cas, la satire se rend plus aisément acceptable, soit par une conclusion optimiste plus ou moins sincère, qui atténue l'effet de certaines audaces, soit par l'énormité de la bouffonnerie, où la critique de mœurs se dilue et devient presque inoffensive.

Tant qu'il use de ces précautions, le comique ne crée aucune gêne chez les spectateurs et n'inquiète pas le pouvoir. Nous avons vu comment, au Moyen Age, la hardiesse de la satire se trouve autorisée par la stabilité des institutions. Mais ce comique perd son innoçuité et commence à devenir suspect lorsqu'il s'exerce sur un état politique ou social qui est en train de perdre son prestige : alors le comique vient renforcer une action destructrice qui se produit effectivement en dehors de lui ; si le spectateur entrevoit clairement la possibilité d'une solution pratique et immédiate dans le sens des idées révolutionnaires de la pièce, le comique devient dangereux, il attire les foudres du pouvoir, surtout quand il précise le but de ses attaques, en nommant des personnes ou en désignant précisément des institutions, et quand il indique les moyens de donner à ses théories subversives une suite efficace. Il crée alors un malaise chez une partie des spectateurs, suscite des protestations et attire les sanctions du pouvoir établi. Il s'ensuit naturellement que le maniement de ce genre de comique exige beaucoup plus de courage et d'adresse que celui du comique conservateur. L'auteur d'une comédie à intentions révolutionnaires a un rôle extrêmement difficile; c'est ce qui nous explique pourquoi les audaces de Molière ont été constamment mêlées de prudence, et pourquoi il n'a fait preuve que bien rarement de tendances novatrices conscientes et explicites. Les deux types les plus remarquables de ce comique dirigé contre l'état social existant sont, au XVIIIe siècle Beaumarchais, de nos jours Courteline. Le champ social du premier est plus vaste que celui du second, et ses pièces se sont produites dans une période beaucoup plus défavorable ; aussi malgré son audace et son habileté, s'est-il heurté à de plus grands obstacles.

L'application de ces notions générales se vérifie sans peine dans la littérature comique du XVIIIe siècle ; les audaces inoffensives sont nombreuses dans les pièces les plus plaisantes des théâtres de la Foire ou de la Comédie-Italienne. J'en donnerai quelques exemples seulement, empruntés à des œuvres déjà citées dans le chapitre précédent pour leurs qualités de gaîté et de verve. On glanerait sans peine chez Regnard ou chez Dufrény des exemples de hardiesses qui nous surprennent fort aujourd'hui, mais qui étaient moins frappantes alors, parce que les idées philosophiques n'avaient pas encore passé dans le domaine des applications pratiques et que la gaîté débridée sauvait tout. Pourtant l'antagonisme entre les classes, la haine contre les gens de robe et les manieurs d'argent s'exprimait souvent de la façon la plus franche. Dans *la Coquette de Village* (1715), Lucas déclare que

> ...Noblesse s'acquiert aussi bien que richesse

et se révolte contre l'inégalité des conditions :

> Pour égaliser tout, faudrait-il pas, morguoi,
> Que les aut' à leur tour labourissent pour moi ?

Le seul titre de *Crispin Rival de son Maître* (1707) semble un dangereux appel à la lutte des classes, et la dernière phrase de Turcaret, où le valet Frontin annonce le commencement de son règne, nous semble, après coup, grosse de menaces.

Le plus souvent le théâtre comique procède par voie indirecte. Il est bien commode de présenter des personnages allégoriques ou de transporter des êtres réels dans des pays imaginaires. Le Sage dans *le Monde Renversé* amène Arlequin et Pierrot au pays de l'enchanteur Merlin, où ils trouvent des procureurs honnêtes, de petits maîtres discrets, sobres et chastes, des philosophes joyeux, des actrices sages, des comédiens modestes et des maris fidèles. Même procédé dans *la Boîte de Pandore* de Fuzelier (1720) : dans le monde tel qu'il était avant que Pandore eût ouvert sa boîte, on pouvait voir « une mère qui n'est point intéressée, une tante qui ne minaude point pour effacer sa nièce, deux époux également innocents, un vieillard qui se fait une raison sur son amour et qui offre son bien à son rival heureux sans aucun intérêt de galanterie, une assemblée de parents qui ne se querellent point ». Mais la boîte ouverte, tout change, et c'est le monde d'aujourd'hui. Le même auteur, dans *les Animaux raisonnables*, nous fait voir les hommes transformés en bêtes par la baguette de Circé, et qui refusent de reprendre leurs formes : la poule ne veut pas redevenir une jeune coquette, ni la linotte une fillette étourdie ; le taureau, qui était un vieux cornard, le loup un procureur, et le cochon un gros financier, préfèrent rester dans leur bestialité, et le dernier chante :

> Reprenez votre Circé,
> J'aime mieux ma truie, ô gué !

Tout cela reste assez innocent, tant qu'on se borne à railler les défauts et les vices de chacune des catégories sociales, mais non l'organisation même de la société, avec ses cadres et sa hiérarchie ; c'est pourtant bien tentant.

Dans *Arlequin Deucalion*, Piron ne se contente pas du tour de force technique que nous avons mentionné précédemment (1) ; il ne craint pas d'aborder le terrain périlleux du comique social. Après la création des hommes, effectuée suivant la tradition d'Ovide, nous les voyons se précipiter d'abord les uns sur les autres, puis tous ensemble sur les femmes, avec des intentions quelque peu différentes. Arlequin leur adresse un discours bouffon dont peu à peu le ton s'élève ; il interpelle successivement le laboureur, l'artisan, l'homme d'épée, le robin, et cet ordre représente la gradation descendante de leur utilité. Il ne craint pas de jeter d'un revers de main le chapeau à plumet que l'homme d'épée a gardé sur sa tête, en lui disant : « Chapeau bas devant

(1) Voir chapitre VII.

ton père, quand tes deux aînés sont dans leur devoir ! » Au laboureur il dit : « Tu es mon aîné, toi, et le premier de tous ces drôles-là, comme le plus nécessaire à leur vie. Laboure ; en profitant de ta peine, ils te mépriseront; moque-toi d'eux : sue, vis, vis en paix ; vis et meurs dans l'innocence. » Quant à l'homme de robe, il regrette de l'avoir créé, et voudrait « avoir poussé à cent lieues en mer » la maudite pierre dont il est formé.

De même Delisle de la Drévetière dans *Arlequin sauvage* (1721) fait critiquer par son héros les coutumes du monde civilisé : le mérite d'un homme jugé sur son habit ou sur le succès dans une course d'un cheval qui lui appartient, la coutume du duel, les complications de la chicane, les formalités et les simagrées dont on entoure l'amour, le préjugé de la naissance, de la gloire militaire, la domesticité et l'inégalité des conditions. Lelio dit : « Il y a deux sortes de gens parmi nous, les riches et les pauvres. Les riches ont tout l'argent, et les pauvres n'en ont point... Ainsi, pour que les pauvres en puissent avoir, ils sont obligés de travailler pour les riches, qui leur donnent cet argent à proportion du travail qu'ils font pour eux. » Mais Arlequin s'accommode de cet état de choses en constatant que les riches, par leur besoin de superflu, leur luxe et leur vanité « sont plus pauvres que les pauvres mêmes, puisqu'ils manquent de plus de choses ».

Plus frappante encore est la satire sociale dans les pièces de Marivaux telles que l'*Ile des Esclaves* (1725) et la *Nouvelle Colonie* (1729). Tout s'y passe dans des îles imaginaires dont l'une voit les esclaves commander aux maîtres déchus de leur puissance et l'autre voit les femmes avoir la suprématie, dans leur ménage comme dans la politique. Tout s'accommode sans doute grâce à l'esprit conciliant de Marivaux : les domestiques pardonnent à leurs maîtres toutes les duretés dont ils ont été victimes autrefois, et dont ils viennent de se venger d'une façon assez bénigne ; les femmes à leur tour ont finalement le dessous, quand la guerre menace le pays et que le secours des hommes leur devient absolument nécessaire. Mais, chemin faisant, les opprimés ont fait entendre aux oppresseurs quelques vérités fort hardies, que proclameront plus tard dans des termes assez analogues maints orateurs féministes ou révolutionnaires (1).

Ce ne sont là que des annonces bien lointaines et indirectes des revendications révolutionnaires : le caractère allégorique des pièces où elles s'expriment leur enlève toute portée immédiate. A cette date, ce n'est point par le comique, mais par les sentiments, que les dramaturges prêchent le rapprochement des classes, l'adoucissement de l'autorité paternelle et la pitié pour les fautes où n'entre aucune perversité foncière. Le seul titre de *Nanine ou le Préjugé vaincu* indique assez les tendances de cette

(1) Voir notamment *la Nouvelle Colonie*, scène IX :

ARTHÉNICE (*après avoir toussé et craché*).

L'oppression dans laquelle nous vivons sous nos tyrans pour être si ancienne, n'en est pas devenue plus raisonnable ; n'attendons pas que les hommes se corrigent d'eux-mêmes ; l'insuffisance de leurs lois a beau les punir de les avoir faites à leur tête et sans nous, rien ne les ramène à la justice qu'ils nous doivent, ils ont oublié qu'ils nous la refusaient.

Mme SORBIN.

Aussi le monde va, il n'y a qu'à voir.

ARTHÉNICE.

Dans l'arrangement des affaires, il est décidé que nous n'avons pas le sens commun, mais tellement décidé que cela va tout seul, et que nous n'en appelons pas par nous-mêmes.

UNE DES FEMMES.

Hé, que voulez-vous ? On nous crie dès le berceau : « Vous n'êtes capables de rien, ne vous mêlez de rien, vous n'êtes bonnes qu'à être sages ». On l'a dit à nos mères qui l'ont cru, qui nous le répètent ; on a les oreilles rebattues de ces mauvais propos ; nous sommes douces, la paresse s'en mêle, on nous mène comme des moutons.

et l'*Ile des Esclaves*, scène I :

IPHICRATE.

Méconnais-tu ton maître, et n'es-tu plus mon esclave ?

ARLEQUIN (*se reculant d'un air sérieux*).

Je l'ai été, je le confesse à ta honte ; mais va, je te le pardonne ; les hommes ne valent rien. Dans le pays d'Athènes j'étais ton esclave ; tu me traitais comme un pauvre animal, et tu disais que cela était juste, parce que tu étais le plus fort. Eh bien, Iphicrate, tu vas trouver ici plus fort que toi ; on va te faire esclave à ton tour ; on te dira aussi que cela est juste, et nous verrons ce que tu penseras de cette justice-là.

pièce ; mais c'est une comédie larmoyante, et le drame, héritier de La Chaussée, va s'employer durant toute la fin du siècle à glorifier le sauvage et l'homme de la nature, à exalter les classes laborieuses, à revendiquer l'égalité des conditions et des sexes, à prôner l'excellence de la passion et à saper tous les préjugés sociaux, en laissant à la tragédie les questions plus graves de la politique et de la religion. C'est encore par des voies obliques que procède celle-ci, dans la sage crainte d'une rigoureuse censure : sous le nom des *Druides* ou des *Guèbres*, ce sont les prêtres catholiques qui se trouvent attaqués, et c'est en transportant la scène au temps de Guillaume Tell que l'on peut y faire retentir des maximes républicaines (1).

Les moyens comiques ne sont guère utilisés à ce moment que dans de rares pièces dirigées contre les coteries littéraires ou philosophiques ; telles sont *les Philosophes* de Palissot, et l'*Ecossaise* de Voltaire (1760) ; dans l'une on stigmatisait sous des noms transparents la malhonnêteté personnelle de certains membres du groupe encyclopédique, leur esprit d'intrigue, leur cupidité, leur camaraderie arriviste, leur tendance à constituer un état dans l'Etat et leur cosmopolitisme, dénoncé déjà comme un danger national. La scène célèbre où le valet Crispin, disciple de Jean-Jacques, arrive à quatre pattes et tire de sa poche une laitue qu'il s'apprête à manger est assurément un exemple très frappant du comique de gestes, mais elle est exceptionnelle, et les lourdes attaques de Voltaire contre Fréron dans la comédie romanesque et pathétique de l'*Ecossaise* ne sont pas une contribution très brillante à l'histoire du comique social au théâtre.

En revanche quelques répliques du *Barbier de Séville* (1775), et *le Mariage de Figaro* tout entier (1784) ont une importance considérable et marquent vraiment une date. Dans la première de ces comédies, des mots tels que « Un grand nous fait assez de bien quand il ne nous fait pas de mal », ou encore « Aux vertus qu'on exige d'un domestique, Votre Excellence connaît-elle beaucoup de maîtres qui fussent dignes d'être valets ? », et toute la

(1) Cf. L. Fontaine. *Le Théâtre et la Philosophie du XVIIIe siècle* (1878).

tirade de Figaro qui termine la scène II du 1er acte, rendaient un son jusqu'alors inconnu sur notre première scène. Dans le *Mariage de Figaro* l'irrespect, l'impertinence, l'hostilité d'une classe à l'autre s'étalent tout le long de la pièce. Le barbier, menacé dans ce qu'il a de plus cher, devient le porte-parole d'une plèbe révoltée contre les privilèges et les abus de toutes sortes : les mots les plus cruels et jusqu'au fameux monologue passent à la faveur d'une continuelle gaîté. Voilà un procédé qui nous change des tragédies sentencieuses à l'exotisme prudent. Ici, dans la version primitive, l'action se passait en France, et il était nommément question de la Bastille ; mais le déguisement espagnol que conserva définitivement l'auteur ne pouvait faire illusion à personne. Ce ne sont pas seulement les mœurs qui y sont censurées, mais les institutions mêmes y subissent les plus vives attaques. Outre la vie conjugale d'un grand seigneur et la bassesse de la plupart de ses valets, nous y voyons au dernier acte une véritable révolte de ses vassaux, fortement atténuée dans le texte imprimé, mais à laquelle le premier manuscrit donnait un ton terriblement menaçant. Dans tout le reste de la pièce les attaques les plus vives pleuvent contre la justice, la censure, l'arbitraire royal et seigneurial, la servitude militaire. On y daube sans respect sur la politique et la diplomatie, on proteste contre la sujétion où sont tenues les femmes, et en général contre tout un ordre de choses où rien ni personne n'est à sa vraie place.

Ce caractère révolutionnaire ne saurait être nié. On sait que Monsieur, frère du Roi, s'était écrié, en parlant de la pièce : « Ils la feront réussir, et ils croiront avoir gagné une bataille contre le gouvernement. » Nous lisons, dans la *Correspondance* de Grimm : « Beaumarchais traite avec une hardiesse dont nous n'avions pas eu d'exemple les grands, leurs mœurs, leur ignorance et leur bassesse, il ose parler gaîment de la liberté de la presse, de la police et même des censeurs. » *La Correspondance secrète* de Métra est plus explicite encore : « Jusqu'ici on a fait rire les grands aux dépens des petits ; ici, au contraire, ce sont les petits qui rient aux dépens des grands, et le nombre des petits étant très considérable, on ne doit point s'étonner de ce concours prodigieux de spectateurs de tout état que Figaro appelle. On dirait qu'ils viennent se consoler de leur misère en s'amusant des ridicules de ceux qui en sont les instruments. » Voilà un témoignage capital qui montre bien que *le Mariage de Figaro* est la première grande comédie révolutionnaire. Tout le long du siècle on trouve sans doute des audaces fragmentaires aussi fortes, mais d'une portée moindre, vu les circonstances : on ne rencontre pas un ensemble aussi riche et aussi organisé, ni une mise en œuvre aussi complète de tous les moyens comiques : intrigue, situations, caractères, mœurs, mots, gestes, spectacle, tout contribue à un effet total qui dut être et qui fut formidable.

Mais voici que bientôt la situation change ; les petits sont devenus les grands et inversement. Quel caractère va revêtir le comique théâtral durant la Révolution proprement dite ? Ici le problème est plus complexe. Quand un nouvel ordre de choses s'instaure, il ne trouve jamais d'emblée l'expression artistique en rapport avec une situation brusquement transformée. La recherche de moyens esthétiques inédits exige quelque délai. De plus les esprits tendus surtout vers l'action sont momentanément détournés de la création littéraire ; enfin le public lui-même a changé : de nouvelles couches de spectateurs exigent des éléments intellectuels différents et moins raffinés.

Dans le cas actuel, le décret du 13 janvier 1791, instituant la liberté des spectacles, fit bien vite surgir des théâtres, souvent de basse qualité, à tous les coins de rues. Dès la première année, on n'enregistra pas moins de 78 déclarations annonçant l'ouverture de nouvelles salles de spectacle ; un an après, les théâtres étaient réduits au nombre de 35, chiffre encore très considérable en comparaison de l'ancien régime. Mais la liberté devait bien vite être restreinte par l'intervention du pouvoir populaire qui, sur les dénonciations préalables ou sur les constatations des spectateurs, faisait cesser les représentations peu conformes à l'esprit révolutionnaire, patriotique et civique. Un décret du 2 août 1793 annonce que « tout théâtre qui représentera des pièces contraires à l'esprit de la Révolution sera fermé, et les directeurs seront arrêtés et punis selon la rigueur des lois ». Une telle mesure restreint grandement le domaine de la satire ; quel parti lui reste-t-il ? Piétiner les vaincus, railler les tièdes, exploiter le contraste entre la vie d'autrefois et celle d'aujourd'hui, surtout continuer à utiliser les formes usuelles du comique et des procédés courants, avec de légers changements destinés à les adapter au goût et à l'état d'esprit du public nouveau.

Il est curieux en effet de constater combien de pièces jouées en pleine Révolution, et même en pleine Terreur, sont empruntées au répertoire traditionnel ou calquées sur lui et forment un contraste surprenant avec les tragiques événements qui se déroulent. On n'a jamais tant joué au Théâtre-Français les farces joyeuses de Regnard ou de Dancourt, et c'est en 1793 que notre première scène annexe à son répertoire *l'Epreuve* et *les Fausses Confidences*, dont le ton ne semble guère en harmonie avec les décrets du Comité de Salut Public. Des pièces de Collin d'Harleville comme *les Châteaux en Espagne* (1789), *Monsieur de Crac dans son petit Castel* (1791), *le Vieux Célibataire* (1792), appartiennent comme *le Conciliateur* de Demoustiers (1791) à ce genre mixte, tempéré, élégant et un peu froid qui avait plu pendant toute la fin du siècle à la société la plus aristocratique. En 1792, la clôture se fait avec *Médée* et *la Partie de Chasse de Henri IV*. En 1793, avant d'être envoyés en prison, les comédiens français jouent en huit mois trente et une fois Molière, dix fois Regnard, dix fois Dancourt. Les nouveautés comiques sont *le Conteur* de Picard, *les Femmes* de Demoustiers, tandis que se prolonge le succès de *la Matinée d'une Jolie Femme* de Vigée. Que tout cela est donc paisible et idyllique ! Il est assez frappant de voir le Théâtre Feydeau donner comme nouveauté un opéra-comique sur *Paul et Virginie* huit jours avant l'exécution de Louis XVI.

La partie dissidente de la Comédie-Française qui, sous le nom de Théâtre de la République, s'était installée en avril 1791 aux Variétés Amusantes, donnait elle aussi certaines nouveautés du comique le plus traditionnel comme *l'Intrigue Epistolaire* de Fabre d'Eglantine ; elle exploitait fidèlement le répertoire classique et la troupe des Variétés Amusantes, qui s'était transportée au Boulevard du Temple s'en attribuait-elle aussi une partie : *l'Ecole des Maris*, *les Plaideurs*, *Crispin Rival de son Maître*, et presque tout Regnard. Les chefs-d'œuvre, tombés dans le domaine public, alternaient avec les grosses facéties où s'épanchait la verve plébéienne de Janot et de Jocrisse.

A vrai dire, les directeurs et les interprètes doivent, durant toute la Révolution, et surtout la Terreur, apporter au répertoire comique (comme au tragique, plus suspect encore) quelques modifications exigées par l'esprit public : on cite des représentations du *Misanthrope* où l'on avait supprimé le roi Henri, les marquis, les vicomtes, et jusqu'à l'or qui ornait les basques de l'exempt. Les noms de Monsieur et Madame devaient être, dans toutes les pièces de l'ancien répertoire, remplacés par ceux de *citoyen* et *citoyenne*, en dépit de la mesure et de la rime. Au cinquième acte de *Tartuffe*, au lieu du vers :

> Nous vivons sous un prince ennemi de la fraude

on disait :

> Ils sont passés ces jours d'injustice et de fraude !

Mais souvent aussi l'esprit révolutionnaire laissait une empreinte moins superficielle : certains auteurs coulaient des idées nouvelles dans le moule classique. C'est le cas très curieux du *Philinte de Molière*, de Fabre d'Eglantine (1790) ; l'auteur se donne l'apparence de continuer *le Misanthrope*, il en prend en réalité le contre-pied et en donne une réfutation. C'est que nous sommes alors au temps des « haines vigoureuses », et l'influence de l'opinion modifie du tout au tout l'allure des personnages et la portée du comique. Philinte devient odieux et ridicule : il trouve que tout est bien dans les abus de l'Ancien Régime, et raille la sensibilité bienfaisante d'Alceste, qui lui répond :

> Tout est bien, dites-vous ! Et vous n'établissez
> Ce système accablant, que vous embellissez
> Des seuls effets du crime et des couleurs du vice,
> Que pour vous dispenser de rendre un bon office
> A quelque infortuné, victime d'un pervers.

Or il se trouve que cet infortuné ce sera Philinte lui-même, et qu'il subira la peine de sa propre indifférence. Quand il se sait victime de la friponnerie contre laquelle il n'a pas voulu réagir, Alceste triomphe et lui demande d'un ton sarcastique : « Tout est-il bien, Monsieur ? » Contrairement à la comédie de Molière où Alceste se contente d'exhaler ses fureurs tandis que Philinte ne cesse de travailler pour lui, c'est ici Philinte qui est sauvé par Alceste, mais celui-ci lui retire son amitié :

> Je vous rejette au loin, parmi ces êtres froids
> Qui de ce beau nom d'homme ont perdu tous les droits.

Cette transformation, dans le même cadre, de la tonalité psychologique initiale et la sombre amertume de ce comique social sont très caractéristiques de l'évolution qui s'opère alors dans l'esprit public.

Les pièces de circonstance écrites au jour le jour suivant la marche des événements sont encore plus étroitement liées avec l'histoire de cette époque troublée. Il n'est pas question de suivre ici pas à pas les grands événements de la Révolution racontés par le théâtre, ni de rechercher dans le texte des pièces et dans les incidents qu'elles ont provoqués les modifications de l'esprit révolutionnaire depuis la réunion des Etats Généraux, jusqu'au 9 thermidor. Ce travail a été fait déjà dans de très bons ouvrages (1) et il déborderait considérablement le cadre de notre plan ; nous voudrions seulement dégager ici quelques-uns des procédés comiques propres à une époque de troubles civils et de transformations politiques rapides et profondes.

1º Un des moyens les plus commodes de faire rire le spectateur est de lui montrer l'opposition entre l'état de choses nouveau et celui qui régnait auparavant. Tel est l'objet de pièces comme *le Réveil d'Epiménide* de Flins des Oliviers (1790), où un homme

(1) Notamment : Th. Muret, *l'Histoire par le théâtre* (1865) ; H. Welschinger, *le Théâtre de la Révolution* (1880) ; J. Hérissay : *le Monde du théâtre pendant la Révolution* (1922).

endormi depuis le siècle de Louis XIV se réveille et aperçoit avec une surprise charmée tous les changements qui se sont opérés pendant son sommeil ; il est particulièrement heureux de constater la simplicité du roi :

> Il ne s'entoure point d'une garde étrangère ;
> Au sein de ses enfants, que peut craindre un bon père ?
> Plus on le voit de près, et plus il est aimé.

Vers qui prendront, quelques mois après, un aspect de sinistre ironie. La partie positive, qui vante la disparition des abus, est nécessairement assez fade ; le comique est obtenu ici aux dépens des profiteurs de l'ancien régime, dont les lamentations sont l'objet de piquantes moqueries. C'est ainsi que nous voyons défiler l'avocat général Fatras, qui découvre des coupables partout, le maître à danser Cabriole, dont le métier ne nourrit plus son homme, le censeur royal Rature, le folliculaire Gorgi, et l'abbé qui chante sur l'air d'Eurydice :

> J'ai perdu mon bénéfice
> Rien n'égale ma douleur !

Epiménide remarque assez philosophiquement :

> Puisqu'elle s'exprime en chantant
> Sa douleur n'est pas bien amère.

La note est la même dans *le Convalescent de qualité* ou *l'Aristocrate* de Fabre d'Eglantine (1791), où un marquis, retenu dans son hôtel par la goutte, ignore que la révolution s'est faite et se consume en une vaine colère contre toutes les institutions du régime nouveau. Il apprend avec étonnement de la bouche de son médecin que toute la France « s'est conduite avec cette imprudence » et il s'écrie :

> Mais à ce compte-là, si l'on nous tend des pièges,
> Nous allons, nous seigneurs, perdre nos privilèges ?
>
> LE MÉDECIN.
>
> Ils sont perdus.

LE MARQUIS.
Alors, que nous reste-t-il ?... Rien.
LE MÉDECIN (*gravement*).
Les droits sacrés de l'homme et ceux du citoyen.

Par un autre artifice l'auteur de *Nicodème dans la Lune*, Beffroy de Reigni, célèbre alors sous le nom du « cousin Jacques », montrait son héros, paysan plein de franchise et de naïf bon sens, transportant dans notre satellite les bienfaits d'une révolution raisonnable. Cette pièce, qui eut un succès inouï, fut bientôt dépassée par les événements et proscrite sous la Terreur. Mais reprise en 1796 elle n'obtint pas moins alors de trois cent soixante-trois représentations. Cet exemple fournit ainsi des indications très précises sur l'état général des esprits depuis le début de la Révolution jusqu'au Directoire.

2o L'élément comique le plus abondant est naturellement fourni par la satire politique, mais, en cette époque dangereuse, elle s'exerce rarement contre les personnages qui sont au pouvoir ; une crainte salutaire retient les auteurs, les acteurs et les directeurs. Aussi doit-on signaler à part les rares pièces où l'auteur a fait preuve de quelque courage en bravant le parti qui dispose de la force publique. A ce titre, on peut citer quelques pamphlets dialogués qui paraissent dès 1788, alors qu'il n'est pas fort prudent de railler la royauté et la noblesse ; Welschinger a donné l'analyse d'une pièce très curieuse parue à Bruxelles en 1789, sous le titre : *le Triomphe du Tiers Etat* ; elle montre en traits vigoureux la révolte contre un duc de tous ses sujets qui restent fidèles à leur patrie et à leur roi, mais «pour soutenir des droits évidemment injustes, ne s'exposeront pas à la plus légère égratignure ». La scène où le duc apprend du maître d'école combien il a reçu une éducation incomplète est quasi prophétique ; à la fin, le duc abandonné de tous, réduit à manger un morceau de pain sec trempé d'eau et à quitter seul, à pied, le pays sur lequel il a exercé son pouvoir, en vient à conclure que « si la noblesse est quelque chose, le peuple est tout ».

Le plus remarquable exemple de hardiesse est celui qu'a donné en 1793 Laya, lorsque en pleine Terreur il fit représenter son *Ami des Lois*, où il osait attaquer les jacobins au pouvoir, traçant toute une série de portraits aussi violents que transparents. Robespierre y est représenté sous le nom de Nomophage, et Marat sous celui de Duricrâne,

> Journaliste effronté qu'aucun respect n'arrête.
> Je ne sais que son cœur de plus dur que sa tête.

Hébert paraît sous le nom de Plaude,

> ...animal assez triste,
> Suivant de ses gros yeux les complots à la piste,
> Cherchant partout un traître, et courant à grand bruit
> Dénoncer le matin ses rêves de la nuit.

Il expose toute une théorie de communisme révolutionnaire :

> De la propriété découlent à longs flots
> Les vices, les erreurs, Monsieur, tous les fléaux.
> Sans la propriété, point de voleurs, sans elle
> Point de supplices, donc ! La suite est naturelle :
> Point d'avares, les biens ne pouvant s'acquérir ;
> D'intrigants, les emplois n'étant plus à courir ;
> De libertins : la femme accorte et toute bonne,
> Etant à tout le monde et n'étant à personne,
> Dans votre république, un pauvre bêtement
> Demande au riche ! Abus ! Dans la mienne il lui prend.
> Tout est commun, le vol n'est plus vol : c'est justice
> J'abolis la vertu pour mieux tuer le vice !

Cette audacieuse satire, qui n'est pas dépourvue de talent, fut jouée au moment où s'ouvrait le jugement de Louis XVI, et provoqua des incidents tumultueux. L'auteur ne sauva sa tête qu'en payant d'audace, et en dédiant cette pièce à la Convention. Un conflit s'ouvrit ainsi entre la Convention, la Commune de Paris et le Théâtre de la Nation, c'est-à-dire la partie de la Comédie-Française d'opinions modérées qui était restée dans son ancien local. Ainsi se prépara la fermeture du Théâtre-Français et l'incarcération de la majeure partie de ses comédiens qui eut pour prétexte des allusions relevées dans l'anodine *Paméla* de François de Neufchâteau.

3o Mais de tels exemples sont rares. Le plus souvent les pièces politiques s'acharnent sur des ennemis à terre ou à demi-renversés. C'est par centaines que l'on compte alors ces pièces satiriques souvent ignobles, rarement spirituelles, dirigées contre la Reine d'abord, puis contre le Roi, contre le principe même de la royauté, contre tous les souverains de l'Europe, et surtout contre la noblesse et le clergé (1). Il n'y a pas lieu d'insister sur des ouvrages comme *l'Autrichienne en Goguette ou l'Orgie royale*, la *Descente de la Dubarry aux Enfers et sa Réception à la Cour de Pluton par la femme Capet, devenue la favorite de Proserpine*; ces pamphlets dialogués, souvent orduriers, n'obtenaient pas les honneurs de la représentation, mais ils étaient très lus ; ils amusaient évidemment plus encore qu'ils n'indignaient, en faisant appel à des sentiments complexes : haine de la royauté, haine de l'étranger, goût du scandale et des descriptions licencieuses, revanche contre l'élégance aristocratique d'une femme à qui l'esprit plébéien était tout à fait impénétrable. Louis XVI fut relativement épargné jusqu'à la fuite de Varennes, qui fut mise en scène sous le titre significatif de *la Voyageuse extravagante corrigée* ; le Roi sous le nom de M. Bertrand y est représenté comme un imbécile sans volonté, marchant à la remorque de sa femme.

Une des pièces les plus caractéristiques parmi celles qui furent dirigées contre la monarchie est *le Jugement Dernier des Rois* de Sylvain Maréchal qui, en 1793, fut donné au Théâtre de la République (fraction rouge de la troupe du Théâtre-Français). On y voit tous les souverains d'Europe enchaînés dans une île à moitié volcanisée ; un écriteau porte ces mots : « Il vaut mieux avoir pour voisin un volcan qu'un roi. » Les sans-culotte distri-

(1) Il est juste de noter que le nombre des pièces de même tendance, mais appartenant au genre tragique, est alors encore plus considérable. Elles prêtaient davantage à ces déclamations vigoureuses qui provoquaient l'enthousiasme du public. Les titres au moins de quelques-unes sont restés fameux, tels que *Charles IX*, de M. J. Chénier, *Alisbelle ou les crimes de la Féodalité*, de Desforges, et les *Victimes cloîtrées*, de Monvel.

buent une barrique de biscuit aux rois affamés en les traitant de faquins, et en leur enjoignant de « bouffer ». Le pape se querelle avec Catherine de Russie qui l'oblige à répéter qu'un prêtre n'est qu'un charlatan et un joueur de gobelets. Au moment où le roi d'Espagne s'écrie : « Si j'en réchappe, je me fais sans-culotte ! » où le pape promet de prendre femme, et Catherine de passer aux jacobins ou aux cordeliers, le volcan entre en éruption, et les engloutit dans les entrailles de la terre.

Dans cette pièce qui atteint les dernières limites de la grossièreté dans le comique, les rois sont attaqués en tant que souverains, mais non comme étrangers ; il est à noter que le comique xénophobe n'est pas plus agressif sous la Révolution que dans le théâtre du XVIIIe siècle : il se borne à l'emploi des jargons, qui est toujours d'un effet irrésistible. Mais les attaques pleuvent contre les Français qui ont passé à l'étranger, dans des pièces comme les *Emigrés en Terre Australe*, ou *la Grande Revue des Armées Noires et Blanches*, où l'on voit le prince de Condé, représenté sous le nom de Brise-Fer, se sauver par le trou du souffleur à l'arrivée des armées révolutionnaires.

C'est surtout à partir de l'année 1792 que foisonne le comique anticlérical. *La Partie quarrée*, opéra-folie joué au Théâtre Feydeau, nous montre des moines « lutinant de naïves religieuses, trichant aux cartes et aux dés, se rougissant la trogne sous d'immenses foudres remplis de vin vermeil ». On y voit pendant la nuit deux capucins s'attaquer à « deux nonnettes appétissantes », qui sont en réalité deux officiers de dragons. Des titres comme *Encore un Curé*, *A bas la Calotte ou les Déprêtrisés*, *la Dévote ridicule*, *la Journée du Vatican ou le Mariage du Pape*, montrent combien ce genre de pièces était populaire. Le public ne pouvait s'en lasser, si l'on en croit ce couplet de *la Partie quarrée* :

Encor des moines, va-t-on dire,
Encor des moines amoureux !
Encor des tableaux scandaleux,
Ou quelque trait malin d'une obscure satire !
Et de qui donc voulez-vous rire,
Si vous ne vous moquez pas d'eux ?

Ce public éprouve un plaisir particulier à voir les prêtres abandonner leur profession et se marier. « J'abjure mon métier, dit l'un d'eux. Mon évangile sera désormais la Constitution, ma divinité la République, mon idole la Liberté et l'Egalité. » Et Julie son épouse s'écrie : « Qui m'aurait dit, quand j'étais sœur grise, que je deviendrais un jour la femme d'un curé (1) ? » De même dans *les Dragons chez les Bénédictines* de Pigault-Lebrun (1794), sœur Sainte-Claire épouse par ordre du colonel le beau capitaine de dragons qui n'a pas eu de peine à la séduire quand le régiment est entré dans le couvent ; en même temps le maréchal des logis épouse la sœur converse, Gertrude. Dans cette pièce et dans sa suite, *les Dragons en Cantonnement*, comme dans les *Visitandines* de Picard et Devienne (1793), nous trouvons le prototype de nombreux autres ouvrages qui se succédèrent sur notre scène, et dont le plus célèbre est resté *les Mousquetaires au Couvent*. Il y a là un comique dépourvu sans doute de délicatesse, mais aussi de toute méchanceté ; les scènes de jalousie assez amusantes entre deux vieilles religieuses, ainsi que le marivaudage à la dragonne du capitaine et de sœur Sainte-Claire, ne manquent ni de verve ni d'attrait. Ce comique bon enfant et d'un anticléricalisme sans violence se retrouve dans des pièces comme *les Sœurs du Pot*, où l'on voit une vieille supérieure amoureuse d'un vieil apothicaire, et une jeune nonne aimée d'un vieux médecin, comme l'*Omelette miraculeuse*, où le capucin Polycarpe emplit sa besace en exécutant sous les yeux d'un ménage de bons paysans le miracle de la multiplication des œufs, qui n'est qu'un tour de prestidigitation.

Ce sont là des modèles de finesse et de décence, à côté de deux pièces qui nous sont restées sous le titre de *la Papesse Jeanne*. Dans l'une on voit la papesse tomber de son siège, et accoucher d'un gros garçon. L'autre, œuvre du citoyen Léger (1793), met en scène des cardinaux qui s'appellent Rotondo, Gunéphile, Boivin et Jejuno, que Boniface, le portier du Conclave, juge sans la moindre indulgence. Ce personnage était assurément l'enfant

(1) *Encore un curé* (1793).

gâté du public ; voici en quels termes il nous fait connaître son idéal :

> Le métier que je fais n'est pas sans agréments,
> Mais j'aimerais beaucoup à finir en silence,
> Dans un gras prieuré ma paisible existence ;
> Chaque jour entouré de mon petit troupeau,
> Avec eux, tour à tour, je vide mon caveau,
> Je courtise en secret les mères de famille,
> J'enivre les papas et confesse les filles.

Et là-dessus il mime une scène de confession moitié parlée, moitié chantée, dont le café-concert a gardé depuis la tradition et qui constitue assurément un des procédés les plus bas employés pour amuser un public grossier. Cette pièce, dont l'intrigue est purement absurde, se termine par un décret de la papesse Jeanne rendant au peuple les deux-tiers des biens du clergé :

> Du Dieu que nous servons la sainte austérité
> Nous prescrit l'abstinence et la simplicité,
> Et je ne pense pas qu'un serviteur doit être
> Plus riche et plus brillant que ne le fut son maître.

Nous observons ici un cas curieux de psychologie collective ; auteurs et public ne paraissent, à cette date, faire aucune différence entre les curés, dont le sort n'était guère enviable et qui étaient assez populaires à la veille de la Révolution, et les riches prélats, ainsi que les membres des ordres monastiques, qui avaient toujours été mal vus. Il y a dans ce comique, qui aujourd'hui nous paraît fort déplaisant et cause, même chez les incroyants, un certain malaise, une revanche de l'esprit gaulois longtemps enchaîné par l'austérité janséniste et qui, incapable de comprendre les tendances mystiques, ne voyait dans la spiritualité qu'une simple hypocrisie destinée à recouvrir des vues intéressées.

Il faut reconnaître qu'après Thermidor les auteurs n'auront pas plus de pitié pour les jacobins dépossédés que leurs prédécesseurs pour les ci-devant. Il serait curieux de mettre en comparaison avec des pièces jouées sous la Terreur des ouvrages comme *l'Intérieur des Comités révolutionnaires* de Ducancel, ou *le Souper des Jacobins* d'Armand Charlemagne (1795). L'un est la reproduction quasi phonographique de certaines conversations tenues dans les comités, et l'autre la caricature énorme, cruelle et parfois spirituelle de personnages, affublés des noms de Crassidor et Furtifin, qui représentent les jacobins mis à bas. La seule liste des personnages de la pièce de Ducancel montre assez les intentions de ce genre de littérature, acharnée contre des adversaires devenus inoffensifs (1).

Sous le Directoire, le public ne sera pas moins houleux ni la censure moins tracassière que sous la Terreur. Mais si la satire politique n'est possible que contre les partis vaincus, les auteurs s'en donnent à cœur joie contre les trafiquants et les parvenus. Dès 1795, Charlemagne dans son *Agioteur* ridiculise un type d'intermédiaire que nous avons revu depuis, et montre plaisamment comment, en période de restrictions, chacun vend de tout :

> On trouve du café chez plus d'un chapelier ;
> Voulez-vous des chapeaux ? Allez chez l'épicier.
> J'achetai mes souliers chez mon apothicaire,
> Et mon voisin, qui fut autrefois avocat,
> Tient du poivre et du suif, du sucre et du tabac.

Puis Maillot lance le type, bien vite populaire, de Mme Angot, poissarde enrichie, dont les pataquès, les disputes et les aventures en pays étrangers déchaînent l'hilarité du public (2), tandis que les enrichis du même calibre jouissent de leur fortune récente

(1) *Aristide*, ancien chevalier d'industrie, président du comité.
Caton, ancien laquais, escroc, membre du comité, grand aboyeur.
Scaevola, coiffeur, gascon, membre du comité.
Brutus, ancien portier de maison, membre du comité.
Torquatus, rempailleur de chaises, membre du comité.
Vilain, homme contrefait, commissaire au Tribunal révolutionnaire.
Dufour, père, négociant, honnête homme, persécuté, etc.

(2) *Madame Angot ou la Poissarde parvenue* (1796), et *Madame Angot au Sérail de Constantinople* (1800).

dans la plus tranquille et la plus sûre impunité et commencent à se nettoyer de leur crasse originelle.

Le 18 Brumaire sonne le glas de la liberté comique : seules sont autorisées les pièces qui exaltent le pouvoir nouveau et réservent leurs satires pour les opposants ou pour les puissances voisines dont l'attitude paraît hostile. Un à-propos comme *la Girouette de Saint-Cloud* osait taxer de versatilité les anciens révolutionnaires qui ne s'étaient pas ralliés au pouvoir. *Georges le Taquin ou le Brasseur de l'Ile des Cygnes* où Georges et François se disputent les faveurs de Mlle Malte, jolie marchande d'oranges, n'était qu'une attaque allégorique contre les prétentions de l'Angleterre. Le souci de tenue morale que le premier consul apporte dans l'exercice du pouvoir absolu va, en s'ajoutant à la tyrannie politique, rétrécir singulièrement le domaine du comique, et nous en verrons bientôt les résultats sur la comédie du XIXe siècle.

En bref, la courbe du comique révolutionnaire durant la période étudiée se présente ainsi : tout d'abord des attaques contre l'ordre de choses établi, d'autant plus piquantes et plus ingénieuses qu'elles ont à lutter contre les exigences de la censure et les susceptibilités du public. Puis, après le grand bouleversement politique, une recherche souvent assez pénible de l'équilibre entre les moyens comiques éprouvés et l'état d'esprit d'un public neuf et peu cultivé, de très rares satires risquées contre le pouvoir nouveau, des railleries violentes, grossières et basses à l'adresse des vaincus ; le jour où le pouvoir change, la note reste la même, les noms seuls sont intervertis ; dans tout cela, pas une œuvre qui mérite de survivre ; puis dès qu'arrive la fatale dictature, c'est le silence, l'asservissement, la disparition du comique satirique et, une fois l'ordre bien assis, la recherche, faute de mieux, d'un comique inoffensif, sans rapports trop directs avec la réalité sociale.

Il n'est pas trop ambitieux, je crois, d'attribuer à cette courbe une valeur générale ; on pourrait la retrouver, avec de légères modifications dans la durée ou dans certaines modalités, en étudiant les productions théâtrales sous la révolution de 1848, pendant la guerre de 1871, pendant celle de 1914-1918, ou encore sous la révolution russe. On y retrouverait *mutatis mutandis* des caractères très analogues : le rire né de la haine, de l'esprit guerrier, de la lâcheté politique, possède rarement une valeur esthétique. L'homme dont le métier est de faire rire pendant les périodes tragiques n'échappe jamais à la bouffonnerie grossière et servile; il amuse parfois ses contemporains, il ne rit jamais pour la postérité.

IX

D'ARLEQUIN A LA PRÉFACE DE CROMWELL

C'est une des généralités admises en histoire littéraire que le mélange du tragique et du comique a été introduit chez nous par les romantiques, à l'imitation de Shakespeare, et l'on a coutume de citer à l'appui de cette affirmation les lignes célèbres de la *Préface de Cromwell* : « Du jour où le christianisme a dit à l'homme : Tu es noble, tu es composé de deux êtres, l'un périssable, l'autre immortel, l'un charnel, l'autre éthéré, l'un enchaîné par les appétits, les besoins et les passions, l'autre emporté sur les ailes de l'enthousiasme et de la rêverie, celui-ci enfin toujours courbé vers la terre, celui-là sans cesse élancé vers le ciel, sa patrie ; de ce jour-là le drame a été créé.

« La poésie née du christianisme, la poésie de notre temps est donc le drame ; le caractère du drame est le réel ; le réel résulte de la combinaison très naturelle de deux types, le sublime et le grotesque, qui se croisent dans le drame comme ils se croisent dans la vie et dans la création. Car la poésie vraie, la poésie complète, est dans l'harmonie des contraires. »

Ces deux aspects du réel,— le grotesque au revers du sublime, le mal avec le bien, l'ombre avec la lumière — ces deux faces d'une nature que l'artiste n'a pas le droit de mutiler se font valoir l'un par l'autre ; c'est de là que provient la supériorité de l'art moderne sur l'art antique, dont la beauté uniforme engendre la monotonie : « le contact du difforme a donné au sublime moderne quelque chose de plus pur, de plus grand, de plus sublime enfin que le beau antique. »

C'étaient là, aux yeux des jeunes romantiques, des nouveautés éclatantes ; à Théophile Gautier et aux admirateurs d'Hugo, la *Préface de Cromwell* apparaissait comme les tables du Sinaï et le date de 1827 semblait écrite en lettres de feu dans l'histoire des âges littéraires.

Aujourd'hui on commence à se rendre compte qu'il n'y avait là qu'une demi-nouveauté. On sait (et de nombreuses études ont insisté sur ce point) que le mélodrame avait, avant Victor Hugo, allié le comique au tragique ; si cette filiation avait quelque chose d'embarrassant et d'assez compromettant pour les romantiques, elle n'en existait pas moins comme un fait indiscutable. Mais il y a plus : une étude approfondie du répertoire dramatique au cours du XVIIIe siècle et au début du XIXe siècle nous conduit à reconnaître que l'origine de ce mélange remonte beaucoup plus haut. Déjà constaté dans les mystères, les miracles, les tragédies irrégulières, les tragi-comédies et les pastorales, il n'a été réellement proscrit de la scène française que pendant la brève période où le code de Boileau a joui d'un prestige incontesté. Chassé par les législateurs du Parnasse, nous allons le voir tenter de s'infiltrer dans notre théâtre, aidé en cela par certaines circonstances particulières, notamment par cette hiérarchie des scènes dont nous avons signalé précédemment l'importance.

Il serait aisé de prouver — et Emile Deschanel ne s'en est pas fait faute dans son *Romantisme des Classiques* — qu'en plein XVIIe siècle le mélange des tons n'est pas inconnu à nos grands auteurs. Après avoir subi, au début, l'influence de la tragi-comédie, Corneille n'a-t-il pas écrit sa comédie-héroïque de *Don Sanche d'Aragon* ? N'a-t-il pas, dans ses plus authentiques tragédies, introduit des scènes et des rôles (Félix dans *Polyeucte*, Prusias dans *Nicomède*) dont le ton affectait des allures familières qu'un siècle plus tard Voltaire devait réprouver ? *Saint-Genest* de Rotrou (1646) présente une curieuse juxtaposition de trois éléments : la représentation d'une tragédie sanglante, le martyre de l'un des acteurs et la reproduction réaliste et plaisante des conversations de coulisses. En 1655, Quinault donnait *la Comédie sans Comédie*, où des parties fort hétérogènes se trouvent reliées par une intrigue empruntée à la vie des acteurs. L'annonce qui en est faite dans le prologue nous indique bien le caractère de cette pièce :

Nous représenterons quatre sujets divers ;
D'abord la Pastorale où vous pourrez connaître
Qu'amour se plaît souvent sous un habit champêtre,
Qu'aux champs comme à la cour il sait donner des lois,
Et qu'il frappe aussi bien les bergers que les rois.
Nous donnerons ensuite une pièce burlesque,
Où nous ferons paraître une image grotesque
Des défauts qu'on remarque aux vulgaires esprits
Et tels qu'il faut qu'ils soient pour donner du mépris.
Ensuite vous verrez une pièce tragique,
Où nous vous marquerons d'un style magnifique
Les maux que peut causer un désir mal réglé
Dans le plus grand des cœurs, quand il est aveuglé.
Enfin sur ces essais notre troupe hardie,
Fera voir un sujet de tragi-comédie,
Où nous pourrons encor mêler pour ornements
Des machines en l'air et des concerts charmants.

La Fleur, qui ne veut pas entendre parler d'une alliance avec des acteurs, assiste caché à tous ces spectacles et il en est tellement ravi qu'il marie ses filles aux comédiens Hauteroche et Laroque, et son fils à la sœur du premier. Cette pièce singulière, qui donne comme par avance une vue complète des différentes formes du talent de Quinault, présente les contrastes les plus accusés entre la pastorale et la tragédie et fait précéder la tragi-comédie finale intitulée *Armide et Renaud* d'une farce : *le Docteur de Verre*, dont le comique débridé utilise de nombreux emprunts à Rabelais (1).

Qu'est-ce que le *Don Juan* de Molière, sinon la plus extraordinaire réunion d'oppositions, où sont tour à tour mis en lumière la douleur poignante éprouvée par les victimes du séducteur, la noirceur de l'âme du héros, l'horreur de son châtiment et d'autre part les bouffonneries de Sganarelle, la naïveté de Pierrot et

(1) Voir Etienne Gros. *Philippe Quinault, sa Vie et son Œuvre*, Paris, 1926.

des deux paysannes et la déconvenue de M. Dimanche ? Sans doute il s'agit d'une pièce dont le sujet et les principaux épisodes ont été imposés à Molière par la tradition ; sans doute aussi Boileau ne devait formuler que neuf ans plus tard son précepte catégorique :

Le comique, ennemi des soupirs et des pleurs,
N'admet point dans ses vers les tragiques douleurs.

Mais l'année même qui précédait la publication de *l'Art poétique*, Montfleury faisait encore jouer au théâtre du Marais l'*Ambigu Comique ou les Amours de Didon et d'Aenée*, *mêlée* (sic) *de trois intermèdes comiques*. Dans cette curieuse pièce, on joue entre le premier et le second acte une comédie intitulée *le Nouveau Marié* ; entre le second et le troisième, une autre comédie : *Don Pasquin d'Avalos*, qui sera ensuite détachée de l'œuvre et restera au répertoire du Théâtre-Français ; après le troisième acte, vient une dernière bouffonnerie intitulée *le Semblable à soymesme*.

Les tons s'opposent sans aucune transition : après les quatre derniers vers du premier acte, prononcés par Hiarbe :

S'il veut fuir de ces lieux, favorisons sa fuite ;
Mettons-le hors d'état de craindre la poursuite ;
Et s'il faut que l'hymen soit le fruit de leurs feux
Rendons-en le moment funeste à tous les deux.

nous voyons arriver le valet Sans-Soucy qui reproche à son maître, M. Vilain, conseiller au présidial, de répondre de mauvaise grâce aux compliments qu'il reçoit à propos de son mariage :

Quand pour vous embrasser chacun se fait de fête
Vous vous mordez les doigts et secouez la tête.

A la fin du troisième acte, Didon s'est poignardée après des malédictions consciencieusement traduites de Virgile ; sa confidente, Barsine, accompagnée du malheureux soupirant Hiarbe, reçoit le corps de sa maîtresse entre ses bras, puis la farce commence, et nous voyons le valet La Brie deviser avec son maître Cléanthe d'un nouveau venu qui, dit-il,

> me menant d'abord au prochain cabaret,
> M'a fait goûter gratis du blanc et du clairet.

Et Cléante répond :

> Je le crois ; le village est fertile en canailles.
>
> LA BRIE.
>
> Canaille ! C'est pourtant le receveur des Tailles.

Montfleury déclare dans sa préface qu'il a imité des Espagnols « ce mélange, qui n'est pas sans exemple, quoiqu'il ne soit point ordinaire sur notre théâtre. »

Sans doute tous les théoriciens ont-ils, avant Boileau lui-même, préconisé la distinction des genres (1). Mais, malgré l'avis des doctes, le public n'en éprouve pas moins un désir obscur de faire alterner les émotions du rire avec celles de la terreur ou de la pitié. Quand on n'ose plus les lui offrir dans la même pièce, on les lui donne du moins dans une même soirée ; c'est une tradition constante de faire suivre la tragédie d'une petite pièce comique en un acte ou en trois actes, et l'on se rappelle l'anecdote contée par Louis Racine de ce magistrat qui, ayant vaincu ses préjugés et s'étant laissé entraîner au théâtre, avait vu jouer *Andromaque* et *les Plaideurs* sans se rendre compte que c'étaient deux pièces différentes, et sans comprendre ce que venaient faire les petits chiens dans l'aventure de la veuve d'Hector. En 1732, on considère comme un événement unique le fait que *Zaïre* figure seule sur l'affiche et n'est pas suivie de la comédie obligatoire. Trois ans auparavant Dumas d'Aigueberre faisait encore jouer au Théâtre-Français un ouvrage hétérogène intitulé les *Trois Spectacles*, où le mélange a comme point de départ le désir qu'éprouvent quelques hommes et femmes du monde, réunis à la

(1) Cf. René Bray : *La Formation de la Doctrine classique en France* ; IVe partie : *les Règles des Genres* (1927).

campagne, d'amuser leurs visiteurs en leur présentant un choix de pièces qui pourra satisfaire la différence de leurs goûts : le spectacle se composera d'une tragédie en vers, d'une comédie en prose et d'une pastorale héroïque en vers et en musique, c'est-à-dire d'une sorte d'opéra. « Il me tarde de voir cette bigarrure », dit le Chevalier ; et le Vicomte lui répond : « Sa singularité peut lui tenir lieu de mérite. »

Exceptionnel à la Comédie-Française, ce mélange était régulier et quasi obligatoire à la Comédie-Italienne : on y représente constamment des pièces où l'opposition du tragique au comique est tantôt brutale, tantôt adroitement atténuée. Une des plus curieuses de la première catégorie est le fameux *Samson* de Romagnesi (1730), qui obtint un très grand succès à Paris, y fut repris à chaque instant, et figura durant tout le XVIIIe siècle au répertoire des théâtres de province (1). C'est une tragi-comédie où une rivalité d'amour entre Samson et Achab se greffe sur la légende biblique. La mise en scène est très développée ; il y a des changements à vue et des trucs de féerie : on voit une source jaillir de la mâchoire avec laquelle Samson vient de massacrer les Philistins ; on voit le héros délivrer son père Emmanuel de sa prison, dont il enlève les portes sur son dos. Samson s'exprime en vers fort nobles pour exhaler ses remords :

> Mais quel aveuglement suit la présomption !
> Tu n'as pu surmonter ta folle passion,
> Et tu veux ignorer, lâche, quels sont les crimes
> Qui rendent aujourd'hui tes tourments légitimes !
> Souviens-toi que tu viens de combattre en ce lieu,
> Pour venger ton amour, et non pas pour ton Dieu.

Mais il est en ce moment saisi d'une soif ardente, ce qui est contraire aux habitudes des héros tragiques, d'ordinaire soustraits aux nécessités physiques. Ce n'est pourtant là que la moindre

(1) Ce succès est attesté par le grand nombre d'éditions de la pièce. La Bibliothèque Nationale en possède une dizaine d'exemplaires. Mon collègue et ami, M. Fuchs, me signale qu'à la fin du siècle les décors de *Samson* font partie du matériel de plusieurs théâtres de province, et figurent dans les contrats de cession d'un directeur à l'autre.

singularité de cette pièce. Après un monologue où Samson conclut en pur style tragique :

Mais il faut donc trahir l'espoir de Tamnatée :
D'un hymen solennel mon père l'a flattée,
Un pareil changement... N'importe, évitons-la.
Pourrais-je balancer entre elle et Dalila ?

nous voyons l'esclave d'Achab et Armilla, suivante de l'héroïne, en contemplation devant un lion qui, à ce qu'ils croient, a mangé Dalila :

L'ESCLAVE.

Je ne vois nul débris,
Nulles traces.

ARMILLA.

Hélas ! qu'est-elle devenue ?

L'ESCLAVE

Elle est en raccourci dans sa panse velue.
Il nous l'aura croquée, et pour punition
Le gourmand sera mort d'une indigestion.

Au second acte, après un dialogue entre Emmanuel et Phanor, qui se termine ainsi :

EMMANUEL.

Israël, bénissez cette sainte journée.

PHANOR.

Déplore bien plutôt ta race infortunée.

on voit accourir l'esclave d'Achab qui s'écrie :

Seigneurs, grande nouvelle : on amène Samson
Enchaîné, comme un ours, et doux comme un mouton !

A la fin du troisième acte, quand Samson brise les portes de la prison, chacune de ses phrases, prononcée sur un ton noble, est suivie d'une réplique comique et goguenarde de l'esclave.

Au cinquième acte, l'esclave se coiffe du casque du héros, sous lequel il a mis les cheveux coupés par Dalila, et il parodie les exploits du chef hébreu dans une pantomime où les accessoires sont un fauteuil, représentant un rocher, et un dindon baptisé griffon pour la circonstance :

> Quel que soit le péril, c'est à moi d'en découdre.
> Par derrière en poltron ? Je ne puis m'y résoudre,
> Mais il me poche l'œil, si je vais par devant.
> Il est ferme partout... je vais le prendre en flanc.
> Je le tiens... Ces cheveux produisent des merveilles,
> Et pourront désormais garantir mes oreilles.
>
> ... Si pourtant nous allions dans quelque hôtellerie :
> J'y pourrais retrouver mon appétit perdu.
> Ce griffon paraît tendre. Il est assez dodu.

Et là-dessus il met sur son épaule le dindon et sa batte (car le rôle est joué par Arlequin), imitant tous les mouvements de Samson lorsqu'il a chargé sur son dos son père et les portes de la prison. La pièce n'en finit pas moins sur le ton le plus tragique : le temple de Dagon s'écroule après un long monologue de Samson implorant Dieu, dont voici les deux derniers vers :

> C'en est fait ; périssant pour le Dieu des Hébreux,
> Meurent les Philistins, et Samson avec eux !

Dans son *Histoire du Théâtre Italien*, Desboulmiers blâme cet « épisode monstrueux », mais les bouffonneries d'Arlequin déguisé en esclave d'Achab n'ont certainement pas été étrangères au succès énorme et soutenu de la pièce.

Deux ans après, Boissy adaptait pour la Comédie-Italienne la fameuse pièce de Calderon : *la Vie est un Songe*, sous la forme d'une comédie héroïque en trois actes et en vers. C'est l'histoire romanesque du prince Sigismond enfermé dans une tour par ordre de son père, à la suite d'un oracle qui a prédit au roi les pires malheurs si son fils régnait. Le roi, pour l'éprouver, lui fait prendre un narcotique, le transporte à la cour, et lui laisse exercer le pouvoir pendant quelques heures. Mais devant la fureur de Sigismond contre son père et contre le prince Frédéric, fiancé de Sophronie que le jeune captif n'a pu voir sans l'aimer, le roi le fait aussitôt reporter dans sa tour. Le parti révolté contre le souverain et Frédéric vient délivrer Sigismond pour le mettre à sa tête. Grâce à l'heureuse influence de Sophronie, le roi, reconnaissant le caractère généreux de son fils, lui cède le trône et lui accorde la main de la princesse. Il y a dans cette pièce des vers tragiques d'une bonne venue ; Boissy était un poète d'une tout autre adresse que Romagnesi. Voici par exemple comment Sigismond exprime la transformation que la vue de la princesse a opérée en lui :

Elle a dans un instant changé mon caractère.
Le seul son de sa voix a dompté ma fureur,
La douceur de ses yeux a passé dans mon cœur,
Elle vient de verser dans mon âme charmée
Le désir de la gloire et l'oubli de mes maux,
Pour la seule vertu je la sens enflammée,
Et d'un tyran en moi, l'amour fait un héros.

Les propos que le prince, après son réveil désenchanté, échange avec son geôlier Clotalde, ne manquent pas de poésie :

SIGISMOND (*accablé de douleur*).

Il faut donc vaincre ma fierté.
Par ta voix comme un trait de flamme,
La vérité, Clotalde, a pénétré mon âme ;
Je ne ferai plus rien, même dans le sommeil,
Dont je puisse jamais rougir à mon réveil ;
Mais tout l'éclat de ces richesses
Dont j'ai cru jouir cette nuit ?

CLOTALDE.

Est une ardeur qui trompe et qui s'évanouit.

SIGISMOND.

Et ces grandeurs enchanteresses
Dont les attraits m'avaient séduit ?

CLOTALDE.

Leur jouissance est un éclair qui fuit.

SIGISMOND.

Et la faveur avec la renommée ?

CLOTALDE.

Un vent qui change, une vaine fumée.

SIGISMOND.

Et l'espérance ?

CLOTALDE.

Un appas séducteur.

SIGISMOND.

Et la vie ?

CLOTALDE.

Et la vie est un songe trompeur.
La vertu seule est constante et réelle,
Le vrai bonheur est dans le bien,
Tout le reste est compté pour rien.

Mais ces scènes sont sans cesse entremêlées de bouffonneries où le personnage d'Arlequin passe au premier plan. Au second acte, Sigismond ordonne à Arlequin de jeter par la fenêtre son ex-geôlier; le roi l'arrête à temps. Resté seul avec Arlequin le prince lui enjoint sous peine de mort de le faire aussitôt rire :

SIGISMOND.

Veux-tu me faire rire.

ARLEQUIN (*à part*).

Il me le dit d'un ton
A me faire trembler...

SIGISMOND.

Fais-moi rire au plus vite, ou je te fais sauter
Du haut de ce balcon.

ARLEQUIN (*à part*).

Il est homme à le faire !
C'est ainsi qu'à la cour on se voit ballotté ;
J'étais tantôt jeteur, je vais être jeté.

Au troisième acte, Arlequin est installé à une lucarne de la tour — en carton — où il est enfermé avec le prince, avant l'arrivée des séditieux. Il s'écrie :

Ah ! par cette lucarne exhalons notre rage,
Et tâchons de prendre un peu l'air ;

Je perds mon temps à regarder, j'enrage
Et pour être logé dans un sixième étage
Je n'en vois pas plus clair.
Quoique de nous les cieux semblent être assez proches,
J'en aperçois à peine un faible échantillon,
Mais quels cris redoublés font retentir les roches
Et font faire aux échos un affreux carillon ?
Ce sont des gens armés. Qui diable les amène ?

Lorsqu'on lui demande s'il est le prince, et qu'on lui annonce qu'on veut briser ses fers et le proclamer roi, il s'écrie :

En ce cas-là, je suis le prince Sigismond ;
Brisez mes fers et vengez mon affront.

RODÉRIC.

Brisons ses fers et vengeons son affront

ARLEQUIN

Holà, hé donc, messieurs, doucement, prenez garde,
Vous allez renverser la tour.
Les murs n'en valent rien, et songez en ce jour
Que c'est votre vrai roi que ce péril regarde.

Quand il est délivré, les soldats se prosternent à ses pieds :

RODÉRIC.

Seigneur, le temps est cher et la gloire vous presse
De joindre au plus tôt la princesse.
Elle conduit le peuple et doit vaincre pour vous,
Nous allons sur vos pas nous disposer aux coups.

ARLEQUIN.

Je suis trop prudent pour vous croire,
Allez, quand vous aurez remporté la victoire,
Vous viendrez me le faire savoir,
En attendant, je vais ici m'asseoir.

Ce personnage d'Arlequin va maintenir durant tout le siècle un élément comique à côté du pathétique sur la scène italienne. Dans la curieuse préface de ses comédies, Fontenelle rappelle une scène du Théâtre-Italien où, dit-il, « j'étais attendri à tout ce que disait Lelio, et je riais à toutes les reprises d'Arlequin ».

Il faut voir là sans doute une allusion à une pièce de Marivaux, chez qui le parallélisme entre deux couples, l'un parlant sur le mode sérieux, l'autre sur le mode bouffon, est une règle presque invariable. Il s'agit probablement du *Prince Travesti*, sorte de drame héroïque fort curieux, où nous voyons côte à côte la lutte parfois déchirante de l'ambition et de l'amour et la naïveté d'Arlequin, valet de Lelio, que Frédéric, ministre ambitieux, veut attacher à sa fortune pour combattre son rival. Aucune pièce de Marivaux ne pousse plus loin la peinture du pathétique sentimental ; la scène la plus émouvante est celle où Hortense, pour ne pas trahir sa maîtresse, se voit obligée d'affirmer à Lelio sa propre indifférence alors qu'au fond du cœur elle l'adore. Mais les dialogues entre Arlequin et les deux maîtres qui se disputent ses services restent dans la pure tradition de la bouffonnerie italienne (1).

Peu à peu ce personnage d'Arlequin, parlant d'abord italien, puis français, portant d'abord un masque, puis s'en débarrassant, va se transformer, en même temps que se modifiera la nature du comique qu'il dégage. Même au moment où le Théâtre-Italien joue des pièces françaises où ne figurent plus les personnages conventionnels de la Commedia dell'-Arte, Florian utilise de nouveau le type d'Arlequin, en suivant la voie indiquée déjà dans *Arlequin poli par l'Amour* : il lui donne un caractère mixte, où sa balourdise n'exclut pas la sympathie ; il réunit en quelque sorte en un seul personnage la double impression de comique et de touchant, devançant en cela un des caractères les plus frappants de la comédie d'aujourd'hui : « J'ai pensé, écrit-il, que les sentiments et la plaisanterie pouvaient tellement être unis qu'ils fussent quelquefois confondus, que le spectateur s'égayât et s'attendrît en même temps, qu'il fût également ému par l'intérêt de l'action et réjoui par le jeu de l'acteur, en un mot que le même personnage fît pleurer et rire à la fois. Pour cela, j'avais besoin d'Arlequin. » Il y réussit si bien qu'un critique

(1) Voir notamment acte I, sc. 13, et acte II, sc. 2.

déclare : « On est tenté de lui dire quelquefois : « Vous êtes Arlequin, seigneur, et vous pleurez ! » C'est ainsi que nous voyons successivement Arlequin amoureux, naïf et gauche dans *les Deux Billets*, fils dévoué et soupirant héroïque dans *le Bon Ménage* ; enfin dans le *Bon Père*, il est devenu un bourgeois vieilli, mais resté bonhomme : il nous fait sourire quand il n'arrive pas, sans le secours de son secrétaire, à écrire une pièce de vers pour la fête de sa fille Nisida ; mais il est bien touchant par son amour paternel nuancé de bonté et de probité parfaite, qui en fait un père de famille à la manière de Diderot, de Sedaine et de Greuze. Ainsi ce nouveau personnage, entre les mains de Florian, symbolise le double mouvement indiqué précédemment (1) et dans le présent chapitre : inclination de la comédie du gai vers le touchant et mélange des tons.

Ce n'est pas assez de dire que ce mélange est admis à la Comédie-Italienne : il faut ajouter qu'il y est imposé par la Comédie-Française, qui en use de même avec les théâtres subalternes. En ménageant ainsi ses droits, notre première scène ne se rend pas compte qu'elle oblige les auteurs dramatiques à marquer inconsciemment les étapes d'une réforme qui, vers 1830, prendra figure de révolution et qu'elle devra bien subir elle-même. Que le mélange du comique au tragique soit resté pour la Comédie-Italienne et les théâtres de la Foire une nécessité d'ordre administratif, cela ne fait aucun doute pour qui consulte les documents contemporains : à chaque instant les manuscrits des pièces proposées aux directeurs des petites scènes leur sont retournés avec l'interdiction de la Comédie-Française, parce que ces ouvrages sont trop uniformément tragiques ou nobles. En 1785, Milcent, adaptant à la scène française le drame allemand *d'Agnès Bernau*, écrit dans sa préface que, désirant être représenté sur le Théâtre-Italien, il a dû s'assujettir « aux servitudes qui lui sont imposées ». « Pour ne point approcher de la tragédie, genre absolument réservé au Théâtre-Français, il faut au sujet noble et pathétique, mis sur le Théâtre-Italien, présenter des scènes comiques et des

(1) Voir chap. VII : *Grandeur et décadence de la gaîté.*

personnages de comédie : de là mon rôle du père d'Agnès, qui nuit à l'action, puisqu'il ne lui sert en aucune manière ; de là des scènes de comédie, que j'ai été obligé de coudre à chaque acte, et que j'ai fait disparaître sur le Théâtre de Rouen et à l'impression. » Le même souci s'affirme dans des pièces jouées chez Audinot et chez Nicolet, ou aux Variétés-Amusantes entre 1780 et 1790 : *l'Artiste infortuné ou la Famille Vertueuse*, de Destival de Braban, offre le tableau d'un intérieur misérable et la profonde détresse d'un artiste dont la femme éconduit un protecteur animé d'intentions équivoques. Mais les scènes pathétiques en sont entrecoupées par les commérages de la logeuse qui sont d'un ton franchement comique. Les drames de Pigault-Lebrun : *l'Orpheline*, *Charles et Caroline*, dont les sujets sont fort émouvants, sont égayés aussi par des personnages secondaires assez sympathiques, mais un peu ridicules.

Cette question d'esthétique dramatique, que l'oppression des petits théâtres sous la tyrannie des comédiens français résolvait fort simplement dans la pratique, méritait assurément d'être exposée dans une théorie de quelque ampleur. La plupart des auteurs dramatiques qui ont écrit des pièces du genre mixte l'ont abordée, mais généralement de biais, et en ne considérant que leur cas personnel. Le seul qui en ait donné une vue d'ensemble est Fontenelle dans la préface dont il a fait précéder ses médiocres comédies, et qui paraît dater de son extrême vieillesse (1). Dans un exposé très lucide et très fin, il compare les nuances qui vont du tragique au comique avec les couleurs du prisme, ce qui lui permet d'envisager toutes les combinaisons possibles : « Il y aura donc des pièces de théâtre qui ne seront ni parfaitement tragédies, ni parfaitement comédies, mais qui tiendront de l'un et de l'autre genre, et plus ou moins de l'un que de l'autre ; comme un vert, qui est certainement un composé de

(1) Cette préface a été publiée en 1751 et, d'après les indications de l'abbé Trublet, elle ne doit pas remonter à plus de deux ou trois ans auparavant. Fontenelle était donc nonagénaire.

jaune et de bleu, est différent d'un autre vert, parce qu'il entre plus ou moins de jaune ou de bleu dans sa composition. » La juxtaposition des extrêmes l'inquiète quelque peu : « Le passage brusque d'une impression à une autre tout opposée ne sera-t-il pas fort désagréable ? » A coup sûr un mélange *per intima*, comme dans la scène de Lelio et d'Arlequin citée plus haut, sera rarement possible, mais on pourra toujours « tenir le plaisant et le tendre en gros pelotons séparés et même, si l'on veut, on y pourra souvent ménager des nuances intermédiaires ».

Dans la comédie, il paraît bien que le Théâtre-Français se soit réservé le mélange des tons voisins : comique léger et pathétique atténué (1), en imposant aux autres scènes, comme un effet grossier destiné à un public de faible culture, l'opposition brutale du tragique et du bouffon. Pourtant il est arrivé plus d'une fois aux comédiens français d'admettre sur leurs augustes tréteaux l'alternance de tons tout à fait tranchés. Ainsi Voltaire, voyant que Destouches, puis La Chaussée, s'étaient portés de plus en plus vers le genre purement larmoyant, prend d'une façon bien inattendue le contre-pied de cette attitude. Il annonce, dans la préface de *l'Enfant Prodigue* (1736), qu'on y trouvera « un mélange de sérieux et de plaisanterie, de comique et de touchant. C'est ainsi que la vie des hommes est bigarrée ». Et il cite à l'appui une anecdote amusante : une dame dont la fille était en danger de mort s'était écriée : « Mon Dieu, rendez-la-moi, et prenez tous mes autres enfants ! » Or le mari d'une de ses filles intervint et lui demanda : « Les gendres en sont-ils ? » et malgré la gravité de la situation, tout le monde éclata de rire, y compris la malade et sa mère. Voltaire ne fait pas de ce mélange une obligation ; il ne frappe aucun genre d'exclusion, le comique pur lui agrée fort ; mais il précise ses antipathies dans la préface de *Nanine* (1749), dirigée tout entière contre la comédie larmoyante : « La comédie, encore une fois, peut donc se passionner, s'emporter, attendrir, pourvu qu'ensuite elle fasse rire les honnêtes gens. Si elle manquait de comique, si elle n'é-

(1) Voir chapitre VII ce qui a été dit de Destouches et de La Chaussée.

tait que larmoyante, c'est alors qu'elle serait un genre très vicieux et très désagréable.» De fait, ces deux pièces comportent l'une et l'autre des personnages franchement bouffons, comme le baron de Fierenfat et la baronne de Croupillac dans *l'Enfant Prodigue*, la baronne d'Olban et le jardinier Blaise dans *Nanine*. Mais en 1760, avec *l'Ecossaise*, le ton change, car le danger de la concurrence est passé, et il n'est plus utile de se distinguer à tout prix de La Chaussée et d'invoquer, comme dans la préface de *Nanine*, des exemples de familier chez Corneille ou de pathétique chez Molière. Voltaire écrit dans la préface de *l'Ecossaise* : « Quant au genre de la pièce, il est dans le haut comique mêlé au genre de la simple comédie. L'honnête homme y sourit de ce sourire de l'âme, préférable au rire de la bouche. Il y a des endroits attendrissants jusqu'aux larmes, mais sans pourtant qu'aucun personnage s'étudie à être pathétique. »

Le grand nom de Voltaire couvrait ces théories si peu orthodoxes, si peu d'accord avec son classicisme assez étroit et ces variations d'opinion qui n'étaient point exceptionnelles chez lui. Le succès venait d'ailleurs les justifier, puisque chacune de ces trois pièces, si oubliées aujourd'hui, fut jouée entre 1760 et 1790 aussi souvent que *le Misanthrope*, *l'Ecole des Femmes* ou *l'Avare*. Il n'y a là qu'un cas de stratégie littéraire sans grande portée générale ; car les préfaces de Voltaire formulent une poétique essentiellement subordonnée aux circonstances ; un tel cas n'est qu'une dérogation exceptionnelle aux théories et aux habitudes de la Comédie-Française.

On en pourrait dire autant pour *la Partie de Chasse de Henri IV* de Collé, où le dialogue naïf et plaisant des villageois alterne avec les graves conversations politiques de Sully et du Béarnais. On y voit le Vert-Galant lutiner la fille du fermier Michaut, et reprendre au refrain des couplets gaillards chantés en son honneur. Ici l'irrégularité passait à la faveur de la curiosité que provoquait cette pièce, jouée en 1762 chez le duc d'Orléans, imprimée en 1766, interdite jusqu'à l'avènement de Louis XVI, et qui exploitait un sujet éminemment populaire dont le succès était certain d'avance. Il faut néanmoins constater vers cette date une tendance de la Comédie-Française à élargir le cadre de ses productions habituelles et à donner plus volontiers des pièces où l'unité de ton, comme les unités de temps et de lieu, n'étaient pas scrupuleusement respectées et qui permettaient ainsi des effets de spectacle ou de contraste dont le succès avait été éprouvé sur d'autres scènes.

En effet, dans les genres exploités en dehors du Théâtre-Français et échappant à son contrôle, le mélange du pathétique et du comique semble fort apprécié ; Sedaine l'utilise très volontiers dans l'opéra-comique : *Richard Cœur-de-Lion* (1784) oppose la captivité douloureuse du roi Richard et l'héroïsme du fidèle Blondel aux propos naïfs ou gaulois des paysans et aux amours villageoises de Laurette et d'Antonio. Celui-ci chante :

> La danse n'est pas ce que j'aime,
> Mais c'est la fille à Nicolas

presque immédiatement avant que Blondel entonne le fameux air :

> O Richard, ô mon Roi !
> L'univers t'abandonne.

En ce genre, le contraste le plus saisissant est obtenu dans *le Déserteur* (1769) où, tandis qu'Alexis attend le peloton d'exécution, son camarade Montauciel chante à tue-tête des couplets bachiques et amphigouriques :

> Je ne déserterai jamais,
> Jamais que pour aller boire,
> Que pour aller boire à longs traits
> De l'eau du fleuve où l'on perd la mémoire.

C'est en vain que Laharpe proteste contre « le comique bas qui vient se mêler à la terreur de ces grands sujets, qui seraient du plus grand effet s'ils étaient traités dans les règles ». Le public se moque des règles et applaudit à tout rompre. Ainsi se fixe une forme d'opéra-comique où les héros seront exposés aux plus grands périls, mais où l'issue sera toujours heureuse, et l'angoisse du spectateur sans cesse détendue par l'intervention de personnages comiques. La formule persistera pendant tout le XIXe siècle, au point d'imposer aux librettistes de *Carmen* ou de *Lakmé* des parties plaisantes d'un effet inégalement heureux.

Un autre genre va fleurir qui, né un peu avant la Révolution, prend un développement énorme dans les années qui la suivent immédiatement et dans la première moitié du XIXe siècle : il s'agit du mélodrame. Ici le mélange du comique au tragique est un élément essentiel. Guilbert de Pixérécourt — le Corneille de ce genre dont Caigniez fut le Racine — écrit très peu de mélodrames dépourvus de comique, au moins à partir de 1800 (1).

Ce comique, comme tous les autres éléments du mélodrame, est de basse qualité ; nous ne parlons ici, bien entendu, que du comique volontaire, car bien des tirades qui faisaient frémir le bon public du Directoire, du Consulat ou de l'Empire, nous plongeraient aujourd'hui dans une violente hilarité. Mais en nous bornant aux procédés voulus par les auteurs, nous constatons ici le triomphe le plus incontesté du mélange. La formule en a été dégagée en excellents termes par M. Ginisty (2) : « Le traître persécutera sa victime, celle-ci souffrira jusqu'au moment où, son infortune étant au comble, l'honnête homme arrivera opportunément pour la délivrer, et tirer de son ennemi une vengeance exemplaire, assisté du comique qui se rangera traditionnellement du côté des opprimés. » Ici rien de commun avec les demi-teintes de La Chaussée ou les comédies tempérées de Sedaine ; l'opposition est plus tranchée encore que dans l'opéra-comique. Assurément la partie bouffonne de ces ouvrages est fort vulgaire ; parfois on y rencontre un type original, tel par exemple l'aventurier français Raymond, joyeux et débrouillard ; dans *la Reine de Babylone* (1819), il sauve le vizir Giafar et son épouse, la belle Zaïda, sœur du calife Haroun-al-Raschid, des

(1) Dans *Victor ou l'Enfant de la Forêt* (1798) le comique est absent.
(2) Ginisty. *Le Mélodrame*, Paris, 1911.
Voir aussi sur cette question qui a suscité toute une littérature : Hartog. *Guilbert de Pixérécourt* (1912) ; Van Bellen. *Les Origines du Mélodrame*, Utrecht, 1927.

persécutions que celui-ci leur fait subir, aveuglé par la préoccupation d'écarter du trône la famille des Barmécides et par les calomnies du chef des Eunuques, Isouf. Au début de la pièce, nous entendons Raymond chanter aux Muets, pour les exciter au travail :

Je ris tout bas de votre Mahomet ;
Que le prophète ici me le pardonne :
Mais aux plaisirs que la loi vous promet,
Moi je préfère un baiser qu'on me donne.

et Haroun-al-Raschid, bon prince, entend sans se fâcher le troisième couplet de cette chanson :

Ah ! si j'étais maître de ce séjour
Du vrai bonheur prenant la route sûre,
Je bannirais Mahomet de ma cour,
Pour y fixer à jamais Epicure.

Notons que dans sa préface Pixérécourt se targue de la plus grande exactitude historique et géographique, et reproche vivement à La Harpe d'y avoir manqué dans ses *Barmécides*. Plus loin Raymond, grâce à ses chansons, ses pitreries et ses cabrioles, fait échapper les deux époux et leur petit Naêr, âgé de cinq ans, au terrible danger qui les menace, ce qui ne l'empêche pas, le moment venu, d'employer le style le plus noble : « Maudit, s'écrie-t-il, soit le despote cruel dont le caprice inhumain, bouleversant les lois éternelles de la raison et de la nature, ravit à cet infortuné tout le charme attaché aux titres sacrés d'époux et de père ! »

Le plus souvent les rôles comiques sont moins relevés ; c'est parfois un vieux caporal, un juif, un bandit, mais plus fréquemment un valet poltron, un Gascon bavard, tous personnages désignés sous le nom générique de *niais*, et destinés à faire rire le public par leur ahurissement, leur sottise, leur hâblerie ou leur jargon. Ces niais étaient souvent joués par Corsse, l'inimitable créateur de *Madame Angot*. Le jargon était un moyen infaillible de faire rire le public bon enfant qui applaudissait ces productions; voici un exemple du dialogue échangé, dans le *Christophe Colomb* de Pixérécourt, entre un indigène de l'île Guanakani et un paysan portugais, qui patoise à la manière d'un Normand de comédie, tandis que son interlocuteur parle, nous assure-t-on, le plus pur idiome des Antilles :

INIGO. — Il faut que je profitions de l'instant où c'qu'y gnia personne dedans. Ce doit être drôle tout plein.

(*Il ouvre la première cabane, à droite, un sauvage, Kerebeck, en sort.*)

KEREBECK. — Mabouica.

INIGO. — Ah ! mon Dieu, quelle vilaine figure !

KEREBECK (*s'avançant à mesure qu'Inigo recule*). — Kerebeck, mabouica.

INIGO. — Qu'est-ce que ça veut dire ?

(*En se retournant pour fuir, il se trouve nez à nez avec un autre sauvage, Oranko.*)

ORANKO (*frappant sur l'épaule*). — Catabou.

INIGO. — Encore un autre. Ça ne finira pas. (*En voulant éviter Oranko, il rencontre un troisième sauvage à droite.*)

UN SAUVAGE. — Kata boyen tibouejète.

INIGO. — Quel baragouin !

ORANKO. — Cate biti.

INIGO. — Où diable m'ai-je fourré ?

LE SAUVAGE. — Alla sabi à tabou.

INIGO. — J' n'ons pas une goutte de sang dans les veines.

ORANKO. — Catabou ibanoualé ?

INIGO. — I'm'prennent peut-être pour un ennemi, j'vas leur dire que non. (*Il fait un signe de tête.*)

ORANKO ET LES SAUVAGES (*en colère*). — Oua.

INIGO. — Y's'fâchent. J'm'ai trompé.

ORANKO. — Mééra Ka tibanao ?

INIGO (*faisant un signe de tête*). — Oui, oui.

UN SAUVAGE. — Nignebemali.

INIGO. — Ça les fâche encore.

KEREBECK. — Acharamouni...

Les auteurs anonymes du *Traité du Mélodrame* (1), jeunes romantiques empressés à jeter le ridicule sur un genre où l'on

(1) Ce petit traité, paru en 1817, est signé des trois initiales A. A. A., représentant en réalité André Malitourne, Ader et Abel Hugo.

pouvait voir un devancier gênant des tentatives nouvelles, définissent ainsi le rôle du niais : « Un niais est aussi nécessaire au mélodrame qu'un tyran est indispensable. Tous les rhéteurs ont reconnu que l'imitation plus ou moins parfaite de la nature rend un ouvrage plus ou moins parfait. Une vérité si généralement reconnue qu'elle pourrait passer pour un axiome, c'est que la nature est bien plus féconde en niais qu'en héros. Or donc, nous mettons en fait et nous articulons que dans un mélodrame, miroir fidèle du monde, il faut des niais et des héros. Nous avancerons un autre principe également reconnu : les plus grandes beautés naissent des contrastes. *Ergo*, plus un niais sera niais, plus un héros sera héros ; ce qui paraît n'avoir pas été assez senti des premiers mélodramaturges.

« L'ignorance, la bêtise et l'orgueil, voilà le tempérament du niais ; quolibets, calembours, pointes, jurons, naïveté, voilà les éléments de sa conversation. Quand il est seul, il doit être gourmand et poltron, quand il n'est pas seul, et ne mange pas, il est philosophe et partant bavard. Il relèvera tous les calembours que peuvent fournir les discours du tyran ; il fera des pointes sur chaque phrase de sentiment, et répondra par une bêtise à toutes les questions. Pour donner de l'énergie à sa diction, il la piquera de quelques petits jurons anodins, tels que « mille bombes ! » s'il est militaire, et « sape jeu » s'il ne l'est pas. Le goddem anglais doit être banni de la scène française ; laissons à Dieu le soin de damner nos voisins d'outre-mer ; ne les imitons pas. »

Il ne s'agit pas ici de pièces isolées, représentant des tentatives exceptionnelles et peu appréciées du public. M. Van Bellen a relevé environ trois cents mélodrames entre 1790 et 1820 ; chacun était représenté pendant très longtemps ; une série de deux cents représentations seulement était considérée comme un échec. Pixérécourt à lui seul se vante d'avoir atteint, avec ses cent vingt mélodrames, le total de trente mille représentations tant à Paris qu'en province. Il y avait donc bien entente parfaite entre les auteurs et le public ; le mélange du tragique et du comique, s'il continuait à choquer les préjugés des critiques professionnels, semblait bien répondre aux besoins de la masse. Si l'on rapproche ce succès étourdissant du feuilleton fameux où Geoffroy annonçait que le jour où le mélodrame serait écrit en vers, il tuerait la tragédie agonisante, on voit sans peine par quel enchaînement de circonstances le grand drame romantique a trouvé dans ce genre dédaigné un précurseur involontaire, que l'on ne manquera pas de répudier plus tard.

Entre la Révolution et l'avènement du théâtre romantique, la scène même de la Comédie-Française voit s'effectuer divers efforts pour faire admettre à son public si traditionaliste cette opposition de tons, que les spectateurs moins encombrés de préjugés applaudissaient dans le mélodrame. Des pièces comme les comédies historiques d'Alexandre Duval : *Edouard en Ecosse* (1802) et *la Jeunesse de Henri V* (1806), qui obtinrent un succès réel, renferment un étroit mélange de situations pathétiques et plaisantes ; elles continuent la chaîne qui part de Collé, avec *la Partie de Chasse de Henri IV*, pour aboutir à Scribe, avec *le Verre d'Eau* ou à Alexandre Dumas, avec *les Demoiselles de Saint-Cyr*. Les pièces de Népomucène Lemercier, dans sa première manière, alors qu'il n'était pas encore converti au pur classicisme, poussent le contraste beaucoup plus loin ; dans *Pinto ou la Journée d'une Conspiration* (1800), nous voyons un personnage agité et plein de verve, cousin germain de Figaro, se mêler à tous les graves intérêts d'un complot où se jouent l'indépendance d'un peuple, le sort d'une dynastie et plusieurs vies humaines. Avec les conversations les plus sérieuses alternent les dialogues hauts en couleur du capitaine Fabricio et du cordelier Santonello(«C'est toi, cafard ? —C'est toi, damné ? ») et les boutades de Pinto (« Fallût-il un cardinal, nous l'aurons, et qu'il y eût deux papes en Europe, nous en aurions un ! »).

Les hardiesses de *Christophe Colomb*, joué à l'Odéon en 1809, étaient plus grandes encore. On y entendait des dialogues singuliers entre Béatrix, femme de Colomb, l'aumônier Salvador, et le médecin Pharmacos :

... Parlons de ce pauvre Christophe,
De mon mari ; sa tête à chaque instant s'échauffe

Sur ce projet maudit d'aller je ne sais où,
Et je crains tout à fait qu'il ne devienne fou.

Pharmacos pense

Que le mal de Colomb ne tient qu'à l'hypocondre
Et que, par l'atrabile un peu trop excité,
Au système des sens l'équilibre est ôté.
Telle décoction, relâchant sa manie,
Abattrait ses vapeurs, qu'il prend pour du génie.

Voilà ce qui désole le plus Béatrix, qui s'écrie :

Dieu daigne préserver
Toute femme qui veut être heureuse en sa vie
De ces gens appelés des hommes de génie !

Au troisième acte, en pleine mer, la révolte gagne l'équipage, et comme Colomb ne veut pas céder, sa vie est menacée :

Bientôt, du haut du pont, lancés par ces coquins,
Ils le feront descendre au pays des requins.

L'acteur chargé du rôle eût préféré, au lieu de *coquins* et *requins*, prononcer les rimes *brigands* et *merlans* ; mais quel que fût le poisson choisi, le public ne le trouva pas de son goût, et accueillit la pièce avec des vociférations. On n'en put donner que onze représentations, et sous la garde des baïonnettes : la première avait été très applaudie, la seconde sifflée, à la troisième il y avait eu un tué et plusieurs blessés. Quant à *Pinto*, il n'avait pas pu aller plus loin que la septième. Il s'agit donc là d'essais isolés et excentriques ; le mélange violent des tons, acclamé par le gros public, ne forçait pas encore la porte des scènes littéraires.

Reprenant la thèse simpliste de Brunetière, pour qui « le drame est anglais, la tragédie est française », un essayiste qui n'a jamais reculé devant les généralisations hasardeuses écrivait récemment : « Le Français, devant les spectacles tragiques, ressent l'introduction du comique comme une profanation : il respecte trop sa propre émotion pour essayer d'y échapper (1). » On voit combien cette assertion est peu confirmée par les faits ; dans la période que nous venons d'examiner le mélange du pathétique et du comique persiste et devient de plus en plus répandu, grâce sans doute à certaines circonstances d'ordre administratif, mais aussi à la complicité du goût général, sans quoi celles-ci n'eussent pas suffi à la faire triompher. De la fin de la période classique à l'aube du romantisme on trouve dans chaque groupe d'une dizaine d'années trois ou quatre pièces importantes, à la Comédie-Française et surtout au Théâtre-Italien, qui entretiennent et encouragent cette tendance. Au début du XIXe siècle, malgré le nombre restreint des théâtres et leur hiérarchie sévèrement établie par l'empereur, les œuvres du genre mixte pullulent et jouissent d'une popularité formidable. La période où la règle de Boileau est strictement appliquée se réduit à moins d'un demi-siècle ; encore un épluchage minutieux du répertoire dramatique de 1680 et 1720 ferait-il peut-être découvrir un certain nombre d'œuvres irrégulières qui réduiraient à presque rien la durée du respect accordé à la distinction des genres. C'est peu que cette courte période, comparée aux années et aux siècles qui, du Moyen Age à nos jours, ont vu, sous une forme ou sous une autre, triompher ce mélange des tons proscrit par les théoriciens classiques, mais à vrai dire moins shakespearien que profondément humain. Du *Mystère d'Adam* jusqu'à la dernière ou la prochaine comédie contemporaine, on trouvera de ces exemples une série presque ininterrompue. Dans cette question de la distinction des genres dramatiques, ce qu'on a pris longtemps pour une loi éternelle de l'esprit humain apparaît, à la lumière des faits, comme un besoin artificiel créé par les lettrés et qui s'oppose à un besoin inné et persistant du public.

(1) L. Reynaud. *Français et Allemands* (1930).

X

TENTATIVES ROMANTIQUES ET CONTRAINTES BOURGEOISES

Si le mélange du tragique et du comique a été pratiqué dans notre théâtre longtemps avant le romantisme, il s'en faut de beaucoup que les drames d'Hugo, de Vigny et de leurs imitateurs aient tenu complètement les promesses de la Préface de *Cromwell*. Il n'y a dans cette réforme qu'une demi-nouveauté et cette demi-nouveauté se résout en un demi-échec. Ce n'est certes point par la juxtaposition du grotesque et du pathétique que les drames de Victor Hugo restés au répertoire se recommandent auprès du public ; quelques-uns en sont tout à fait exempts, dans les autres c'est bien plutôt la familiarité ou la trivialité qui s'opposent aux envolées lyriques, ce qui détourne quelque peu de leur sens primitif les déclarations de la fameuse préface. Assurément, les spectateurs qui assistaient à la première représentation d'*Hernani* furent scandalisés en saluant au passage, dans un alexandrin violemment disloqué, des mots comme « écurie », « armoire », « balai », « toit à porc », ou des vers entiers comme ceux-ci :

> ...Le jeune amant sans barbe à la barbe du vieux...
> .. La tête d'un Silva, vous êtes dégoûté !...

Ils purent sourire aussi lorsque le roi laisse dédaigneusement tomber le titre de Grand d'Espagne sur la tête du seigneur qu'il a autorisé à se couvrir en sa présence ; mais ce n'est pas là du vrai comique. Dans *Marion de Lorme* la note grotesque est plus nettement accentuée : ce sont les pauvres hères engagés dans la troupe des comédiens (Scaramouche, le Gracieux, Taillebras), dont la gaîté contraste avec le deuil du marquis de Nangis, c'est surtout le bouffon l'Angély, qui sont chargés de donner à la théorie shakespearienne une application encore bien timide. Mais Triboulet, quoique bouffon professionnel, ne nous fait pas rire : ici le grotesque verse nettement dans le sinistre ; dans *le Roi s'amuse*, les rares apparitions du comique sont surtout des effets de style, bravades volontaires de Victor Hugo qui furent, à la première représentation, soulignées par des rires ou des sifflets :

> Je vois que vous aimez d'un amour épuré
> Quelque auguste Toinon, maîtresse d'un curé.
> ... Monsieur vous avez l'air tout encharibоté !...
> ... Cinq ou six, c'est toute une écurie,
> C'est une académie, une ménagerie (1).

Ce comique de bravade n'est pas absent de *Ruy Blas* : lorsque Hugo fait dire à Casilda : « Ce bois de calembour est exquis », il semble vouloir provoquer le public en l'invitant à faire sur le mot même... un calembour. Il s'attendait certainement aussi à des protestations en montrant l'aigle impérial qui

> Cuit, pauvre oiseau plumé, dans sa marmite infâme.

Mais ici du moins le rôle de Don César, par son importance et par son contraste continuel avec celui de Don Salluste, répond bien à la conception théorique du poète ; si les effets en sont inégalement heureux, on peut pardonner à quelques lourdes plaisanteries du quatrième acte en faveur des répliques insolentes et des couplets humoristiques de grand style qui remplissent toute la grande scène du premier entre les deux cousins. C'est d'ailleurs un exemple unique chez Victor Hugo. Il aban-

(1) Cf. H. Lyonnet. *Les Premières de Victor Hugo*, 1930.

donnera de plus en plus le comique, qui disparaît à peu près complètement de ses drames en prose et n'a plus la moindre place dans *les Burgraves*, où le ton est constamment épique ; à peine est-on tenté de sourire lorsque Job adresse à son fils octogénaire cette verte réplique : « Jeune homme ! taisez-vous !» Il y a là certainement plus de grandeur que de force comique.

Il n'y a pas lieu d'insister sur une tentative isolée comme celle d'Henri de la Touche dans *la Reine d'Espagne*, où des scènes bouffonnes et pleines de sous-entendus très osés développent un sujet particulièrement scabreux ; on sait que cette œuvre malchanceuse provoqua les protestations indignées du public et n'obtint qu'une seule représentation. On ne s'étonnera pas non plus que le comique soit absent du théâtre d'un homme aussi grave et aussi foncièrement sérieux que Vigny. A peine, en cherchant bien, pourrait-on découvrir quelques traces, non point de bouffonnerie, mais de familiarité souriante, dans les conversations de gens du peuple et de bourgeois reproduites au second acte de *la Maréchale d'Ancre* ; mais personne n'a songé à trouver de quoi rire dans *Chatterton*, où John Bell peut paraître odieux, mais non point plaisant.

Seul Alexandre Dumas maintient la tradition, qu'il n'a pas à vrai dire empruntée à la Préface de *Cromwell*, mais simplement héritée du mélodrame (1) ; encore n'est-ce point dans *Antony*, où tout est pris au sérieux et même au tragique, mais dans ses drames historiques, où toujours quelque bouffon, truand, élégant débauché, assassin jovial ou serviteur niais viennent, à la façon des personnages de Pixérécourt, égayer une intrigue ténébreuse : dans *Henry III et sa cour*, c'est Joyeuse qui anime de sa verve saine et robuste la sombre aventure de la Duchesse et du malheureux Saint-Mégrin ; dans *Caligula*, c'est le tableau quasi parodique des propos échangés par les élégants de Rome chez leur barbier *Bibulus tonsor* ; dans *Catilina*, ce sont les

(1) « Le théâtre est avant tout chose de fantaisie ; je ne comprends pas qu'on l'emprisonne dans un système. » (Préface de *Charles VII chez ses grands vassaux*. »

anachronismes du jeune Cicada criant : « Ohé les sénateurs, ohé ! » ou du pédagogue qui déclare : « Allons, la dixième heure est criée ; assez de récréation comme cela. Formez-vous deux par deux et rentrons à la maison. » Les horreurs de *la Tour de Nesle* s'entremêlent de propos populaires qui ne manquent ni de truculence, ni de saveur narquoise ; c'est ainsi qu'un brave sujet de Louis le Hutin s'écrie : « Nous voilà toujours fixés sur un point, c'est que le premier ministre sera pendu... Le Roi avait promis de faire quelque chose pour son peuple. » Mais toutes ces facéties, qui semblaient alors recouvertes d'un certain vernis littéraire, nous paraissent à distance former la transition la plus homogène et la plus naturelle entre le mélodrame du boulevard et le drame de cape et d'épée à la manière de Paul Féval ou de d'Ennery (1).

Le seul auteur romantique qui soit un véritable écrivain, un véritable poète, et qui ait réalisé la fusion shakespearienne du tragique et du bouffon, c'est Musset ; chez lui cette fusion s'opère non seulement dans un même drame, mais parfois dans un même personnage. Tantôt c'est la sottise du juge Claudio qui contraste avec les tragiques amours de Marianne, d'Octave et de Celio, tantôt ce sont des conversations populaires, d'une bien autre saveur que celles de la *Maréchale d'Ancre* qui, dans *Lorenzaccio*, forment une toile de fond à l'étude psychologique de Laurent de Médicis sur laquelle se concentrent les regards du spectateur. Quelle opposition plus dramatique que celle de Blazins, Bridaine et Dame Pluche, caricatures inoubliables, avec les tragiques amours de Camille et Perdican ! Quel mélange plus shakespearien, plus romantique et plus humain aussi que celui dont est formé Fantasio, avec sa philosophie blasée, ses continuelles aspirations à l'évasion, son goût de la mystification énorme ! Mais ce même mélange, que nous retrouvons, tout aussi varié, hardi et délicat dans ses comédies modernes n'est considéré, durant la période proprement romantique, que comme un exercice littéraire sans

(1) Cf. H. Parigot. *Le théâtre d'Alexandre Dumas*, 1899.

portée scénique ; jusque vers 1850 le théâtre de Musset est regardé comme injouable, c'est après sa mort seulement, et à un moment où la lutte entre classiques et romantiques peut être considérée comme terminée, que ses pièces les plus caractéristiques seront enfin représentées.

Assurément il restera des traces, et fort importantes, des revendications romantiques ; nous constaterons bientôt qu'à partir du milieu du siècle on ne rencontrera plus guère de comédies sérieuses ou même pathétiques qui ne soient comiques par quelque côté ; mais l'influence aura été indirecte, diffuse et à retardement. Ce qui est hors de doute, c'est que les romantiques, attachés surtout à faire dévier la tragédie vers le drame, n'ont pas créé une forme de comédie qui leur appartînt et qui constituât une véritable innovation. Peut-être auraient-ils pu y trouver une arme de combat qui n'eût pas été négligeable, mais ils ne paraissent pas s'en être souciés, sauf Musset que la liberté de son esprit primesautier et rebelle aux disputes d'écoles place au-dessus de la mêlée. Les chefs de la nouvelle secte littéraire semblent abandonner sans combat le champ de la comédie aux vieux classiques, aux confectionneurs de vaudevilles et aux virtuoses de l'intrigue, dont Scribe est le chef de file. Les comédies historiques d'Alexandre Dumas ne diffèrent que bien peu par leur technique de celles d'Alexandre Duval, de Scribe ou de Casimir Delavigne. Quant aux comédies modernes, en dehors des trois ou quatre de Musset appartenant au genre tempéré, et dont *Il ne faut jurer de rien* (1) est le chef-d'œuvre, elles vont rester pendant cinquante ans traditionnelles dans leur forme, et bourgeoises dans leur esprit.

Il y a là un phénomène de stagnation presque unique dans l'histoire de notre théâtre, et caractérisé par une décadence du comique de mœurs et de caractères qui équivaut presque à

(1) *On ne badine pas avec l'amour* est assurément d'une tout autre puissance, et d'un caractère romantique beaucoup plus accusé ; aussi avons-nous classé ce chef-d'oeuvre parmi les drames, et non parmi les comédies.

une disparition momentanée. Le répertoire très abondant destiné à faire rire les spectateurs bourgeois pendant toute la première moitié du XIXe siècle n'a pas laissé une œuvre qui supporte aujourd'hui la représentation. Il est marqué dans son ensemble par un manque de vigueur, une timidité, une platitude, par quelque chose de fané, de figé, de glacé, qui contraste avec la vicacité et la fraîcheur qu'ont gardées les œuvres de Musset, et d'autres beaucoup plus anciennes, comme celles de Beaumarchais, de Marivaux, de Regnard ou de Molière.

Avant de décrire les aspects divers et, hélas! bien monotones, sous lesquels s'affirme cette exceptionnelle faiblesse, il est bon d'en rechercher les causes ; cet examen extérieur est même plus instructif que l'étude intrinsèque d'un répertoire qui se caractérise le plus souvent par le vide et la nullité. Tout d'abord, la forme adoptée par la plupart des auteurs postclassiques est pour quelque chose dans la décrépitude dont leurs œuvres nous paraissent aujourd'hui frappées. Beaucoup se croient encore tenus d'écrire des comédies en cinq actes et en vers ; sous le Directoire, l'Empire et le début de la Restauration, la Comédie-Française, enchaînée au vieux répertoire qui a fourni à ses plus illustres interprètes leurs plus grands succès, tient essentiellement à ce vers prosaïque, que les auteurs du XVIIIe siècle relevaient encore de quelque grâce ou de quelque verve, mais qui se trouve de plus en plus en désaccord avec la vie moderne que la comédie prétend représenter et avec les conceptions nouvelles de la poésie introduites par le romantisme. Ces épîtres dialoguées en vers monotones et plats, où tout terme précis, réaliste et vigoureux semble une infraction aux lois du genre, où triomphent la rime laborieuse, la cheville et les inversions ridicules, vont se perpétuer jusque vers 1870, ôtant à la comédie tout aspect de vérité. De Collin d'Harleville, Andrieux et de Picard jusqu'à Camille Doucet, en passant par Casimir Delavigne, Ponsard et Emile Augier, on ne conçoit aucun changement possible dans cette forme usée et périmée, bien faite pour paralyser toute tentative de rénovation dans le sens du réel et du coloré.

Un personnage de Picard dit, dans *Médiocre et rampant* (1797) :

> Ecoutez, je voudrais une fortune sûre ;
> Tâchez de me lancer dans quelque fourniture.

et un autre :

> Je l'ai fait recevoir expéditionnaire
> Dans mon premier bureau ; pour me récompenser,
> Voilà qu'il me renvoie, et cela pour placer
> Je ne sais quel parent de Michel, domestique
> Du ministre nouveau.

De la Ville de Mirmont dans *le Folliculaire* (1820) accumule d'admirables inversions :

> Qu'en province du goût on vous nomme interprètes,
> Passe ; on y croit encore aux arrêts des gazettes.
> Mais ici nous savons à quoi nous en tenir ;
> A nous en faire accroire on ne peut parvenir.

Ponsard fera tout aussi bien dans ce genre :

> Notre ami, possesseur d'une papeterie,
> A fait, avec succès, appel à l'industrie.
>
> (*L'Honneur et l'Argent*, 1853.)

de même Augier dans *Gabrielle* (1849) :

> C'est donc un parti pris dont tu ne peux démordre
> De me déranger tout pour y mettre de l'ordre ;
> Ma mère avait aussi cette démangeaison
> De serrer mes effets lorsque j'étais garçon.

Quant à Camille Doucet, s'il n'a jamais écrit le fameux vers dont on l'accuse :

> Va, mon fils, de chemin suis ton petit bonhomme.

il a du moins commis ces inversions ridicules :

> D'un bal qu'elle donnait, tu l'as vue alarmée ,
> D'en donner tout l'hiver elle sera charmée,
> De danser avec toi le premier j'ai l'espoir.
>
> (*Le fruit défendu*, 1857.)

et le prodigieux monologue qui ouvre *les Ennemis de la Maison* (1852).

> « Etoile de ma vie ! idole de mon âme
> Chère Adèle ! » Le Comte est l'amant de ma femme !
> C'est lui, bien sûr. Au fait, pour quelle autre raison
> Vivrait-il du matin au soir dans ma maison ;
> Il ne se cache pas pour entrer... au contraire.
> A moins de m'avertir, il ne pourrait mieux faire.
> Fou que je suis ! Jadis M. de Saint-Remy
> N'était que mon client ! j'en ai fait mon ami ;
> Du lion à la mode au lieu de prendre ombrage,
> J'ai moi-même enfermé le lion dans ma cage !

Un genre littéraire empêtré dans de pareilles traditions d'expression se condamne lui-même à tourner toujours le dos à la vérité.

La prose, dans ces pièces, est à peine meilleure : les personnages de la comédie vont, pendant plus d'un demi-siècle, s'exprimer dans ce langage terne et flasque, lourd et impropre qui paraîtrait devoir être réservé aux rapports administratifs et aux communiqués officiels. Il arrivera parfois au vaudeville de donner une transcription réaliste assez savoureuse de dialogues échangés entre gens du peuple ou petits bourgeois, mais la comédie, surtout au Théâtre-Français, se croira tenue d'employer un style guindé, empesé, endimanché, symbole de la bourgeoisie qu'elle représente, dont elle émane et qu'elle veut distraire. C'est que la bourgeoisie qui vient d'accéder au pouvoir se prend, et veut être prise au sérieux : engoncé dans un énorme faux col, le visage glabre et le front ridé d'un pli austère, affirmant son inaltérable gravité par le noir de sa redingote et de sa cravate, le bourgeois monte la garde autour du théâtre, sanctuaire de ses plaisirs avouables, qu'il veut distingué et édifiant. Aussi le style de la comédie ne sera-t-il souillé par aucune des audaces romantiques qui déshonorent ces drames excentriques où les jeunes fous vont faire le brouhaha ; on y parlera un mauvais français, mais un français plein de dignité, où fourmilleront les mots abstraits et vagues, les métaphores usées et les locutions douteuses. Nulle part autant que dans la comédie de Scribe et de ses émules ne fleurissent « de suite » pour

« tout de suite », « excessivement » pour « extrêmement », ou l'inévitable « dans ce but » dont on aurait tort d'attribuer la responsabilité à l'époque contemporaine.

Les fournisseurs de la bourgeoisie savent fort bien quel langage il faut lui servir. S'ils se hasardent à faire parler un grand seigneur, le résultat est parfois bouffon : on voit dans une pièce du temps un comte désigner la femme qu'il vient de perdre par les mots de « feu mon épouse ». Mais peu importe, pourvu que les bourgeois parlent sur la scène comme ils ambitionnent de parler dans la réalité et comme ils y réussissent quelquefois dans les grandes circonstances. Rien ici de la désinvolture aristocratique de l'ancien régime ; rien non plus de l'exubérance romantique ou de l'écriture artiste qui pourraient idéaliser des personnages moyens en stylisant leurs paroles et en créant autour d'eux une atmosphère d'élégance, d'héroïsme ou de fantaisie. On peut se permettre de telles incartades dans la poésie ou le roman ; le lecteur est libre de jeter loin de lui le livre où la tradition et le bon sens ne sont plus respectés. Mais au théâtre le public se révolterait si l'on prétendait lui imposer l'esthétique prônée par Gautier dans la préface de *Mademoiselle de Maupin*. Ce qu'il veut, c'est le style éminemment bourgeois, aujourd'hui vieilli jusqu'au ridicule, qui fleurit dans maints discours politiques, de Royer-Collard à Jules Favre et dans les innombrables romans « à l'usage des jeunes personnes » que le *Journal des Demoiselles* a publiés depuis sa fondation, et dont la formule n'est pas encore perdue.

Un des plus remarquables échantillons de cette prose se trouve dès le début du siècle dans *la Maison du Marais* d'Alexandre Duval. Voici en quels termes un des personnages décrit la maison telle qu'il l'a quittée et telle qu'il la retrouve :

> Il est encore présent à ma mémoire ce tableau d'une famille réunie par le travail et par les mœurs. (*Désignant une place.*) Là, je lisais l'*Emile* pour l'avantage de ma fille. Assise près de moi une épouse tendre, fidèle, économe, s'occupait de quelques ouvrages de mère ; plus loin, ma fille, simple, douce, modeste, fixait sur la toile ou la fleur fraîche éclose ou les traits de l'enfance. Henri, près d'une sphère, cherchait avec l'ardeur du génie la marche du soleil ou le mouvement des astres... Tout, jusqu'aux portraits de mes vieux

et respectables parents, tout, jusqu'aux meubles antiques, héritage de mes pères, parlait à mon âme, l'enchaînait en ces lieux, offrait en même temps à mes pensées le souvenir des vertus de mes aïeux, les plaisirs du présent, et les espérances trompées d'un avenir plus enchanteur encore.

... Qu'ai-je vu en rentrant dans ce séjour ? le faste, le luxe désordonné de vos Plutus modernes, la paresse, la confusion et le désordre au dedans. Qu'ai-je entendu ? du bruit, des éclats indécents. Quels convives ont frappé mes regards ? des hommes connus par leurs folies ; des femmes dont plusieurs sont plus célèbres par leur beauté que par leurs vertus. Qui commandait dans cette maison ? un jeune homme inconnu, étranger, moins criminel que la mère de famille assez faible pour céder à ses conseils ? Où est cette jeune fille, la gloire et l'honneur de son père ? Où est-elle, celle dont les vêtements conformes aux discours, annonçaient l'innocence de son âme ou la candeur de son âge ? dois-je la reconnaître sous les habits d'une prêtresse de Cythère ? d'une bacchante à l'œil hardi, à la démarche assurée ? J'entends sa voix, elle parle : mais c'est pour décocher avec légèreté les traits méchants de l'épigramme ; c'est pour déchirer celle dont quelques instants auparavant, elle flattait l'amour-propre par des louanges trompeuses. Que vois-je enfin autour de moi ? luxe, folles dépenses, fausseté, désordre, perfidie ; tout, tout est mensonge ici, rien n'est vrai que ma douleur. Adieu !

A la fin de la période qui nous occupe, ce genre de style n'a pas cessé de plaire, témoin la fameuse tirade de Desgenais dans *les Filles de Marbre*, de Théodore Barrière et Lambert Thiboust :

Ah, si j'étais père de famille... je le serai peut-être un jour, on ne sait pas ce qui peut arriver... je dirais à mon fils, naïf collégien très fort en thème : « Tu vois bien ces demoiselles qui ont des diamants, ce sont des diables, elles ont des cornes... on ne les voit pas, mais elles en ont... ces petits ongles roses, ce sont des griffes, elles vous ruinent la bourse et le cœur, après quoi elles vous conduisent en enfer par le chemin de Clichy. » Voilà ce que je lui dirais, à mon fils. Ça ne l'empêcherait pas de faire des bêtises pour le diable, mais j'en aurais le cœur net... j'aurais jeté mon cri d'honnête homme.. Sapristi, voilà assez longtemps que cela dure ! Allons, mesdemoiselles, passons à l'ombre, rangez un peu vos voitures ! place aux honnêtes femmes qui vont à pied !

ou encore ce petit sermon extrait de la pièce : *le Cœur et la Dot*, de Félicien Mallefille (1852) et qui porte bien aussi la marque du temps :

Nous, les pères et les mères, nous faisons publiquement trafic de notre chair et de notre sang. J'entends dire qu'on mène les jeunes filles dans le monde ; c'est au marché qu'on les conduit. On les expose, pauvres brebis sans tache, dans les foires matrimoniales, en guettant de l'œil les acheteurs. On met leur jeunesse à l'encan. C'est au plus offrant ! Qui en veut ? — Moi. — Combien ? — Vingt mille francs. — Et vous ? — Cent mille. — Adjugé. — Et voilà une femme livrée pour toujours on ne sait à qui ! la voilà forcée d'aimer un homme qu'elle ne connaît pas, la plupart du temps las de la vie, quand elle en est impatiente ; qui répond à la gaîté par l'ennui, à l'enthousiasme par le scepticisme, à la passion par l'indifférence ; qui n'a que des cendres froides pour ce feu qui s'allume ; qui fait une fin comme l'on dit, quand elle commence ! Et l'on viendra s'étonner ensuite de voir les mœurs se corrompre et la sainte chasteté déserter le foyer domestique ! Est-ce donc ainsi qu'on prépare les jeunes filles à devenir d'honnêtes femmes ? Esprits naïfs, mais tendres, elles espèrent, elles attendent l'amour : et l'amour où le trouver ? Exilé des ménages, il erre, comme un vagabond, dans la rue où on l'a mis. Puis, un beau jour, il entre par la fenêtre, dans la maison dont on lui a fermé la porte. On s'est occupé d'accoupler les fortunes, et non d'assortir les destinées. Résultats : la discorde, le malheur et la honte. A qui la faute, si ce n'est à ceux qui ont fait du mariage une affaire de commerce, à ceux qui ont chassé le vrai Dieu du sanctuaire pour y installer le veau d'or ? Madame, je vous le dis, ce sont là des choses abominables ; et nous ne voudrions, ni vous ni moi, charger notre vieillesse d'une responsabilité qui, tôt ou tard, s'écroule en remords !

A une époque où des morceaux de ce style étaient écoutés sans provoquer même un sourire, il faut bien que le sens du comique se soit singulièrement atténué, ou du moins déplacé.

Si j'ai insisté un peu longuement sur la forme, c'est qu'elle est, dans la production dramatique de ce temps, en parfait accord avec le fond ; ce qui nous paraît empesé, compassé, artificiel et faux dans le dialogue, n'est que l'expression de sentiments qu'on a voulu aussi conventionnels. Tout s'est ligué, pendant un demi-siècle, pour empêcher les auteurs dramatiques de peindre leurs contemporains tels qu'ils étaient : le pouvoir, qui a pour arme la censure, la critique, dont la susceptibilité s'autorise, souvent bien à tort, de la tradition, le public, que le sentiment de sa dignité engage à protester toutes les fois que ses travers les plus marquants, ses défauts les plus essentiels et surtout ses vices les plus soigneusement cachés sont mis en lumière et tournés en ridicule avec quelque hardiesse et quelque vigueur.

On a prétendu parfois que les mœurs étaient, au début du siècle, trop mouvantes et variables, dans la suite trop uniformes et nivelées, pour donner prise à la franche satire. Ainsi Népomucène Lemercier écrivait en 1819 dans son *Cours analytique de Littérature* : « Il semble que Thalie ait à fouiller dans un mouvant chaos, où s'enfantent des êtres informes, variant sans cesse leurs couleurs et leurs attitudes ; les uns se dégageant de la fange originelle, à demi-manants encore, s'éveillent barons et ministres... elle croit saisir un moine, elle attrape un brigadier ;... des tribuns se rengorgent devant elle en nobles seigneurs ; elle aperçoit des bourgeoises se haussant en princesses, des courtisanes refondues en grandes dames, et de véritables hommes et femmes de qualité, qui servent d'écuyers et de dames d'honneur à des Altesses, que dis-je, à des reines parvenues tout étonnées d'elles-mêmes. » Dix-sept ans plus tard, Alexandre Dumas adressait à son époque le reproche contraire : il opposait les castes tranchées de l'ancien régime à « l'égalisation des hommes » qui régnait sous le nouveau : « Les Juifs ont gardé depuis Moïse leurs yeux noirs, leur nez aquilin, et depuis Titus leur amour du commerce. Depuis la Révolution, au contraire, le niveau a passé sur la société : plus d'habits brodés pour les grands seigneurs, plus de robes longues pour les médecins, plus de perruques pour les avocats. Tous portent la redingote ou le frac, déjeunent au même café, dînent au même restaurant, vont au même spectacle. Il résulte de ce nivellement une généralité de mœurs... des nuances au lieu de couleurs. Or ce sont des couleurs qu'il faut au peintre qui rêve de faire des tableaux (1). »

Il ne sied pas d'accorder grande importance à ces griefs contradictoires qui s'annulent ; en réalité, si les peintures comiques de quelque vigueur et de quelque relief manquent à ce moment dans notre théâtre, ce n'est point la faute des mœurs, mais celle du pouvoir, de la critique et du public, qui ne sont disposés ni l'un ni l'autre à laisser passer la satire franche et comique de la société (2). Deux auteurs fort applaudis au début

(1) A. Dumas. *Souvenirs dramatiques*, I, 68 (1868).

(2) Sur cette période on trouvera d'abondants et curieux renseignements dans les deux ouvrages suivants, auxquels nous faisons de fréquents emprunts : L. Allard, *la Comédie de Mœurs en France au XIXe siècle*, 1923, t. I, *De Picard à Scribe*. Ch. M. Des Granges, *la Comédie de Mœurs sous la Révolution et la Monarchie de juillet* (1815-1848), Paris, 1904. La tendre indulgence que témoignent

du siècle, Alexandre Duval et Etienne, nous fournissent à cet égard un témoignage irréfutable. Le premier écrit, dans la préface de *la Jeunesse de Henri V* : « Qu'elle serait originale, la comédie où l'on pourrait voir un ancien républicain passer tout à coup du rang honorable de bon bourgeois à celui de comte ou de duc ! Qu'il serait comique le moment où ces grands patriotes, jadis persécuteurs de la classe privilégiée, essaieraient d'accorder leurs anciens principes avec les nouveaux ! Quel rire ne provoquerait pas le farouche tribun du peuple, à l'instant où, cherchant à se barioler de croix et de rubans, il retrouverait un ancien bonnet rouge ! Quelle situation piquante que celle de ses amis qui, ne sachant de quel ton lui parler, apprennent de sa bouche le genre d'étiquette qu'ils doivent adopter avec lui ! Je ne finirais pas s'il me fallait creuser cette mine féconde de comique et de ridicule, que j'ai vue à découvert, mais qu'il ne m'a pas été permis d'aborder. Oh ! combien je regrette que la comédie qui pourtant devrait être la peinture des mœurs, n'ait pu offrir à la société que le tableau des sottes vanités et des contradictions qui ont existé parmi les hommes de mon temps ! mais il est arrivé, ce moment où la satire est une calomnie, où la comédie devient un crime punissable dès qu'elle poursuit les ridicules et les vices modernes. Quels sont les auteurs qui oseraient parler de la noblesse et des faux dévots comme Molière ?

« Ah ! si à l'instant où la nouvelle noblesse est sortie toute caparaçonnée du cerveau d'un Jupiter, la comédie et la satire avaient pu user de leurs droits, il en fût résulté, je crois, un grand bien pour la société. »

Mais Jupiter ne tolérait point qu'on se moquât de son entourage : « La comédie, écrit Etienne en parlant du théâtre de l'Empire, fut moins heureuse que la tragédie ; les modèles étaient nombreux ; et si les tableaux furent rares, ce n'est peut-être pas la faute des peintres. Quelle abondante moisson pour

MM. Allard et Des Granges pour le misérable répertoire qu'ils étudient appelle souvent de sérieuses réserves, mais leur documentation est excellente.

Thalie que ce contraste de deux noblesses qui s'empressaient à l'envi de faire leur cour au maître ; que ces hommes des temps nouveaux qui, n'ayant d'autre illustration, d'autres habitudes que celles des camps, affectaient gauchement les belles manières et les traditions élégantes de la vieille cour ! Mais les courtisans de Napoléon étaient trop nouveaux pour qu'il abandonnât leurs ridicules aux libertés de la scène. Sur le trône de Louis XIV, il les eût livrés à Molière; sur un trône à peine fondé, il avait besoin d'eux comme ils avaient besoin de lui. Il se bornait à s'en amuser seul ; c'était une comédie qu'il se réservait ; il ne pouvait pas permettre que c'en fût une pour les autres (1). »

Des exemples précis viennent confirmer ces assertions générales. Les exigences de la censure sous l'Empire nous paraissent aujourd'hui d'une franche bouffonnerie; on interdit une pièce intitulée *Adrienne et Maurice* où, comme plus tard dans la comédie de Scribe et Legouvé, il s'agit des amours de Maurice de Saxe et d'Adrienne Lecouvreur : on ne saurait en effet tolérer un ouvrage qui « présente un héros illustre aux pieds d'une courtisane », et « devenu le jouet d'une passion peu honorable ». Dans une autre pièce où l'on voyait un général promu maréchal de l'Empire, la censure jugea que cette dignité, de création nouvelle, se trouverait compromise si elle était représentée par un acteur « dans un rôle qui n'est pas même conforme à une exacte morale » ; le maréchal devint un simple militaire sans désignation de grade et sans promotion. Ailleurs un auteur avait mis en scène différents personnages : un poète, une lingère et un procureur qui tout d'abord mécontents du régime, s'en montraient tout à fait satisfaits à la fin de la pièce ; cette platitude dans l'optimisme ne sauva pas l'ouvrage : « Il est choquant, lit-on dans le rapport, de juger de la prospérité d'un empire sur l'opinion d'aussi piètres personnages, et ce fond vicieux n'a produit que des détails équivoques, dont la mal-

(1) Etienne. *Œuvres complètes*, V, 226 (1851-1853).

veillance abuserait facilement. » Ici deux vers prononcés par une soubrette :

Tout ce que Madame porte
Semble fait exprès pour moi.

sont biffés comme revêtant une allure démagogique. Là on supprime cette phrase : « On voit beaucoup de jaune aux Tuileries », comme pouvant être mal interprétée. Un valet nommé Dubois devra s'appeler Derbois, car Dubois est le nom du préfet de police. Dans *le Mari ambitieux*, de Picard, on n'ose préciser le poste que brigue le personnage principal, de peur d'indisposer une catégorie de fonctionnaires.

Sous la Restauration, la censure ne montre pas plus de libéralisme. Bayard doit transformer *le Mari d'une Dévote* en *Mari à la campagne*, pour ne point offenser la religion. Une comédie intitulée *le Sous-Préfet*, devient *le Pamphlet ou l'Adjoint dans l'embarras. La Main droite et la Main gauche* de Léon Gozlan doit émigrer d'Angleterre en Suède, par crainte d'offenser la reine Victoria. Casimir Bonjour a rapporté avec beaucoup d'esprit, sous le titre de *Dialogue entre un Vandale poli et Moi*, sa conversation avec un des hauts personnages qui présidaient à la surveillance des théâtres ; dans ce dialogue, qu'il affirme authentique, le malheureux auteur s'entend dire que « Molière est un libéral dont on ne laisserait pas jouer les pièces aujourd'hui ». On lui impose de ne faire figurer dans sa comédie ni marquis, ni comte, ni baron, ni chevalier. Il doit biffer le vers :

Je prétends devenir l'ami de votre époux.

parce qu'il serait sifflé comme indécent, et cet autre

Je ne méprise, moi, que ceux qui ne font rien.

parce qu'il serait trop applaudi ; et comme il essaie de faire appel au sens de la scène que doit posséder son contradicteur, celui-ci répond indigné : « Monsieur, nous avons des mœurs, nous n'allons point au spectacle. » A la fin il éclate et s'écrie : « Avec votre manière de juger, il n'y aura bientôt plus d'art dramatique en France », et le vandale répond en poussant doucement l'auteur dans l'antichambre : « Le grand mal ! Pensez-vous que la société ne puisse pas exister sans théâtre ? » L'auteur alors voit que son avenir est perdu, et déclare renoncer à la carrière dramatique : « Je vous en félicite, termine son interlocuteur en fermant la porte derrière lui, nous aurons un honnête homme de plus et un auteur dramatique de moins (1). » Tout le pharisaïsme de la Restauration s'exprime dans cette scène ; on ne sera pas étonné qu'un autre auteur, Mazères, dans un article intitulé *De la Comédie en France et des Obstacles qu'elle rencontre* (*Revue de Paris*, mai 1829) déclare, comme ses prédécesseurs le faisaient vingt ans auparavant, que « la comédie est partout », mais qu'il n'est pas permis de la mettre sur la scène : « Quand elle jouira des avantages accordés à la presse, elle sera vraiment l'école des mœurs en France. »

Mais la presse elle-même qui devrait, semble-t-il, user de cette liberté pour défendre celle des théâtres, vient au contraire au secours du pouvoir pour juguler toute tentative de vérité et de franchise dans la représentation des mœurs. Elle s'attaque même aux pièces de l'ancien répertoire : on trouve que *la Mère jalouse* de Barthe « a l'inconvénient d'attenter au respect filial dans les jeunes personnes » ; le *Courrier de l'Europe et des Spectacles* déclare en 1804 que « les filous, les escrocs, les chevaliers d'industrie et tous ceux que la loi flétrit, ne sont point des sujets de comédie ». Dans *les Mœurs du Jour* Collin d'Harleville montrait un père disant à son fils : « Vous me manquez, Monsieur », et le fils répondait : « Eh ! je manque de tout, c'est bien pis ! » Lepan dans le *Courrier des Spectacles* écrit à propos de cette insolente réplique : « Que ce soient là nos mœurs actuelles, tant pis ! mais je ne crois pas qu'on doive les retracer

(1) Casimir Bonjour. Préface des *Deux Cousines,* au tome I du *Théâtre*.

dans la comédie. » (1808.) En 1813 Geoffroy écrit, à propos de *Gabrielle de Vergy*, tragédie de de Belloy : « La femme mariée qui a un amant aimé est un personnage qui choque les bienséances théâtrales. » Pour beaucoup de ces vertueux critiques, le théâtre ne devrait représenter que des êtres parfaits, sous peine d'être accusé de corrompre les mœurs. La *Gazette de France* se désole en 1830 qu'après la *Mère coupable* et *Misanthropie et Repentir* on ait aussi présenté « le tableau des femmes mariées dans une situation plus ou moins équivoque » et qu'ainsi *la Mère et la Fille* de Mazères et Empis ait pu paraître en plein théâtre. Le critique voudrait espérer que les auteurs n'ont rien laissé à faire sur ce sujet à leurs successeurs, mais il ajoute : « Sot que je suis ! comme si le public, les auteurs, la force des choses pouvaient jamais dire : assez ! »

Pourtant ce public lui aussi se cabrait devant des audaces qui nous semblent bien anodines aujourd'hui : le répertoire de Molière lui paraît d'une insupportable indécence, les acteurs sont obligés de glisser sur les « mots propres » devant lesquels ne reculait pas notre grand comique ; on affiche pudiquement : *Sganarelle ou le Mari qui se croit trompé*. La censure déclare en 1809 ne pas s'opposer à la reprise des *Trois cousines* de Dancourt, malgré la liberté du langage, « car la pruderie des spectateurs fait une si bonne police des œuvres qu'on leur soumet, qu'on peut bien s'en rapporter à leur vigilance. »

A vrai dire, cette vigilance n'étai tparfois qu'un prétexte à faire du bruit, surtout dans les premières années du XIXe siècle, où l'ébranlement produit dans toutes les classes sociales a bouleversé les traditions et créé un public composite et peu cultivé, dont la turbulence fait le désespoir des auteurs : « En attendant que la toile se lève, lit-on dans un journal de 1803, le parterre crie, siffle, attaque toutes les loges. Pas une dame n'ose s'avancer ; si une laisse passer le bout de son gant, mille cris ; tout est sujet de rumeurs, et l'on est toujours dégoûté du spectacle un quart d'heure avant qu'il ait commencé. » « Le scandale des premières représentations va toujours croissant, écrit un autre journaliste ». « L'intérêt du spectacle, dit un troisième, n'est plus dans la pièce, mais dans les fluctuations d'une représentation orageuse. » Dix ans plus tard un critique demande que « MM. les courtauds de boutique, les clercs de notaire, de procureur et d'huissier, les apprentis grammairiens du lycée, les croque-notes du conservatoire, toutes autorités respectables en littérature, veuillent bien être moins sévères dans leurs proscriptions ».

Singulier public qui délaisse Molière, applaudit à tout rompre les passages frondeurs du *Mariage de Figaro*, proteste contre les coupures qu'on veut y pratiquer, mais n'accepterait pas une pièce analogue écrite de la veille. Un marivaudage aussi inoffensif que *le Roman d'une heure* d'Hoffmann provoque, en 1803, un véritable tumulte, par les indécences qu'on veut y découvrir. En 1808 une pièce de Planard, *l'Epouseur de vieilles Femmes ou le Coureur de vieilles Filles* soulève une tempête ; le *Mémorial Dramatique* déclare que « les jeunes gens sont féconds en sentiments ingénus et délicats... il faut plaindre celui qui les a perdus en entrant dans le monde ; il faut marquer du sceau de la réprobation celui qui ose publier la dépravation de ses mœurs » et il félicite le public d'avoir accablé de ses huées cette pièce, qui n'annonce que de très loin *le Sexe faible.*

Lorsque les connaisseurs dispersés par l'émigration sont rentrés en France et qu'ils ont reformé un public plus compétent, ces arbitres jugent toutes les nouveautés par comparaison avec un répertoire qu'ils connaissent par cœur et auquel ils veulent que ces nouveautés ressemblent, ce qui les condamne à être surannées dès leur premier jour. Aussi nous voyons ces amateurs se rebeller toutes les fois qu'une pièce s'écarte de la demi-teinte décente et du ton douceâtre qui caractérisent la comédie à la fin du XVIIIe siècle. Ils se fâchent lorsque Casimir Bonjour, dans *l'Argent ou les Mœurs du Siècle* (1826), fait prononcer à l'un de ses héros ces vers, assez bien frappés, mais que l'on taxe de cynisme :

> Moi je vais droit au but, et je dis : c'est l'argent.
> Ce mérite est le seul, je n'en connais point d'autre.

La vertu d'un pays est vice dans le nôtre,
Bien souvent la science est d'un faible secours,
Il est telle contrée où l'esprit n'a pas cours,
L'argent seul ici-bas réunit les suffrages ;
Partout où les humains ne sont pas des sauvages,
En Amérique, en Chine aussi bien que chez nous.
Il plaît à tout le monde, il est de tous les goûts.....
Qu'importe le climat, la couleur, l'idiome !
Tout est là : pour l'aimer il suffit qu'on soit homme.
L'être le plus grossier, le moins intelligent
Peut ne pas croire en Dieu, mais il croit à l'argent.

Quatre ans auparavant le même auteur avait provoqué l'indignation en mettant en scène une jeune fille ambitieuse qui se laisse compromettre par un aventurier, et à qui sa demoiselle de compagnie souffle son séducteur ; ce caractère avait été qualifié d' « exagéré », ce qui signifiait simplement : trop vrai (1).

On proteste contre *le Mariage d'argent* de Scribe (1827), où l'on voit une femme trop sensible aux assiduités d'un ami de son mari, une jeune fille trop légère, et une jeune veuve riche qui donne le plus fâcheux exemple en accordant sa main à un artiste sans fortune. On se déchaîne contre une autre pièce de Scribe : *Dix ans ou la Vie d'une Femme* (1832) qui montre les conséquences d'une première faute entraînant l'héroïne de chute en chute. Dans *Une Liaison* de Mazères et Empis (1837) on proteste si bien contre un dénouement amer, mais logique et humain, qu'à la seconde représentation les auteurs lui substituent une conversion absurde du principal personnage féminin, qui détruit à la dernière scène, dans un beau mouvement d'héroïsme, tous les résultats qu'avaient obtenus ses savantes manœuvres. Il faut à tout prix que la vertu soit récompensée et que le vice soit non seulement puni, mais corrigé au dénouement, c'est-à-dire que les caractères ne possèdent plus ni consistance ni vérité. La critique, si chatouil-

(1) C. Bonjour. *L'Education ou les Deux Cousines*. Cf. Des Granges, *ouvrage cité*.

leuse pourtant, en arrive à protester contre ces exigences hypocrites du public ; on lit dans le *Journal des Débats*, à propos du *Mariage d'Argent* :

« Poètes comiques, brisez ces pinceaux ! La comédie n'est plus le tableau des travers, des ridicules, des vices, pas même des faiblesses ; n'offrez plus rien ni au rire vengeur, ni à l'innocente censure de nos spectateurs ; que vos héros de théâtre soient des modèles de grandeur d'âme, de désintéressement et d'honneur ! N'est-ce pas ce que vous avez tous les jours sous les yeux ? Et que trouvez-vous tous les jours à la Bourse et chez Tortoni que des Aristide, des Philopœmen et des Caton ?... Hermance a été élevée dans les plus brillants pensionnats de la capitale, et supposer qu'il puisse en sortir de jeunes coquettes, c'est évidemment calomnier ces institutions ! » (5 décembre 1827.)

Cet état d'esprit est parfaitement mis en lumière dans un dialogue entre Mme Pomaret et Delécluze, transcrit le jour même par ce dernier dans son journal, et récemment reproduit par M. Trahard au premier tome de son excellente édition des *Œuvres* de Mérimée. On y voit comment le souci de moraliser, d'édifier et d'admettre au théâtre un public de plus en plus étendu a eu pour résultat de rendre inacceptable la peinture sincère des mœurs et le comique franc et débridé qui caractérise Molière et ses successeurs immédiats. On en vient ainsi à transformer la véritable comédie en une sorte de théâtre pour patronages et c'est cette forme dégénérée de l'art dramatique qui va régner pendant toute la première moitié du siècle et en exclure toute possibilité de comique vigoureux. « Du temps de Molière, dit Delécluze, lorsqu'on joua *le Tartuffe* et, plus tard encore, lorsqu'on représenta *Turcaret* et *Figaro*, les femmes n'allaient point au spectacle avant d'être mariées, et beaucoup, même après leur mariage, s'abstenaient de ce plaisir. Les enfants n'y paraissaient jamais. Or vous concevez, Madame, l'extrême différence qu'il y a entre un auditoire de 1725 et ceux de 1825. Il y a des convenances qu'on observe malgré soi et à mesure que nos théâtres ont été plus fréquentés par les jeunes femmes et les enfants, les auteurs ont senti la nécessité d'adoucir leurs tableaux, de choisir leurs pensées et de les gazer par le style. Il est résulté de là qu'au lieu de donner des peintures vraies qui, comme la nature, ont toujours quelque chose qui blesse notre amour-propre, on s'est efforcé de faire des tableaux moraux, de donner des exemples à suivre, et de choisir dans le monde les actions les plus vertueuses ou, au moins, celles où les bienséances et les qualités conventionnelles en donnent le plus les apparences, afin que nos filles, nos sœurs et nos enfants puissent y assister.

*M*me *P.* — Je n'avais jamais pensé à la différence des auditoires que vous venez d'établir... En effet...

D. — C'est à prendre ou à laisser. On veut ou on ne veut pas la comédie. Ceux à qui ce genre d'ouvrage plaît sourient aux essais de Clara Gazul ; ceux que ces peintures choquent n'aiment pas la comédie et, quand ils sont de bonne foi comme vous, madame, ils avouent que *Tartuffe* ne leur convient pas, parce qu'en effet *Tartuffe* représenté devant un auditoire comme nos usages et nos mœurs le composent aujourd'hui, est un contresens révoltant. J'en dirai autant de *Georges Dandin*, des *Ecoles des Femmes et des Maris*, de *la Femme Juge et Partie*, de *Turcaret* et enfin de *Figaro*. Les drames de sentiment de La Chaussée ont commencé cette révolution théâtrale qui semble vous convenir. Depuis cet auteur, le gros des écrivains comiques n'a pas cessé de dialoguer des romans plus ou moins farcis de morale. Ces beaux semblants de vertu et de philosophie ont fait illusion à la société qui a cru pouvoir aller au théâtre comme on va au sermon. Mais on a été pris au piège et, maintenant que l'habitude est prise, vous voulez que les auteurs et les comédiens soient des prédicateurs. Cela ne se peut. Ce sont des peintres, et des peintres de la vérité toute crue.

*M*me *P.* — C'est cette vérité toute crue que je n'aime pas.

D. — Alors vous n'aimez pas la comédie. »

Dans son horreur pour la littérature actuelle, M. Lucien Dubech, critique aussi compétent que perspicace, mais si dangereusement partial, écrit, pour faire honte au théâtre d'aujourd'hui de son immoralité : « En 1827, la censure n'eût laissé passer aucune des œuvres qui sont jouées chaque soir entre la Madeleine et la Place de la République. Si l'on y voit un progrès de la pensée, on doit conclure que la morale est un fléau (1). » Le dialogue de Delécluze et les déclarations d'Etienne, d'Alexandre Duval, de Casimir Bonjour et de quelques autres suffisent à dénoncer ici le sophisme. Il ne s'agit pas, vers 1827, de morale à proprement parler, mais d'une hypocrisie poussée jusqu'à ses dernières limites et destructrice de toute vérité artistique. Que dans ces conditions le comique de mœurs et de caractères ait presque complètement disparu de notre production dramatique pour être remplacé par les formes du rire les plus basses, les plus niaises ou les plus artificielles, c'est ce dont on ne saurait s'étonner ; le miracle est que de temps à autre un trait de mœurs pris sur le vif, une satire véridique et piquante aient réussi à se faire jour, et que de cette atmosphère asphyxiante ait fini par se dégager, grâce à une évolution singulière et imprévue, une forme de comédie qui tendra de plus en plus vers le réalisme. C'est ce que nous allons pouvoir constater par l'examen des œuvres.

(1) *La crise du Théâtre* (1928), p. 32.

XI

LE TRIOMPHE DU VAUDEVILLE

En 1827, Picard et Mazères firent représenter avec grand succès une comédie intitulée *les Trois Quartiers*, qui promenait successivement ses personnages de la rue Saint-Denis à la Chaussée d'Antin, puis au faubourg Saint-Germain ; le spectateur pénétrait ainsi dans le milieu bourgeois, puis dans celui de la finance, enfin dans la haute aristocratie. Le public fut frappé par la vérité des peintures, et l'un des auteurs nous en donne un témoignage irréfutable dans l'anecdote suivante : « Avant la représentation, je communiquai le manuscrit à un gentilhomme qui était le faubourg Saint-Germain en personne, et qui répondit : « Vos deux premiers actes sont étincelants de vérité, mon pauvre ami, et vous ne tomberez que par le troisième qui est faux d'un bout à l'autre. Où avez-vous pris que le faubourg Saint-Germain eût tant de ridicules ? » — « Jugez de mon malheur, répliquai-je. J'ai communiqué l'autre jour ce même manuscrit à M. Laffitte, et son jugement a été bien différent du vôtre : Le premier et le troisième acte sont charmants, m'a-t-il dit, mais le second prête à la finance des monstruosités impossibles, et n'ira pas jusqu'à la fin. — Vous le voyez, mon cher comte, pour peu que j'aille, en sortant d'ici, à la rue Poissonnière, chez M. Aubertot, voilà notre pièce entière condamnée à la chute la plus complète (1) ! »

Voilà donc une pièce qui semble avoir, aux yeux des contem-

(1) Mazères. *Comédies et Souvenirs*, p. 223 (1858).

porains, atteint le maximum de réalisme ; si nous la lisons aujourd'hui, nous sommes assez surpris d'y trouver une intrigue tout artificielle, des personnages dessinés sans vigueur, un style qui va sans cesse de la platitude à la déclamation. C'est là, entre quelques autres, une épreuve décisive dont le résultat ne doit pas nous étonner, si nous songeons à tous les obstacles qui s'opposaient alors à une peinture franche et comique des ridicules contemporains.

Encore est-il fort rare qu'une pièce de ce genre soit reconnue à cette date par la critique comme révélant un effort sincère vers la vérité. Partout, et notamment chez Scribe, la convention règne, pour la plus grande satisfaction du public bourgeois. C'est lorsque cette convention contraste par trop effrontément avec le spectacle de la réalité quotidienne que des journalistes ou des littérateurs indépendants se hasardent à protester ; mais le public se complaît dans la représentation d'une sociétéembellie, dont la bassesse et l'égoïsme sont systématiquement ignorés, et dont l'idéal naïvement matérialiste est encensé sans vergogne par des dramaturges complaisants. Tout le théâtre de Scribe est ainsi rempli de types conventionnels et sa morale est dominée par la plus candide idolâtrie de l'argent. Nous y voyons un jeune colonel épouser une veuve dont le mari est mort fort opportunément après quelques mois de mariage en lui laissant une grosse fortune, ou encore un jeune voisin de campagne obtenir sans trop de peine la main d'une ingénue un peu sotte, mais richement dotée, qui tremble au moment de chanter sa petite romance. Ces mariages se concluent généralement grâce aux intrigues d'une mère ambitieuse et l'entremise d'un oncle riche, sentencieux et bourru et malgré les maladresses d'un père qui s'entend mieux à gagner de l'argent qu'à évoluer parmi les intrigues mondaines. Qu'on y joigne un vieux serviteur dévoué ou une servante niaise, une tante acariâtre et un jeune fat qui servira de repoussoir au prétendu sympathique et l'on aura les principaux agréments de ces fades productions où le comique ne peut jamais être ni franc, ni appuyé, ni énergique. Il s'agit de présenter à un auditoire bourgeois un tableau de ses propres mœurs où il acceptera de sourire à quelques-uns de ses travers, mais non point de rire au spectacle de ses ridicules, de ses vices et de sa pauvreté d'esprit.

Le souci de ne point ébranler les conventions sociales fondées sur la prédominance de l'argent conduit Scribe à de serviles flagorneries où le vrai comique ne peut plus avoir aucune place. *Le Mariage de Raison* (1826) nous montre une jeune fille de dix-huit ans, jolie et parfaitement élevée, qui se décide à épouser un militaire invalide de trente-six ans, pour arranger les affaires de sa famille. *Le Mariage d'inclination* (1828) offre le tableau des malheurs qui s'attachent à une union où l'amour seul est consulté. En écrivant ces pièces où le respect du sacro-saint patrimoine est élevé à la hauteur d'un dogme, le fournisseur attitré de la bourgeoisie semble regretter d'avoir donné raison au sentiment dans *la Demoiselle à marier* qui reste, malgré la timidité de son comique, une de ses plus agréables comédies ; nous y voyons deux jeunes gens présentés l'un à l'autre suivant le rite bourgeois et à qui cette entrée en relations n'inspire qu'une mutuelle antipathie ; ils ne commencent à se plaire que quand ils ne se considèrent plus comme fiancés. La pièce, adroitement conduite et émaillée de plaisanteries innocentes, dérida le public ; mais la presse fit les plus graves réserves sur les dangereuses libertés dont cette bluette pouvait inspirer le désir à la jeunesse. Et pourtant combien le rôle de la jeune fille restait encore conventionnel et faux ! Lorsqu'elle se trouve seule avec son fiancé, elle s'écrie en aparté : « Est-ce qu'il va me parler d'amour ? ... Et maman qui n'est pas là ! » On ne saurait provoquer le rire avec des paroles plus éloignées de la vraie nature.

Il est donc tout naturel que vers 1830 la comédie, renonçant à faire rire avec la peinture des mœurs réelles, évolue soit vers le genre historique, soit vers le genre sérieux. Le premier donne au public bourgeois la grande satisfaction de « se délecter aux mesquineries de l'histoire et, en voyant les ridicules des princes s'écrier : « Ces gens-là ne me valent pas ! » (1). C'est alors le

(1) Rémusat. *Revue française*, juillet 1829.

triomphe de ce genre mixte éminemment artificiel, mais souvent amusant, dont les spécimens les plus applaudis sont *Don Juan d'Autriche*, *le Verre d'Eau* et *Mademoiselle de Belle-Isle* : l'histoire y est un simple prétexte, l'intrigue, fondée sur le pur hasard, fournit l'intérêt dominant, et le comique y est plaqué sans aucun respect de la vérité historique.

D'autre part, comme, malgré toutes les conventions, toutes les timidités et toutes les barrières, il faut bien que le théâtre, de façon ou d'autre, aborde les grandes questions qui préoccupent l'opinion publique, nous assistons à une déviation de la comédie proprement dite vers le genre sérieux, intermédiaire entre le drame de Diderot et la grande pièce d'Augier et de Dumas : sous la monarchie de Juillet on a pu noter qu'un certain nombre de comédies annoncent, par la nature de leurs sujets, le répertoire qui vaudra, bientôt une si grande célébrité aux dramaturges du Second Empire. Des ouvrages comme *une Faute* de Scribe, *la Mère et la Fille* de Mazères et Empis, *une Liaison* des mêmes auteurs, *Un an ou le Mariage d'Amour* d'Ancelot, *une Chaîne* de Scribe, la *Femme de quarante ans* de Galoppe d'Onquaire, abordent déjà des questions qui feront le fond de certaines pièces d'Augier (*le Mariage d'Olympe*), de Dumas (*le Supplice d'une Femme*), ou même d'auteurs plus voisins de nous comme Henri Lavedan (*Catherine*), Maurice Donnay (*l'autre Danger*) et Henri Bataille (*Maman Colibri* et *la Marche nuptiale*). Nous voyons même, en 1833, Casimir Bonjour traiter, dans *le Presbytère*, le grave sujet du célibat des prêtres. Mais tout cela est encore timide, gauche, incomplet et surtout médiocrement plaisant. Malgré toute son indulgence, M. des Granges est obligé de reconnaître que ce répertoire, dont les sujets sont assez souvent dramatiques, est gâté par une exécution singulièrement terne ; il ne tente même pas de lui trouver une valeur comique.

Les pièces qui abordent les questions politiques et sociales, que pose naturellement un état de choses nouveau, se multiplient, depuis *le Solliciteur* de Scribe (1817) et les *Deux candidats* de Leroy (1821), jusqu'aux grandes comédies du règne de Louis-

Philippe, *la Camaraderie* de Scribe (1837), *la Popularité* de Casimir Delavigne (1838), *la Calomnie* (1840), *le Puff ou Mensonge et Vérité* (1848) de Scribe. Mais ces pièces, elles aussi, prêchent plus qu'elles ne font rire ; on y cultive la tirade démonstrative et moralisatrice bien avant Dumas, mais sans son esprit ni son style (1). Les personnages, au lieu de vivre devant nous, nous font savoir avec une candeur étonnante ce que nous devons penser d'eux. La scène de *la Camaraderie*, où un groupe de jeunes gens organise une sorte d'association d'admiration mutuelle, témoigne à cet égard d'une rare naïveté psychologique et technique. Le Dr Bernardet explique à ses amis qu'il s'est fait une réputation dans le quartier en retenant chez les meilleurs fournisseurs tous les morceaux de choix :

OSCAR. — Et vous avez eu la complaisance, Monsieur Bernardet, de commander vous-même aujourd'hui.

BERNARDET. — C'est un service que je rends souvent à des amis... Tous les bons morceaux sont chaque matin accaparés par moi... et à tous ceux qui arrivent après, on répond : « C'est retenu par le Dr Bernardet, c'est réservé pour le Dr Bernardet ! » Et toujours le Dr Bernardet... C'est comme si je donnais mon nom et ma carte à tous ces étrangers, qui disent entre eux : « Diable : c'est donc un illustre ! c'est donc un homme bien riche ! » Et à Paris, voyez-vous, règle générale, il n'y a que les gens riches qui fassent fortune.

Et voici comment il établit, avec ses amis, le bilan des services de publicité réciproque qu'ils se sont rendus :

Je vous dois une belle clientèle, c'est vrai... Vous m'avez mis en vogue par votre migraine et vos spasmes nerveux... Ils ont fait ma fortune, j'en conviens, je ne suis pas ingrat. Mais vous conviendrez qu'à mon tour, gazette ambulante et bulletin à domicile, je ne parle dans mes ordonnances ou mes consultations que de vous, de vos soirées, de vos succès... Et s'il est

(1) Voir, par exemple, dans *le Puff,* la tirade de Desgaudets : « Le *puff* ou *peuff,* comme disent nos voisins d'outre-mer, importation anglaise qui suffirait à elle seule, si on en doutait, pour attester l'entente cordiale ! le puff ! nécessité si grande que le mot lui-même, devenu français, a forcément acquis ses lettres de naturalisation ; le puff est l'art de semer et de faire éclore, à son profit. C'est le mensonge passé à l'état de spéculation, mis à la portée de tout le monde, et circulant librement pour les besoins de la société et de l'industrie... etc. ».

quelqu'un de ces secrets qu'on n'exprime pas, mais qu'on a besoin de faire connaître mystérieusement à tout Paris... ne suis-je pas là ? En vingt-quatre heures le coup est porté, l'effet est produit, et mes chevaux sont rendus... Voilà du dévouement !

La tendance de ces différents ouvrages est indiquée en termes frappants dans un article du *Journal des Débats*, écrit à propos d'une comédie intitulée *la Famille Riquebourg ou le Mariage mal assorti* : « Au temps de Molière on vous eût fait à ce propos une petite comédie bien drôle, bien immorale, bien amusante... M. Scribe connaît trop bien son monde pour se permettre de pareilles infamies. Ces dames feraient un beau bruit dans les loges. Il a pris sa pièce en vertu, c'est une idée comme une autre. »

Il y avait pourtant alors des pièces gaies, où la peinture des mœurs semblait un peu moins paralysée par les conventions esthétiques et morales qu'imposait aux auteurs un public timoré. De même qu'au siècle précédent on allait chercher à la Foire et au Boulevard le rire que la Comédie-Française jugeait indigne d'elle, de même, entre 1820 et 1850, le genre du vaudeville satisfaisait les bons bourgeois désireux de rire sans contrainte, et leur offrait des plaisanteries faciles, dont la grosse bonne humeur contrastait avec le ton pincé et gourmé des grandes comédies. Le rôle du vaudeville dans l'évolution du comique dramatique a été jugé de façons très diverses. Il présente d'ailleurs des aspects multiples, et son influence a eu des prolongements et des détours qu'il n'est pas toujours aisé de retracer avec certitude. En tout cas, il a tenu, dans notre littérature dramatique du XIXe siècle, une place importante que l'on ne saurait méconnaître.

Dans un jour d'indulgence Théophile Gautier, qui n'avait pas toujours été tendre pour le genre assez grossier du vaudeville, mais qui était plus encore exaspéré par la faiblesse de la comédie, écrivait ces lignes caractéristiques : « Depuis longtemps la comédie a quitté le théâtre. Il faut la chercher ailleurs. Une peinture comique des mœurs de l'époque n'est plus possible à la scène ; la censure s'y opposerait, et à défaut de la censure le cant anglais.

l'hypocrisie constitutionnelle, la bigoterie puritaine qui attristent notre société moderne, auraient soin de rogner les ailes du poète. Les pères électeurs, les mères incomprises et les jeunes personnes poitrinaires seraient révoltés par la rude franchise de la comédie et de la satire véritables. Les formes accusées de l'Apollon viril alarmeraient leurs susceptibilités inquiètes, et Aristophane reviendrait au monde, qu'aucun de ses divins poèmes ne pourrait être joué dans cette cité, qui se vante d'être l'Athènes nouvelle, — à moins d'être arrangé en vaudeville, ce qui s'est vu plus d'une fois.

« La comédie actuelle que l'on s'obstine à vouloir jeter dans le moule que Molière a brisé après s'en être servi, comme un statuaire jaloux, existe non pas au Théâtre-Français, mais sur vingt scènes différentes, morcelée en petits actes, faits de toutes mains par celui-ci et celui-là, par des gens qui savent le grec et par des gens qui ne savent pas l'orthographe ; cette comédie, qui s'appelle le vaudeville, est une comédie multiple, vivace, pleine d'invention et de hardiesse, risquant tout, adroite et spirituelle, semant par écuellées le sel attique et le sel gris, peignant les mœurs avec une fidélité négligente plus sincère que bien des portraits surchargés ; elle n'a guère que le défaut d'être écrite en charabia et entremêlée de petites musiques stridentes d'une fausseté insupportable. »

Malgré l'importance qu'il attache au style et à la perfection du détail, l'auteur de *Mademoiselle de Maupin* concluait en reconnaissant au vaudeville « une certaine puissance, une certaine originalité », avec un caractère éminemment national, et regrettait que « des préoccupations classiques empêchent les écrivains en renom de s'emparer de cette forme si souple, si commode, si facile aux caprices, qui se prête à tout, même à la poésie ». C'était faire beaucoup d'honneur à un genre qui, assurément, ne présentait pas grande valeur littéraire mais qui, il faut bien le reconnaître, avait une vogue considérable, et se voyait cultivé par un nombre presque incroyable de producteurs. Tandis que Scribe se dirigeait de plus en plus vers la haute comédie, une nuée de vaudevillistes inondait Paris de petites pièces éphémères. Dans un article fameux, Jules Janin tentait un dénombrement de ces fabricants de vaudevilles en série, et en établissait une liste par ordre alphabétique. Sans tenter de la reproduire ici, précisons seulement qu'il en avait découvert 24 pour les deux premières lettres de l'alphabet !

A vrai dire, les éloges que Théophile Gautier accorde à ce genre inférieur, par comparaison avec la pauvreté de la comédie, ne sont pas entièrement mérités. Sans doute les vaudevillistes ont les coudées plus franches que ceux de leurs confrères qui travaillent pour le Théâtre-Français ou l'Odéon ; le genre est moins étroitement surveillé par la censure, qui se montre plus coulante pour les petits théâtres où ces pièces sont jouées ; le public à qui elles sont destinées est moins exigeant et moins chatouilleux en matière de conventions morales ; aussi le vaudeville arrive-t-il à sauver une partie du domaine de la comédie satirique. C'est ce que remarque un rédacteur de la *Revue française* qui écrit, en 1828 : « Les genres que méprise la critique parviennent, en se déployant librement, à une perfection relative qui manque à de plus graves compositions. » Au début surtout on peut trouver quelques scènes savoureuses, qui se recommandent par une observation assez exacte des milieux populaires ou bourgeois, dans les premiers vaudevilles de Scribe comme *une Nuit de la Garde nationale* (1815) ou *le Combat des Montagnes* (1817), qui amena la fameuse protestation des employés de nouveautés contre le personnage de M. Calicot ; ceux-là et quelques autres permettraient à la rigueur de reconstituer en une mosaïque de fragments minuscules un tableau des mœurs de la petite bourgeoisie entre 1820 et 1830. Mais il ne faut pas oublier que, par ses origines mêmes, le vaudeville s'imposait comme règle de traiter n'importe quel sujet, et de chercher avant tout les effets comiques dans les mots et dans les situations. La période précédente avait mis en vogue les sujets anecdotiques ou historiques les plus imprévus, et l'on avait écrit des vaudevilles sur Madame de Sévigné, sur Lulli et Quinault et même sur Frédéric II, sur Buffon et sur Descartes. Maintenant c'était aux mœurs actuelles que le fond des sujets était emprunté, mais la description de la réalité contemporaine y avait beaucoup moins d'importance que les calembours ou les quiproquos.

Dans ce genre de pièces le comique de mots est d'une qualité très diverse, et souvent assez basse. Il faut reconnaître pourtant que les vaudevillistes s'appliquaient parfois à fignoler ce qu'on appelait des « couplets de facture » où la jonglerie des rythmes et des rimes aboutissait à certains effets heureux qui annoncent, de très loin encore, les tours de force des Parnassiens (1). Mais le plus souvent l'auteur et ses spectateurs se contentent de calembours approximatifs et usés ; un vaudeville comme *Cadet Roussel* n'est qu'une suite ininterrompue de jeux de mots, coq-à-l'âne et autres calembredaines. Avec une intrigue à base de quiproquos, voilà de quoi faire rire à gorge déployée les commerçants du quartier Saint-Denis et mesdames leurs épouses. Dans les vaudevilles de Scribe, Lintilhac, pourtant fort indulgent à ce genre de productions, découvre un mélange « de comique intrigué à haute dose et de comique de mœurs à petite dose ». Un vaudeville-farce comme *l'Ours et le Pacha*, qui est donné comme

(1) Lintilhac en cite un spécimen tiré d'une *Nuit de la Garde nationale* (*Histoire du Théâtre en France*, tome IV, p. 347) :

> Je pars,
> Déjà de toutes parts
> La nuit sur nos remparts
> Etend son ombre
> Sombre.
> Chez vous,
> Dormez, époux jaloux,
> Dormez, tuteurs, pour vous
> La patrouille
> Se mouille... etc...

On en trouverait d'autres non moins bien troussés soit chez Scribe lui-même, qui y excellait, soit chez des vaudevillistes moins habiles. Voir par exemple dans la *Famille improvisée* de Duvert-Brazier et Dupeuty le rondeau de l'artiste :

> Frondeur,
> Observateur,
> Moins gai que triste,
> C'est l'artiste,
> Respectez ses pinceaux
> Car ils savent frapper les sots ! etc...

un modèle du genre, ne présente plus aucune trace de comique de mœurs ; aucun des personnages n'a l'ombre de caractère et rien ne marque leur condition sociale. Le rire est constamment provoqué par des jeux de mots ou des péripéties d'une cocasserie énorme ; voici par exemple un fragment de dialogue entre les deux personnages principaux, les associés Lagingeole et Tristapatte :

LAGINGEOLE. — Ne te rappelles-tu pas que nous avions un ours ?
TRISTAPATTE. — Oui, mais il est mort et il ne nous en reste plus que la peau.
LAGINGEOLE. — Eh bien ! je te mets dedans...
TRISTAPATTE. — Tu me mets dedans, je le comprends bien, et voilà précisément ce que je ne veux pas. Tu n'en fais jamais d'autres !

Le même ours est annoncé plus loin comme un animal fort bien élevé et qui aime beaucoup les jésuites : en effet il en a mangé trois la veille. Quant à l'intrigue, il faut renoncer à raconter clairement comment Tristapatte, marchand européen et Marécot, premier ministre du pacha Schahabaham, sont amenés à s'introduire chacun dans une peau d'ours, comment l'ours blanc se trouve avoir la tête de l'ours noir, et comment Tristapatte découvre dans Roxelane, sultane favorite, sa propre épouse.

Le théâtre de Duvert et de ses différents collaborateurs, au premier rang desquels brille son gendre Lauzanne, n'est pas moins instructif. Il amusa follement deux générations de spectateurs peu exigeants et l'on y fait encore aujourd'hui d'intéressantes découvertes : on trouve, dans *Actéon*, une parodie de l'antiquité, trente ans avant *La Belle Hélène*; dans *Impressions de voyage*, un certain Gambillard, qui annonce Perrichon par sa sottise, son ton sentencieux et le carnet où il note ses réflexions et, dans un *Un Scandale*, toute l'intrigue initiale d'une pièce à spectacle récemment jouée au Châtelet. Il faut convenir aussi qu'il y a vraiment de l'esprit dans la plus célèbre pièce de ce répertoire, la fameuse parodie, *Harnali ou la Contrainte par cor.*

Toutes les fois que Duvert et ses collaborateurs nous font pénétrer dans le monde des théâtres, qu'ils connaissaient bien, ils réussissent à camper quelques types amusants et leurs « scènes dans la salle » dont ils usent sans discrétion, sont parfois d'une réelle drôlerie. Mais la plupart de leurs vaudevilles se déroulent dans un milieu de petits bourgeois dont la représentation, nous aimons à le croire pour la bonne renommée de nos aïeux, n'a qu'un lointain rapport avec la réalité. En effet, tous les personnages en sont uniformément idiots ; leur imbécillité est tantôt passive et résignée, tantôt déchaînée et hystérique ; mais on est confondu de voir tant de pièces où pas un personnage ne manifeste le moindre signe d'intelligence, où tous sont atteints de manies ridicules et puériles. Le principal effet comique, répété à satiété, consiste à montrer deux personnages qui dialoguent en poursuivant leur idée chacun de son côté, sans qu'aucun des deux fasse le moindre effort pour essayer de comprendre ce que dit l'autre (1).

Quant au comique de mots, il repose essentiellement sur le coq-à-l'âne, le renversement des termes ou suivant l'expression de M. Bergson « l'*interférence* de deux systèmes d'idées dans la même phrase ». Parfois ce procédé aboutit à des formules vraiment amusantes ; c'est ainsi que Duvert fait dire à un vieux beau : « Malgré mon âge je suis palpitant d'actualité » ; un jeune cousin amoureux qui va faire son service militaire déclare à sa cousine : « Dans une demi-heure je serai soldat, je ne pourrai plus soupirer, je ne pourrai plus penser à vous sans la permission du capitaine » ; une femme acariâtre impose silence à son contradicteur au moyen de cette admirable phrase : « Vous n'êtes qu'un vieux cuistre ; asseyez-vous là, et que le plus grand silence règne dans tous vos discours. »

Mais souvent les effets sont beaucoup moins heureux, et les auteurs se contentent à peu de frais ; témoin ce janotisme : « Quittons pour jamais cette ville d'Amiens, qui ne se recommande réellement que par ses pâtés et sa cathédrale, dont il est impos-

(1) Voir notamment, dans *Heur et malheur*, la scène VIII, où Montivon s'obstine à désigner du nom de Dunand un personnage qui s'appelle réellement Durand et à l'interroger sur toute la famille Dunand.

sible de manger la croûte », ou encore ce dialogue où le jeune Vincent, gendre de Drouillet, prétend avoir un nom beaucoup plus beau que son beau-père, parce qu'on parle toujours de la rue Saint-Vincent et de Vincent de Paul, « inventeur des enfants trouvés », et jamais de la rue Saint-Drouillet ni de Drouillet de Paul. Et que dire de cette parade chinoise intitulée *Fich-Tong-Khan*, lequel est un prince tartare, tandis que l'empereur de Chine s'appelle Kakao LXII et son premier ministre le mandarin Kaout-Chouc (1).

Quant au quiproquo, il constitue le fond même de la pièce et son intérêt principal : aucun personnage ne possède une identité plus certaine que dans les romans de chevalerie ou dans la tragédie d'*Héraclius*. Le fin du fin consiste à amener une jeune fille habillée en homme à faire une déclaration à un jeune homme déguisé en soubrette (2). L'analyse d'un vaudeville comme *Heur et Malheur*, de Duvert, Lauzanne et Alexandre B., fait ressortir une série de coïncidences et de rencontres entre deux mêmes personnages que tout devrait séparer et que les hasards les plus impudemment invraisemblables s'obstinent à réunir. Il en ressort naturellement des scènes d'ahurissement où la stupidité naturelle des héros se trouve encore amplifiée par l'imprévu des situations.

On voit aisément comment le vaudeville devait contribuer à faire passer au second rang les formes les plus élevées et les plus profondes du comique, pour faire prédominer les plus basses et les plus faciles. Lorsque Scribe, vers 1825, crée le genre mixte de la comédie-vaudeville, il y fait entrer sans doute plus de comique que dans la comédie proprement dite et plus d'observation de mœurs que dans le vaudeville ordinaire. On a pu prétendre, avec une apparence de raison, qu'il avait ainsi sauvé la comédie, fort compromise à ce moment par toutes les exigences qui l'asservissaient ; mais à quel prix opère-t-il ce sauvetage ! Il va engager

(1) Voir dans le *Théâtre Choisi* de Duvert (1877) : *Un Scandale, Les Cabinets particuliers, Fich-Tong-Khan, Jacquemin Roi de France, le Mari de la Dame des Chœurs*, etc.

(2) *Mademoiselle Marguerite*, de Duvert et Xavier.

la comédie, même sérieuse, à faire prédominer l'intrigue sur tous les autres éléments ; il va faire prévaloir la conception vaudevillesque dans tout notre théâtre. Ce mouvement avait été annoncé déjà, au début du siècle, par les comédies de Picard : cet auteur, parfaitement capable d'observation (dans *la Petite Ville* par exemple), avait été dirigé vers la comédie d'intrigue par le public élégant, qui lui reprochait un réalisme excessif dans certaines de ses peintures ; il s'était donc appliqué à perfectionner la structure de l'intrigue dans des pièces comme *les Deux Philibert*, *les Marionnettes* ou *les Ricochets*, où les personnages ne deviennent plus que des pantins inconsistants jouant leur rôle dans un mécanisme tout artificiel et savamment réglé (1). De telles pièces, dont la plus célèbre est *le Voyage à Dieppe* de Wafflard et Fulgence, sont déjà des comédies-vaudevilles sans couplets, c'est-à-dire des comédies à la manière de Scribe qui, amplifiant la matière et choisissant des sujets plus sérieux, fera pourtant singulièrement dévier tout l'intérêt vers l'imbroglio.

La théorie du genre sera magistralement établie plus tard par Francisque Sarcey qui comparera le vaudeville à la Scribe (ici le mot de vaudeville est pris au sens large) à une sorte de carambolage : « L'auteur, dit-il, a choisi un fait initial et il s'est amusé à en suivre les conséquences jusqu'au moment où ce fait, ayant épuisé sa force d'impulsion première, s'arrête, comme la bille de billard qu'un choc a poussée en avant. »... « Dans ce genre de vaudeville ce ne sont pas les hommes, mais les événements, qui ont le principal rôle et conduisent la pièce. Le jeu des passions et des caractères est pour fort peu de chose, ou même pour rien du tout dans la marche de l'action ; ce sont les faits qui, poussés en quelque sorte par l'auteur, se heurtent les uns contre les autres, et c'est de leur rencontre imprévue que naissent les situations et que jaillit l'éclat de rire (2). » La comédie ainsi conçue pouvait, même, jusque dans l'extrême détail de l'exécution, être réduite

(1) Ces pièces s'échelonnent de 1800 à 1811.
(2) *Quarante ans de Théâtre* (1900 à 1902), tome I, article sur *Oscar* de Scribe ; tome II, article sur les *Pattes de Mouches* de Sardou.

en formules fixes et invariables ; Auguste Filon nous en donne la description suivante : « Un premier acte servant d'exposition, avec une dernière scène où se nouait l'action. Ensuite elle oscillait du bien au mal, pendant trois actes, comme une partie d'échecs où les chances sont balancées. Le quatrième acte, — généralement « l'acte du bal », — peuplait la scène de comparses et se couronnait par un esclandre avec un duel ou quelque événement de ce genre en expectative. Le cinquième acte arrangeait tout et se terminait par une distribution de peines et de récompenses. Le premier acte était invariablement gai. Pendant les suivants, on passait de la comédie au drame par des nuances insensibles et la note finale était celle de la sérénité attendrie ou malicieuse, un sentiment de « l'avoir échappé belle »... La psychologie et la satire sociale devaient recouvrir cette charpente, ne faire qu'un avec elle.

«... On n'aurait qu'une idée incomplète de cet art légèrement puéril dans sa complication, si je n'ajoutais que chaque acte devait contenir au moins une grande scène, laquelle devait être composée suivant certaines règles immuables... La scène était le développement d'une situation ; elle avait, comme la pièce elle-même, sa progression, sa péripétie et sa conclusion ; en sorte qu'elle formait un tout à part dans le grand tout, une œuvre d'art enfermée dans une autre œuvre d'art (1). »

Fait caractéristique, lorsque Scribe fait l'éloge de son ancien collaborateur Bayard, en tête de l'édition de son théâtre, il définit ainsi les dons que doit posséder un bon auteur dramatique : « Un sujet présenté et développé avec adresse, une action serrée et rapide, des péripéties soudaines, des obstacles franchis avec bonheur, un dénouement inattendu, quoique savamment préparé ; tout ce que l'expérience pouvait donner venait en aide chez lui à ce qui vient de Dieu seul et de la nature, l'inspiration, l'esprit, la verve et cette qualité, la plus rare de toutes au théâtre : l'imagination, qui invente sans cesse du nouveau, ou qui crée

(1) A. Filon. *De Dumas à Rostand* (1898).

encore, même en imitant.» Il n'omet qu'un seul élément, capital pour nous : l'observation de la réalité.

C'est ainsi qu'en réduisant au minimum la peinture des caractères et celle du milieu, Scribe arrive à traiter de façon comique des sujets profondément graves et pathétiques comme la rupture douloureuse d'une liaison dans *Une Chaîne*, le problème de l'adultère dans *Maurice ou l'Amour à vingt ans*, ou le cas d'une séduction particulièrement atroce dans *Oscar ou le Mari qui trompe sa Femme*. Mais il réussit à faire oublier le point de départ sous la cascade des péripéties. Ainsi se réalisent le divorce du théâtre avec la réalité et l'écrasement du comique psychologique sous le comique de situations. Ce parti pris que Scribe n'abandonne pas plus dans la comédie moderne que dans la comédie historique justifie pleinement le mot de Sarcey : « Chez Scribe, il ne faut pas l'oublier, la comédie n'est jamais que du vaudeville agrandi. »

Avec une pareille prédominance de la conception vaudevillesque sur tout le répertoire comique, nous ne pouvons pas nous étonner que le théâtre de cette période ne nous ait laissé aucun type définitif, aucune étude de mœurs profonde et viable. Là encore Musset se détache seul, après quelques auteurs aimables de proverbes de salons, sans doute parce qu'il a écrit sans se préoccuper des exigences de la représentation théâtrale ni de la sottise invétérée du public. Seul, il a su faire parler les gens de la haute société leur vrai langage qu'il reproduit sans charge, comme sans illusion, il a montré la légèreté et l'élégance, souvent fort vides des conversations de salons ; seul, au lieu d'alourdir ses tirades de prédications en style de boutiquier, il y a répandu l'esprit léger, spontané, impertinent et ailé qui fait le prix de ses créations charmantes : Cécile et Valentin, l'oncle Van Buck, la Baronne, l'Abbé sont des figures ou des silhouettes inoubliables, comme maître André, Fortunio, Clavaroche, Jacqueline, comme le volage et égoïste Chavigny et la sensible et spirituelle Mme de Léry. Mais c'est là un cas unique.

Pourtant une autre exception est à noter : un type est resté, dominant toute l'époque, la symbolisant et concentrant en sa personne cette sottise bourgeoise qui corrompait notre comique et qu'un auteur a incarnée dans une figure vengeresse ; c'est Joseph Prud'homme qu'Henry Monnier, employé, puis peintre, homme du monde, auteur dramatique et acteur, présentait au public dans ses scènes dialoguées entre 1830 et 1850 et campait sur le théâtre, dès l'année 1831, dans *la Famille improvisée*, signée de trois noms parmi lesquels le sien ne figure pas ; mais il y jouait lui-même le rôle du fameux professeur d'écriture, « élève de Brard et Saint-Omer, expert assermenté près les Cours et Tribunaux », type du bourgeois prétentieux et bête, solennel et bavard, fécond en histoires filandreuses, en incidentes interminables et en inoubliables formules : « Vivent les autorités constituées, vivent à jamais la Garde Municipale et son auguste famille ! » « Tous les mortels sont égaux ; je ne connais de distinction véritable que la différence qui peut exister entre eux. » « Le char de l'Etat navigue sur un volcan. » « Si Napoléon était resté simple lieutenant d'artillerie, il serait encore aujourd'hui sur le trône. » « Ce sabre est le plus beau jour de ma vie. Je m'en servirai pour défendre nos institutions et au besoin pour les combattre. »

Cette figure a survécu parce qu'elle domine l'époque, Joseph Prud'homme au pouvoir emploie son intelligence, sa finesse, son sentiment esthétique, en maniant les ciseaux de la censure ; Joseph Prud'homme auteur dramatique invente les formules sentencieuses et le galimatias solennel qui pourront séduire ses contemporains ; Joseph Prud'homme spectateur siffle impitoyablement tout ce qu'on lui offre de hardi, de pénétrant et de vrai ; il réclame l'image guindée, endimanchée et gourmée du monde de citoyens vertueux, ou du moins hypocrites, dont il a fait son idéal. Devancé et suivi par quelques autres, Scribe a fait la comédie à l'image de Joseph Prud'homme ; et il a écrit ainsi une des pages les plus piteuses de l'histoire de notre théâtre comique.

XII

RÉSURRECTION DU RÉALISME

La prédominance du vaudeville dans notre production dramatique pendant le second tiers du XIXe siècle n'a pas eu des effets exclusivement néfastes. Elle s'est prolongée assez longtemps, mais l'importance excessive accordée à l'imbroglio et au comique des situations a finalement abouti à des résultats tout différents de ce qu'on aurait pu attendre. Le système devait en effet pâtir de ses propres excès. Sarcey qui a si souvent, et en termes si frappants, établi la formule de la pièce vaudevillesque, en a lui-même démontré le vice lorsque, dans un article de 1883, il fait à Mlle Bartet le singulier reproche de jouer avec trop de vérité le rôle qui lui était attribué dans *Bertrand et Raton*. Cette comédie de Scribe comporte des scènes émouvantes ; Sarcey en veut à l'admirable interprète de les avoir jouées « comme si c'était arrivé » et, ajoute-t-il, « chez Scribe, ça n'est pas arrivé ». On ne pouvait montrer avec une plus aveuglante candeur le défaut foncier de cette forme d'art dramatique. Il n'est pas difficile de comprendre que ce mépris de la réalité ait assez vite lassé un public qui ne pouvait se complaire éternellement dans l'artificiel et le faux. Le bon Sarcey lui-même ne conservait plus, vers cette époque, une doctrine aussi immuable ; lorsqu'il rend compte d'une pièce comme *Le Monde où l'on s'ennuie*, il reconnaît que l'intrigue n'en est pas l'élément principal ni le plus intéressant, et il ose écrire : « L'honneur des comédies de caractère et des comédies de mœurs — de la grande comédie, comme on disait autrefois — c'est que le mérite de l'intrigue y est secondaire. Le fait cède le pas aux idées. »

C'est que pendant le demi-siècle qui sépare le règne incontesté de Scribe des premières comédies de Pailleron, toute une évolution s'est produite, qui a conduit la comédie-vaudeville à s'assimiler une autre substance, tandis que les éléments d'intrigue, qui en faisaient d'abord l'essentiel, perdaient peu à peu cette importance primordiale. Les effets de ce genre sont ceux qui s'usent le plus vite : dès que la première surprise est passée, une péripétie semble moins ingénieuse, une préparation plus artificielle, un quiproquo plus prévu. On peut creuser indéfiniment l'étude du caractère, varier tous les vingt ans le tableau d'une certaine classe de la société ; en matière d'imbroglios et de coups de théâtre il est beaucoup plus difficile de se renouveler et le public est bientôt blasé sur des effets qu'il retrouve continuellement d'une pièce à l'autre et qui ont vite perdu leur aspect de fraîcheur et de nouveauté.

En outre, cette conception vaudevillesque de la comédie, qui nous étonne aujourd'hui et qui devait peser si longtemps sur notre théâtre, a eu, entre 1850 et 1880, des conséquences bien inattendues et bien involontaires. Elle a, en effet, contrairement à ce que l'on aurait pu prédire, élargi les cadres de la comédie et contribué à les faire rompre avec certaines conventions. La nécessité d'un cadre de vaudeville a d'abord amené la comédie moderne à comporter presque obligatoirement une partie de comique, quelles que soient l'importance et la gravité du sujet (1). Voilà déjà qui la rapprochait de la vie où jamais rien n'est exclusivement comique ni exclusivement tragique. Ainsi l'influence de Scribe venait sur ce point rejoindre celle du théâtre romantique et sans doute a-t-elle pesé d'un beaucoup plus grand poids dans l'évolution de nos formes dramatiques à cette date.

De plus, à l'abri de cet intérêt d'intrigue, les auteurs ont vite

(1) Voir dans le chapitre précédent la description du genre donnée par Augustin Filon.

abordé toutes sortes de sujets que l'on n'aurait pas osé, sous la Monarchie de Juillet et dans les premières années du Second Empire, traiter pour eux-mêmes, mais qui vont, dans les années qui suivent, occuper la place la plus importante par une simple interversion des plans, par une simple modification dans le dosage des différents éléments. C'est un mouvement qui s'annonce déjà dans *la Camaraderie* ou *Une Chaîne.* Lorsque le public, aspirant à des pièces qui ne soient pas entièrement artificielles, prend, peu à peu et non sans de vives résistances, goût à la vérité, les cadres dramatiques sont tout préparés pour la lui offrir graduellement, sans changer toutes ses habitudes à la fois ; ce sont d'abord des vaudevilles purs, dénués de toute vérité humaine ; puis on fait à cette vérité une certaine part ; enfin elle va prédominer jusqu'à ce que le réalisme de la période 1880-1900 puisse prendre pour devise : « Toute la vérité, rien que la vérité », au moins dans la mesure compatible avec les nécessités de l'art dramatique. En même temps que s'agrandira la part faite à l'observation du réel, celle du cadre vaudevillesque deviendra moins considérable et l'intrigue, prédominante au début, puis réduite à devenir le véhicule d'une certaine vérité psychologique et sociale, finira par disparaître à peu près complètement. Sa place dans la comédie, celle aussi de l'élément plaisant dans le genre sérieux vont comporter bien des solutions diverses qui auront toutes ce caractère commun de conduire, par des voies détournées mais sûres, à la comédie soit franchement réaliste, soit au moins plus voisine du réel, qui triomphera vers la fin du XIXe siècle et au début du XXe. Les expériences diverses et les apports variés dont s'est constituée cette évolution méritent d'être indiqués au moins sommairement.

Pour nous assurer de la nouveauté que présentaient à leur date certaines manifestations du comique au théâtre, nous possédons les appréciations des journaux et des témoignages précis sur l'accueil du public. Ainsi dans le *Mercadet* de Balzac (1851), pièce qui, disait Jules Janin, « a fait rire et a fait peur », l'impression qui a dominé est celle d'une puissance inusitée dans le comique : tous les critiques furent notamment frappés de la scène où Mercadet et son futur gendre, le faux marquis de la Brive, s'aperçoivent qu'ils se sont mutuellement dupés ; l'énergie des peintures évoquait invinciblement la comparaison du héros de Balzac avec celui de Beaumarchais. Dans *les Faux Bonshommes*, de Théodore Barrière (1856), on protestait contre le comique cruel et trop vrai de certains dialogues : la grande scène du contrat, où les deux prétendus discutent avec le beau-père le chiffre de la dot, comme le feraient des maquignons en foire, le fameux mot du brave Péponet : « Sac à papier, on ne parle que de ma mort là dedans ! », scandalisèrent un grand nombre de spectateurs habitués aux caractères conventionnels et édulcorés de Scribe. Le dernier acte contient une scène admirable, vraiment moliéresque, où l'égoïste Dufouré, dont la femme est très malade, se lamente, surtout parce que cette maladie trouble ses habitudes ; comme il a mal déjeuné chez lui, il se laisse faire violence pour accepter une tranche de pâté, puis s'empifre en faisant des projets de retraite à la campagne pour le cas où cette pauvre Mme Dufouré viendrait à disparaître. C'est déjà là du « théâtre rosse » contre lequel on se cabra, mais l'observation était si vraie et l'exécution si nette que l'on applaudit malgré tout cette œuvre, très en avance sur son époque, et qui marque une étape importante de l'évolution du comique vers le réalisme.

Après un demi-siècle de fadeur et de convention, on éprouve la sensation d'un air vivifiant et salubre toutes les fois que le comique rejoint la réalité : c'est tantôt chez les paysans de George Sand (on sait que la naïveté savoureuse et si naturelle de Jean Bonnin contribua pour une large part au succès de *François le Champi*, 1849), tantôt chez les gentilshommes ou les bourgeois de Jules Sandeau et d'Emile Augier. Car ce sera la grande nouveauté de la comédie sérieuse qui va fleurir pendant le Second Empire ; tout en discutant très à fond quelque grave question sociale au lieu de l'esquiver, de la dissimuler sous l'intrigue comme chez Scribe, on pousse au premier plan des personnages qui sont comiques au moins par certains côtés : le marquis de la Seiglière, M. Poirier, ou même le sinistre maître Guérin, qui se définissent par des formules plaisantes et lapidaires : la tirade sur la sueur du peuple, les mots « Je suis ambitieux », ou : « Echinez-vous donc à édifier une fortune ». Chez Dumas le comique est généralement absent du fond même des caractères ; il apparaît surtout dans la conversation mondaine, dans les tirades des raisonneurs — comme celle du *Demi-Monde* sur les pêches à quinze sous — dans ces *mots d'auteur* qui vont envahir la scène française jusqu'en 1914 et qui vieillissent beaucoup plus vite que les mots tirés du fond même d'un caractère. Mais cet esprit de Dumas marque une nuance nouvelle en substituant à la platitude bourgeoise de Scribe une certaine élégance intellectuelle née de la collaboration des gens du monde avec les gens de lettres et caractérisée par une désinvolture aristocratique, une façon d'envisager les problèmes de plus haut et de ne pas reculer devant certaines hardiesses, que peuvent seuls se permettre les gentilshommes et les grandes dames. Le théâtre d'Alexandre Dumas nous fait retrouver le parfum des salons, alors que celui de Scribe nous avait maintenu parmi les relents du pot-au-feu.

C'est une différence analogue qui sépare Labiche de Meilhac, dans le domaine moins relevé du vaudeville. Il s'agit ici de pièces plus franchement gaies et plus libres auxquelles le public et la critique accordaient moins d'importance et de considération. On ne juge pas une pièce des Variétés ou du Palais-Royal avec la même sévérité et les mêmes exigences qu'une comédie jouée au Théâtre-Français. Mais dans ce domaine plus modeste, l'évolution n'est pas moins sensible.

Eugène Labiche a été sans doute trop admiré de son temps et on l'a plutôt desservi en osant le comparer à Molière. Aujourd'hui il est trop déprisé, pour des raisons qui n'enlèvent rien à son mérite personnel et aux indéniables qualités techniques dont il a fait preuve. Il a singulièrement élargi la formule du vaudeville et la place qu'y peut tenir l'observation réaliste. En étendant jusqu'à cinq actes le cadre de ces grosses bouffonneries, il s'ouvrait un champ plus vaste pour peindre des groupes humains assez homogènes qui se retrouvaient dans des occasions diverses et des cadres différents (*Un Chapeau de paille d'Italie*, *La Cagnotte*). Plusieurs de ces mots qui caractérisent un personnage et reviennent tout au long d'une pièce, par un procédé de répétition toujours risible, ne manquent pas d'une certaine signification psychologique : (« Mon gendre, tout est rompu ! ». « Embrassons-nous, Folleville ! »). La base de son observation est souvent assez solide et ne manque pas, sous la bonne humeur constante, d'un pessimisme très averti. On a justement observé que chacune des plus intéressantes comédies de Labiche était la mise en œuvre d'une maxime de La Rochefoucauld : « Nous aimons mieux voir ceux à qui nous faisons du bien que ceux qui nous en ont fait », écrit le philosophe du XVIIe siècle, et ce pourrait être l'épigraphe du *Voyage de Monsieur Perrichon* ; « Nous gagnerions plus de nous laisser paraître tels que nous sommes que d'essayer de paraître ce que nous ne sommes pas », et c'est *la Poudre aux yeux* : « On veut être averti jusqu'à un certain point, mais on ne veut pas l'être en toutes choses et l'on craint de savoir toutes sortes de vérités », et c'est *Doit-on le dire* ? « Il ne faut pas s'offenser que les autres nous cachent la vérité puisque nous la cachons si souvent à nous-même », et c'est *le Misanthrope et l'Auvergnat*. La fameuse définition de l'amour-propre donne le portrait même du héros de *Moi* qui déclare, en propres termes : « Retiens bien cette maxime d'un sage ; toute la science de la vie est là : On n'a pas trop de soi pour penser à soi ». Mais beaucoup d'heureuses inventions techniques de Labiche ont vieilli à force d'avoir été imitées par d'autres ; le thème de *Maman Sabouleux*, où l'on voit un homme obligé d'exercer un métier dont il n'a pas la moindre notion, a été depuis exploité vingt fois et dans certaines pièces fort brillantes comme *l'Anglais tel qu'on le parle* ; des préparations qui semblaient ingénieuses en 1865 nous paraissent aujourd'hui cousues de fil blanc. Les poursuites échevelées des personnages qui courent les uns après les autres sans pouvoir se rattraper, ou se rencontrent alors qu'ils se fuyaient, nous les retrouvons dans cent vaudevilles écrits sur le même modèle ; elles sont aujourd'hui réalisées d'une façon beaucoup plus frappante et avec des moyens beaucoup plus riches par le cinéma.

Surtout les mœurs de la petite bourgeoisie que dépeint Labiche sont plus éloignées des nôtres que celles des personnages de Molière. Nous avons peine à comprendre cette génération d'un égoïsme passif, qui avait la superstition de l'orthographe et de l'uniforme, possédait des domestiques mâles, passait ses dimanches dans une maison de banlieue avec une boule de verre au milieu du jardin, pratiquait l'adultère sournois ou les amours ancillaires, ignorait les sports et la nature et ricanait devant la peinture, la poésie et la musique. Alors que notre comédie légère a été, depuis plus d'un demi-siècle, enrichie de tant de caractères féminins gracieux et nuancés, les femmes de Labiche sont d'une désolante monotonie et d'une affligeante pauvreté psychologique ; elles se réduisent à quelques types invariables : « l'oie blanche », la mère rusée et bornée, l'irrégulière incandescente et ridicule. Lorsqu'il reçut Labiche à l'Académie Française, John Lemoinne lui rappela que l'on avait adapté *le Voyage de Monsieur Perrichon* à l'usage des pensionnats masculins ; tous les rôles de femmes avaient été supprimés et les deux jeunes gens, au lieu de se disputer la main de Mlle Perrichon, entraient en concurrence pour le fonds de carrosserie que devait céder le père. Et l'académicien ajoutait, non sans malice, que la pièce n'y avait à peu près rien perdu. C'est le temps où trône le salon aux meubles toujours recouverts de housses (1). Tout ce monde mesquin et rétréci évolue dans une atmosphère qui sent le rond-de-cuir, la camomille, la pommade rance, le bain de pied de moutarde et le gilet de flanelle douteux. Il existe encore de ces milieux racornis un certain nombre de spécimens, mais il en est peu qui osent aujourd'hui

(1) Il y a sur cette habitude des housses, si caractéristique de la bourgeoisie du XIXe siècle, une assez jolie tirade ironique dans *la Cigale chez lez Fourmis*. Mais il ne faut pas oublier que cette pièce a été écrite en collaboration avec Ernest Legouvé. Comme c'est la seule où se manifeste quelque sentiment esthétique, il est permis de croire que les parties de ce genre représentent l'apport du collaborateur de Labiche.

avouer aussi candidement leur infirmité intellectuelle et morale. Labiche pâtit d'avoir peint cette petite bourgeoisie ignare, inerte et passive, cette époque obstinément fermée à l'art, où l'on sifflait Wagner, Berlioz, Courbet et Manet, où Victor Hugo était en exil, où Flaubert et Baudelaire passaient devant les tribunaux. Mais il l'a peinte avec autant de soin que de vérité, en nuançant sa clairvoyance d'une réelle sympathie, car il n'était pas moins bourgeois que tous ses héros. Il a rempli de traits savoureux le moule ingénieusement construit mais à peu près vide que lui léguait Scribe; surtout il a montré, dans quelques scènes vigoureuses (1), le fonds égoïste et lâche de la nature humaine sans pourtant cesser jamais de faire rire.

A la même époque, Meilhac et Halévy apportent plusieurs notes toutes nouvelles, si différentes du ton de Labiche, que l'on a peine parfois à croire qu'ils ont été exactement contemporains. Tout d'abord en créant l'opéra-bouffe, ils réintègrent dans le comique la fantaisie, l'outrance et la caricature et s'évadent ainsi de la platitude où se traînait le vaudeville chez leurs prédécesseurs. L'audace dans l'irrespect (*la Grande Duchesse de Gérolstein*), la hardiesse des situations (*la Vie Parisienne*), la cocasserie de la parodie (*la Belle Hélène*) donnent à la bouffonnerie une liberté d'allures, que le timide et trop étroit talent de Scribe et de ses émules ne pouvait ni risquer, ni même soupçonner. En outre, ils relèvent de plusieurs étages le niveau social des héros dont ils montrent les travers, les ridicules et parfois aussi les côtés touchants ou émouvants. Avec eux, nous ne sommes plus dans cette bourgeoisie aux vues étroites et aux vices mesquins, nous assistons à l'existence fantaisiste de l'aristocratie du Second Empire, assez vite reformée après les années qui suivent 1871 : dépensière, libre d'allures, médiocrement soucieuse du qu'en dira-t-on, éprise de sentiments à fleur de peau et parfois de complications assez perverses, elle est entraînée dans un tourbillon où les têtes les plus solides perdent leur équilibre.

(1) Voir notamment l'excellente scène de *Moi*, où s'affirme avec tant de cynique candeur l'égoïsme de Dutrécy. Acte III, sc. XI.

Avant comme après 1870 le répertoire de Meilhac et Halévy moissonne dans ce milieu élégant nombre d'observations fines et pénétrantes, sous des allures négligentes et légères. La charpente des pièces devient beaucoup moins apparente, les procédés de construction beaucoup plus variés et imprévus ; en même temps l'observation s'étend aux groupes sociaux les plus divers. Une pièce franchement comique comme *la Boule* (1874) nous fait assister tantôt à la dispute d'un ménage de la haute bourgeoisie en instance de séparation, tantôt à la vie des coulisses ou à celle des tribunaux. Ailleurs, ce sont des scènes de sentiments nuancées et très fines, dont on trouvera l'équivalent dans le théâtre du XVIIIe siècle, mais qui sont ici entièrement renouvelées grâce au changement des mœurs. Telles sont ces œuvres délicates qui s'intitulent *l'Eté de la Saint-Martin* (1873) ou *la Petite Marquise* (1874), où l'on retrouve enfin, après tant de lourdeur psychologique et de comique épais, la grâce immatérielle de Marivaux. Il faut surtout signaler la formule très nouvelle inaugurée par *Frou-Frou* (1869), qui présente un mélange savoureux de légèreté mondaine et de sentiments sincères, de comique élégant et de pathétique, discret d'abord, puis poussé jusqu'au tragique à la fin de la pièce. Le grand mérite de Meilhac et Halévy est, avant tout, d'avoir peint de vraies femmes, nuancées et complexes, et des jeunes filles qui ne sont pas nécessairement les ingénues immaculées et niaises exigées par la tradition sous peine d'immoralité et de scandale (1).

On ferait des observations du même genre au sujet de Sardou, grand constructeur d'intrigues, mais souvent aussi observateur très perspicace. Sarcey lui reprochait d'avoir voulu, dans *les Pattes de Mouches*, justifier, par des indications psychologiques précises, le caractère original de son héros, au lieu de le donner simplement comme tel, c'est-à-dire de peindre un caractère, au lieu de le supposer admis pour ne s'attacher qu'à l'intrigue. Or ce sont précisément ces peintures qui conservent au-

(1) Voir les articles de 1869 et de 1897, où Sarcey reconnaît ces mérites à Meilhac et Halévy (*Quarante ans de théâtre*, t. II).

jourd'hui quelque valeur aux pièces de Sardou. Ce que Sarcey admirait dans *Nos Intimes*, ce sont les ficelles trop visibles de l'exposition, des péripéties et du dénouement, et le fameux mot à double entente : « Saute donc, animal ! » qui déchaîne le rire dans une situation presque tragique. Ce qui nous intéresse aujourd'hui dans la même comédie, ce sont les nuances observées dans les caractères divers de ces « intimes » qui ne sont pas des amis. L'intrigue sentimentale sur laquelle est bâtie une pièce comme *Nos Bons Villageois* nous semble fausse et assommante ; en revanche toute l'observation minutieusement exacte dans les deux premiers actes, qui nous initient aux mœurs des paysans voisins de la capitale, a conservé son prix et relie les comédies de Dancourt au *Bourgeois aux champs* de M. Brieux, par une chaîne ininterrompue fort instructive pour l'histoire des mœurs. On pourrait apporter la même discrimination dans des pièces comme la *Famille Benoîton*, *Divorçons*, etc.

Avec moins de distinction que Meilhac et Halévy, moins de variété dans les moyens que Sardou, mais autant d'habileté technique, Gondinet présente le même mélange : un comique de situations mis en œuvre dans une intrigue aux préparations trop minutieuses et aux coups de théâtre trop attendus, mais servant de cadre à une étude de milieux souvent très curieuse et très amusante. *Le Panache* (1875), *Un Parisien* (1886) renferment des scènes aussi plaisantes qu'exactes et dans deux comédies bien oubliées : *les Tapageurs* (1877) et *le Club* (1879), Gondinet a donné l'exemple d'une hardiesse tout à fait extraordinaire à cette date : l'intrigue de ces deux jolies pièces est réduite à presque rien et tout leur succès, qui fut réel, provint non seulement d'une interprétation éblouissante, mais aussi d'un dialogue mondain plein d'esprit et transcrit avec autant d'art que de fidélité.

Sauf dans ce cas isolé et exceptionnel, le comique réaliste ne se dégage pas encore de sa gangue ; jusqu'à l'avènement du Théâtre-Libre on croit encore nécessaire de l'alourdir d'une intrigue compliquée et souvent peu vraisemblable ; mais ce qu'il y a de vieilli et de monotone dans cette formule ne doit pas nous rendre injustes pour les vaudevillistes : tandis que la comédie sérieuse admettait, elle aussi, le sourire spirituel ou le rire franc provoqué par la justesse frappante d'une pénétrante observation, les meilleurs d'entre les auteurs de vaudevilles nous laissaient quelques croquis de mœurs familiales, populaires, bourgeoises, mondaines, judiciaires ou militaires beaucoup plus précis et plus voisins du réel que ne l'avaient fait leurs prédécesseurs.

On ne saurait s'attendre à rencontrer une reconnaissance impartiale de ces mérites chez les novateurs qui, à partir de 1880, prétendent détruire tout le théâtre traditionnel et considèrent le mot *vaudevilliste* comme la pire des injures. Dans un article spirituel et incisif publié en 1891 par la revue *la Plume*, et recueilli au tome premier du *Théâtre vivant*, Jean Jullien donnait une analyse féroce des procédés par lesquels le premier venu pouvait fabriquer un vaudeville de placement courant, en prenant pour base un article du code et en mélangeant *secundum artem* les personnages conventionnels et les quiproquos classiques, et il concluait : « A ces combinaisons, la raison humaine est étrangère ; ce ne sont pas, en effet, des créatures vivantes que doivent représenter des acteurs, pourtant en chair et en os, ce sont les êtres complaisants d'un monde fictif, tout bons ou tout mauvais ; ils sont d'une grandeur héroïque ou d'une bassesse odieuse ; l'un d'eux sera obligatoirement ridicule, et la sensiblerie sera réservée aux amoureux sympathiques. Peu importe que ces marionnettes mettent de la logique dans leurs mouvements sur la scène, ou expriment des sentiments sincères dans la marche de l'action, elles ne sont rien par elles-mêmes et n'ont pas plus de valeur que les pièces d'un échiquier. »

De toutes parts, à cette époque, on réclamait pour le théâtre les mêmes droits à la vérité que pour le roman. Dans la préface remarquable écrite par Emile Zola pour *les Annales du Théâtre et de la Musique* en 1878 (1), le grand romancier naturaliste

(1) Année 1879, rendant compte de la saison 1878.

définissait avec autant de vigueur que de perspicacité ce que les gens de lettres, dignes de ce nom, attendaient du théâtre pour consentir de nouveau à y collaborer. Il écrivait : « Pendant que les romans fouilleront toujours plus avant, apporteront des documents plus neufs et plus exacts, le théâtre pataugera davantage, chaque jour, au milieu de ses fictions romanesques, de ses intrigues usées, de ses habiletés de métier. La situation sera d'autant plus fâcheuse, que le public prendra certainement le goût des réalités dans la lecture des romans. Le mouvement s'indique déjà, et avec force ; il viendra un jour où le public haussera les épaules et réclamera lui-même une rénovation. Ou le théâtre sera naturaliste, ou il ne sera pas, telle est la conclusion formelle. » Pourtant il ne déniait pas à certains vaudevillistes le mérite d'avoir apporté une contribution encore timide à l'évolution réaliste ; il reconnaissait à Labiche une franche verve comique, voyait en Meilhac et Halévy de fins observateurs de la vie parisienne et accordait une mention spéciale à Gondinet, « qui achève de démoder la formule de Scribe par ses tableaux si spirituels traités en dehors de toute action ».

Plus tard, M. Thalasso, examinant à distance la nature et la portée du mouvement réaliste, continuera de maudire Scribe qui, par le mouvement factice de ses pièces, a empoisonné tout notre théâtre pendant plus d'un demi-siècle et avec lui Sardou, « plus royaliste que le roi », ainsi qu'Augier et Dumas fils dans la mesure où ils ont suivi Scribe ; il est plus dur encore pour Sarcey, qui a encouragé les auteurs à s'enliser dans cette doctrine mortelle. Mais il reconnaît que ces mêmes auteurs, dans certaines parties de leurs œuvres, ont préparé la voie au « théâtre vivant » : Augier en dessinant quelques types vigoureux, Dumas par ses peintures de certains milieux parisiens, Sardou par son sens du mouvement des foules, Labiche, Gondinet, Meilhac et Halévy par les tableaux satiriques qu'ils ont donnés d'individus ou de groupes humains pris sur le vif (1).

Mais, en général, les apologistes du Théâtre-Libre sont tentés

(1) Thalasso. *Le Théâtre-Libre*, 1909.

d'exagérer ce qu'il y a d'artificiel dans ce qui les précède et ce qu'il y a de conforme à la vie dans ce qu'ils ont produit. Jean Jullien écrit, en parlant des vaudevillistes : « Aux balivernes menteuses ils ont joint la situation tordante, le mot aphrodisiaque, et leurs esthètes décrétèrent que le théâtre ne devait plus être qu'un intermède joyeux entre la table et le lit, facilitant la digestion et préparant aux ébats nocturnes : tout pour le ventre et le bas-ventre. » Il définissait d'autre part le théâtre nouveau comme « une image vivante de la vie ». Il y avait là, en même temps qu'un peu d'injustice, une grande présomption, car le rapprochement du théâtre et de la vie reste toujours en partie illusoire. Ce n'est pas ici le lieu de discuter de la réussite ou de l'échec du Théâtre-Libre en matière de psychologie ou de mise en scène, mais en ce qui concerne le comique, qui tient assurément dans les pièces de cet ordre une moins grande place que le pathétique, il est possible de déterminer dans quel sens il se rapproche de la vérité. Ce sens était déjà indiqué avant les efforts héroïques d'Antoine, par le devancier immédiat du Théâtre-Libre, Henry Becque, qui réalisa beaucoup mieux que la plupart de ses successeurs la doctrine même des réformateurs dramatiques d'alors.

Le théâtre de Becque présente à cet égard trois caractères essentiels : 1° simplification de l'intrigue, ce qui enlève au comique de situations sa complexité touffue, mais lui donne par là même une force accrue et un effet beaucoup plus direct ; 2° audace psychologique qui, dans le comique comme dans le pathétique, amène des effets nouveaux, parce qu'elle ose aborder certains cas jusque-là interdits au théâtre ; 3° adaptation étroite du *mot* aux caractères et aux situations, ce qui élimine, au profit de la vérité, le comique purement verbal (calembours, facéties et mots d'auteurs étrangers au sujet). Car — et l'on s'y est bien souvent trompé — Becque n'est pas un auteur spirituel ; si l'on trouve chez lui des mots d'esprit, c'est parce qu'il excelle à condenser en une formule saisissante le contraste comique qui jaillit de l'inconscient même du caractère. La peine que se sont donnée certains interprètes pour mettre en valeur, avec des intentions trop soulignées, tous les détails d'un dialogue où ils voyaient bien à tort de l'esprit d'auteur, a contribué trop souvent à fausser l'interprétation de ces chefs-d'œuvre (1).

Deux exemples suffiront : dans la scène fameuse des *Corbeaux* où Lefort et Tessier viennent de se traiter respectivement de « saltimbanque » et de « polichinelle », Mme Vigneron intervient pour les séparer et l'un des deux hommes l'arrête en lui disant : « On n'interrompt jamais une conversation d'affaires ! » Toute l'admirable exposition de *la Parisienne* est dominée par le leit-motiv de Lafont : « Ouvrez ce secrétaire et donnez-moi cette lettre ! » dont la répétition fait jaillir invinciblement le rire. Elle est terminée par la fameuse réplique : « Prenez garde, voilà mon mari » dont l'effet est, suivant la mentalité des spectateurs, de surprise, d'indignation ou de rire. Dans tout cela rien qui ait été cherché par l'auteur pour faire apprécier son propre esprit ; le rire jaillit directement du caractère des personnages et de leurs situations. Dans l'un et l'autre cas cette situation est très simple, dénuée de quiproquos et d'imbroglios ; son mérite est de nous faire voir en face des vérités psychologiques que l'on évitait jusque-là de montrer au théâtre : ici la vilenie candide et la bouffonnerie profonde cachées sous le sérieux apparent des gens d'affaires ; là l'inconscience qui domine dans une liaison organisée, avec ses malentendus et ses discussions reposant sur une situation fausse.

Si l'on a reproché à Becque l'amertume de son comique, c'est qu'on n'a pas voulu voir qu'il revenait en droite ligne à la tradition de Molière, en s'écartant volontairement des sentiers agréables et monotones bordés de fadeurs convenues et d'agréments artificiels. Le dernier biographe de l'auteur des *Corbeaux* rapproche fort justement une réplique dont on

(1) Je suis ici pleinement d'accord avec une comédienne de très grand talent, une des meilleures interprètes de *la Parisienne*, Mme Devoyod, qui a recueilli de la bouche d'Henry Becque lui-même des indications précieuses sur le caractère spontané que doivent revêtir les mots frappants du rôle de Clotilde.

a fait grief à Becque d'un des passages les plus connus de l'*Avare*. Le notaire dit à Mme Vigneron : « Vous avez dû vous rendre compte de ce que laissait M. Vigneron. Quand on perd un mari, c'est la première chose dont on s'occupe. » Y a-t-il là plus de cruauté et de misanthropie que dans ce dialogue entre Frosine et Harpagon : « Il faudra vous assommer, vous dis-je, et vous mettrez en terre vos enfants et les enfants de vos enfants. — Tant mieux ! » (1). De même ne retrouvons-nous pas cette peinture si chère à Molière de l'obsession qui fait déraisonner jusqu'à la bouffonnerie un être en proie à une passion unique, dans cette réflexion d'Antonia, l'héroïne de la *Navette* : « J'ai été folle de ce garçon et maintenant je ne peux plus le voir en face. Comme les hommes changent ! »

Peu nous importent les dissentiments entre Becque, plus classique et plus respectueux de la construction théâtrale, les naturalistes, qui prétendaient avant tout adapter à la scène les théories déjà appliquées avec succès par le roman, et les auteurs du Théâtre-Libre, jaloux de leur renom de novateurs et partisans de « la tranche de vie mise sur la scène avec art », c'est-à-dire prétendant donner au spectateur l'impression qu'il est introduit, par une sorte d'opération magique, dans un milieu qui continue de vivre sous ses yeux comme s'il était toujours sans témoin. A distance, et sauf pour des théoriciens ayant des raisons personnelles de se montrer les partisans exclusifs de l'une ou l'autre de ces trois positions, les différences s'effacent et, dans l'ensemble, les acquisitions du réalisme restent, pour les adeptes du Théâtre Antoine, sensiblement ce que nous avons défini en parlant de Becque lui-même :

D'abord le comique le plus poussé peut sortir d'une action simple, nue, qui ait, comme le veut Becque, « un commencement, un milieu et une fin », mais dont les divisions, le mouvement et la progression soient uniquement déterminés par des facteurs psychologiques. Parmi les auteurs comiques révélés par le Théâtre-Libre, le plus caractéristique à cet égard a été Georges Courteline ;

(1) Voir Paul Blanchart. *Henri Becque*, Paris, 1930.

il ne s'est jamais appliqué à construire une grande machine vaudevillesque, les seules pièces de quelque étendue qu'il ait données au théâtre sont tirées de ses romans et ne sont qu'une suite de tableaux de mœurs sans intrigue postiche. On lui a fait un mérite de « ne pas avoir de métier pour deux sous » (1). On s'imagine fort bien *le Client sérieux* devenant le quatrième acte d'un vaudeville laborieusement échafaudé, *Gros chagrins* réduit à n'être qu'une scène épisodique préparant le dénouement d'une comédie sur une rupture suivie de raccommodement ; on pourrait compliquer *le Gendarme est sans pitié* en montrant le baron Larade arrêté dans ses projets de mariage par ses démêlés avec la justice ou la fille du baron fiancée au neveu du substitut. On voit bien ce qu'y perdraient ces savoureuses esquisses, mais non ce qu'elles pourraient y gagner. Le triomphe de cette simplification est d'avoir amené un technicien aussi expert que Georges Feydeau dans la construction de vaudevilles archi-compliqués à produire de simples petits sketches — la meilleure partie de son œuvre — où il se range volontairement à la simplicité courtelinesque (2). En pratique, sans que disparaisse le vaudeville traditionnel, le théâtre a reconnu comme un genre légitime et se suffisant à lui-même la pièce comique faite d'observation satirique, sans le secours d'aucun imbroglio.

De plus le Théâtre-Libre a fini par imposer au public certaines audaces psychologiques contre lesquelles, au début, de très vives protestations s'élevèrent. On sait qu'aux premières représentations des *Corbeaux*, c'est à peine si la scène entre Mme de Saint-Genis et Blanche put s'achever, tant les spectateurs étaient indignés de voir paraître sur le théâtre une jeune fille qui s'était donnée à son fiancé. On n'ignore pas toutes les sottises puritaines qui se sont déchaînées contre le simple titre de *la Parisienne*, où l'on a voulu voir un danger terrible pour le prestige de la France à l'étranger. Il n'est pas d'ouvrages dramatiques abordant un aspect nouveau ou depuis longtemps délaissé des

(1) Thalasso. *Le Théâtre-Libre.*
(2) *On purge Bébé. Mais ne te promène donc pas toute nue !* etc.

sentiments humains et surtout des passions sexuelles, qui n'ait suscité de violentes clameurs. Sans doute il y avait dans certaines de ces pièces audacieuses à bon marché des outrances et des sottises qui ne méritent plus aujourd'hui qu'un sourire ou qu'un haussement d'épaules ; il n'en est pas moins vrai qu'une certaine convention platement optimiste était en train de se déconsidérer et de perdre tout crédit. Dans le genre gai qui nous occupe ici, des auteurs comme Courteline, Pierre Veber, Pierre Wolf ont écrit des pièces fort amusantes, qui supposent une vision assez pessimiste de l'homme et surtout de la femme; le vaudeville mettait en lumière, avec une bonhomie dénuée d'amertume, l'infirmité intellectuelle ou l'égoïsme passif de ses héros ; le Théâtre-Libre met à nu l'infirmité morale, l'égoïsme agressif — muflerie ou rosserie — d'une génération moins heureuse que la précédente et moins quiètement établie dans une béatitude mesquine. Les effets obtenus procèdent du même esprit que ceux de *Turcaret* ou des pièces les plus vigoureuses de Molière. L'excès de ce pessimisme préalable a conduit naturellement à un poncif : « La vie comporte des laideurs, que l'ancien théâtre s'était toujours efforcé de cacher. Il est certain que les ingénues n'y sont pas toujours aussi pures que dans les comédies du répertoire, ni les jeunes premiers aussi beaux, et une observation, même superficielle, nous montre que l'humanité possède un nombre respectable de mufles. A ne voir les individus et les actes que sous le côté « rosse », les suiveurs outranciers du mouvement dont Antoine avait été le promoteur créèrent une nouvelle convention, la convention amère, à laquelle on donna le nom de « genre Théâtre-Libre » (1).

Mais chez les meilleurs producteurs de cette école se dressent des figures inoubliables qui provoquent en nous un rire amer, mêlé parfois de pitié et qui n'eussent pas été admises sous le règne des conventions émollientes et bénisseuses. Le type le plus frappant en ce genre est ce malheureux Poil-de-Carotte ; sa fameuse réplique : « Tout le monde ne peut pas être orphe-

(1) Jean Jullien. *Le Théâtre Vivant* (1892 et 1896).

lin ! » est d'un comique profond et désespéré qui peut rivaliser avec certains mots de Molière. Il est juste de noter aussi que les pièces comiques du genre Théâtre-Libre introduisent sur notre scène un type nouveau de femme, inculte, insubordonnée, volage, perverse et pourtant attirante ; elle est très inférieure à l'homme dont elle partage la vie et pourtant celui-ci n'arrive pas à se déprendre d'elle : type observé certainement par Courteline, Pierre Veber et d'autres dans leurs relations montmartroises et qui n'a pas d'équivalent dans le théâtre antérieur.

Il arrive parfois que, se complaisant dans ce genre de peinture, l'auteur fasse dire à son personnage avec une sorte d'élan sincère, peu justifiable psychologiquement, tout ce que nous devons penser de lui. Alors, dans cette exaltation de la muflerie qui se complaît en elle-même, une forme nouvelle de romantisme se crée au milieu de ce comique réaliste qui se prétend si proche de la vie. Qu'on lise par exemple l'éloge du bourgeois, prononcé par le maire dans l'*Epidémie* de Mirbeau, et l'on verra comment la cruauté de la satire, le besoin d'égratigner et de mordre, amène l'auteur à faire confesser, contre toute vraisemblance, par ceux qu'il n'aime point, leur propre turpitude.

On pourra enfin noter les mêmes caractères et les mêmes contrastes en ce qui concerne la forme. Le Théâtre-Libre s'est piqué de scandaliser le bourgeois par le réalisme de son vocabulaire. Il est sans doute un peu puéril de s'attarder à de vaines indignations, et nous renvoyons aux statistiques diligemment dressées par M. Bissel (1) les personnes curieuses de savoir à quelle date exacte on a commencé de prononcer le mot de Cambronne sur la scène ou d'y blasphémer le nom du Seigneur. Mais à coup sûr, ces exagérations et ces bravades ont amené une réaction nécessaire contre les timidités conventionnelles de l'époque précédente. Sarcey lui-même avouait en 1895 que, parmi tant de nouveautés du Théâtre-Libre, dont il ne voulait reconnaître ni l'urgence ni l'utilité, une réforme salutaire

(1) Clifford H. Bissel. *Les Conventions du Théâtre bourgeois contemporain en France* (1887-1914), 1930.

s'était opérée dans le langage scénique : « Nous faisions trop bon marché du détail précis, naïf et pittoresque dans les études que nous hasardions de l'âme humaine... Aujourd'hui nous voulons un certain goût de vérité, un langage qui se rapproche du langage ordinaire. »

A vrai dire il ne s'en rapproche pas toujours autant que pourraient le faire croire les programmes tout théoriques du Théâtre-Libre. Parfois, un certain besoin d'échapper à la platitude du réel, de s'élever jusqu'à ce lyrisme comique qui a fait la grandeur de Rabelais et n'a manqué ni à Molière, ni à Regnard, ni à Beaumarchais, vient tourmenter des réalistes imprégnés de classicisme tels que Courteline, en qui survit ce goût de stylisation et de poésie. Ils s'évadent alors vers une bouffonnerie exaltée et imagée, et voilà pourquoi les déménageurs d'*Hortense, couche-toi* parlent en vers, pourquoi La Brige s'emportant contre les iniquités de la loi ou Trielle contre la sottise malfaisante de sa femme, s'expriment en termes trop littéraires, trop écrits, pour prétendre à une réalité stricte, mais d'une saveur exquise et d'une franche énergie, qui, cette fois encore, évoquent irrésistiblement le nom de Molière.

Cette tendance à superposer au réel l'étrange et le fantaisiste se manifeste à cette époque dans plusieurs foyers d'art d'ordre fort différent et, au début, bien éloignés du Théâtre-Libre : le Chat-Noir, où fleurit l'esprit montmartrois, fait d'irrespect, de gaminerie, d'imprévu, d'ironie continue et de ce « comique d'idées » qui anime la parodie et la comédie allégorique à la manière de M. Maurice Donnay (2) ; le journalisme aussi, où des chroniqueurs plus alertes que leurs aînés, moins pontifiants, moins superficiels aussi, apportent dans leurs articles, et de là bientôt au théâtre, cette légèreté spirituelle mêlée d'un goût de pénétration psychologique qui caractérise, dans l'un et l'autre genre, un Lemaitre, un Capus et un Lavedan. Enfin il faut signa

(1) *Annales du théâtre et de la musique*, 1895 (revue de l'année 1894).
(2) C'est au Chat-Noir que M. Donnay s'est fait d'abord connaître avec *Phryné*, avant de donner aux boulevards *Lysistrata*.

ler à part une manifestation isolée, simple farce de rapin en apparence, discutable à coup sûr, peut-être puérile dans ses origines, mais dont les répercussions ont été considérables. C'est la première représentation d'*Ubu Roi* (1896) où Alfred Jarry, par l'incohérence, l'énormité, l'absurdité voulue d'un comique déchaîné, a montré qu'une partie du public français était capable d'oublier ses qualités habituelles de mesure, de logique, pour goûter tout l'excès d'une fantaisie poussée à ses dernières limites.

Réalisme minutieux ici, fantaisie débridée ailleurs, voilà des éléments bien différents ou même opposés, mais qui tous contrastent avec l'étroitesse timide et le sourire contraint de la comédie traditionnelle qui avait suffi, pendant trois quarts de siècle, à égayer décemment les gens qui se piquaient d'être bien élevés. De tous ces éléments disparates qui, entre 1880 et 1900, se heurtent avec quelque violence, va sortir, par un amalgame mystérieux, grâce à des dosages multiples et subtils et aussi sous l'influence prédominante de certains tempéraments originaux, la comédie légère d'avant-guerre, type nouveau et complexe qui, après le vaudeville conventionnel et l'amertume du comique réaliste, mérite une étude à part.

XIII

COMIQUE D'AVANT-GUERRE ET D'APRÈS-GUERRE

Durant les premières années du XXe siècle, les pièces de notre théâtre qui traitent des sujets contemporains présentent deux caractères généraux, résultant de la lente évolution que j'ai tenté de décrire dans les chapitres précédents : tout d'abord le comique a partout sa place, le mélange des tons, proscrit sans rémission par la critique classique du XVIIIe siècle, âprement discuté au moment de la réforme romantique, est désormais universellement admis. La question ne se pose même plus : après les comédies d'Augier et de Dumas, aucun critique ne songe à se scandaliser devant l'alternance de conversations frivoles avec des situations pathétiques. Parmi les pièces représentées de 1890 à 1914 on n'en trouverait peut-être pas trois, même chez les dramaturges les plus sérieux, qui n'admettent pas dans un sujet tragique la détente, au moins fugitive, d'un sourire. Aucun drame romantique n'a réalisé le mélange du bouffon et de l'héroïque aussi complètement que *Cyrano de Bergerac* et l'*Aiglon*. D'autre part, à côté des types classiques de pièces qui tombent plus ou moins dans le domaine commercial, d'autres d'une coupe plus libre et plus neuve s'imposent peu à peu au public et la comédie légère prend insensiblement une forme plus souple, plus variée, qui aura bientôt, elle aussi, ses traditions,

(1) Même chez François de Curel, si grave et si tendu, la note plaisante apparaît. Seuls peut-être les drames d'idées, constamment nobles, de M. Edouard Schneider échappent à la règle.

ses conventions et ses poncifs, mais qui, en attendant, marque un progrès certain dans le rapprochement avec la réalité.

Sans doute on joue encore, mais en moins grand nombre, des mélodrames du genre Ambigu, tirés le plus souvent de romans-feuilletons et faisant alterner le rire et les larmes dans une intrigue à charpente un peu trop visible, où les situations violentes voisinent avec les « clous » de la mise en scène. D'Ennery a plusieurs successeurs dignes de lui dont le plus connu, Pierre Decourcelles, a donné dans *les Deux Gosses* un spécimen tout à fait caractéristique de ce genre de littérature. On continue aussi à fabriquer en assez grand nombre des vaudevilles à quiproquos, poursuites, travestissements, dont un gigantesque lit forme le point central où convergent tous les fils de l'intrigue. Mais parmi les fournisseurs attitrés de ce genre d'ouvrages, plusieurs tiennent à démontrer qu'ils sont capables d'écrire quelque chose de moins conventionnel et de plus fin ; nous l'avons vu à propos de Feydeau, on en pourrait dire autant de Pierre Veber qui, parti du Théâtre Libre, a sacrifié à la muse rémunératrice du vaudeville, mais en ayant toujours la coquetterie de prouver, dans quelques scènes, ses qualités d'observation réaliste et parfois délicate.

Mais les deux genres qui triomphent à cette date, aussi bien auprès du grand public que des esprits cultivés, ce sont la comédie pathétique et la comédie légère. Dans la première (celle de Porto-Riche, d'Hervieu, de Brieux, de Bataille, de Bernstein, de Lavedan, de Donnay) le comique a toujours sa place. On la lui réserve dans la description du milieu ; il aide à créer une atmosphère ; les scènes où il apparaît, c'est par exemple la conversation des amis de Dominique dans *le Passé*, du vieux sculpteur et de ses disciples dans *la Femme Nue*, l'entretien ironique qui ouvre *le Retour de Jérusalem*, ou les papotages mondains qui, dans toutes les pièces de Bernstein, précèdent une catastrophe et semblent l'annoncer par leurs rires forcés, leurs plaisanteries crispées et leur vaine affectation d'insouciance. C'est la partie de ces œuvres qui a vieilli le plus vite, car elle visait trop l'actualité immédiate ; elle s'encombrait de mots d'auteurs ou même de calembours, passés directement du Chat-Noir ou des cafés boulevardiers sur les scènes du Vaudeville ou du Gymnase. Dans son livre sur *les Conventions dans le Théâtre bourgeois contemporain*, M. Bissel en emprunte un grand nombre au répertoire de M. Maurice Donnay, chez qui cette manie est plus marquée que chez aucun autre ; par exemple ce choc de répliques dans *la Douloureuse* : « L'amour me fait voir l'humanité en mauve. — Et moi en fauve ! » On y parle aussi d'un député qui a proposé « l'impôt sur le parvenu ». Dans *Paraître*, un des personnages s'écrie : « Nous faisons vivre des milliers de travailleurs » et on lui répond : « Il vaudrait mieux faire travailler des milliers de viveurs ». Dans *Georgette Lemeunier* on parle d'un Français qui a épousé une Américaine et qui s'est bien vite séparé d'elle : « Au bout de six mois de mariage, ils font continent à part ». Voici un dialogue de *l'Escalade* où il est question d'une jeune femme assez légère : « Et son mari, qu'est-ce qu'il faisait, pendant ce temps-là ? — Il était à l'armée. — On le serait à moins. — Il était à l'armée du Roy ».

Sans doute chez Donnay plus que chez aucun autre, les habitudes de la butte sacrée sont restées vivaces ; mais on trouverait sans peine des échantillons analogues, avec plus ou moins d'aisance et parfois beaucoup de lourdeur académique chez Porto-Riche, Hervieu, Bernstein, Bataille, ou même chez François de Curel. Parfois l'esprit s'étale encore en développements oratoires à la manière de Dumas, mais avec quelques précautions et une certaine crainte du pédantisme, avec le souci de paraître léger dans les sujets les plus graves. Voyez par exemple comment, dans *la Course du Flambeau* de Paul Hervieu, Maravon, dont l'auteur a fait à dessein un vieil universitaire, s'y prend pour expliquer à Sabine ce qu'étaient les « lampadophories ». Après son petit exposé d'érudition hellénique, il termine sa démonstration sur un mode plus badin et plus satirique.

Relisez les commandements du mont Sinaï : pas un mot sur les devoirs envers la progéniture ! Pourquoi donc ? Parce que c'était inutile. Parce que toutes les créatures s'étaient mises d'instinct à soigner leurs petits. Mais les devoirs envers les parents, voilà ce qui n'a pas été sous-entendu ; voilà ce qui n'allait pas de soi-même ! « Honore tes père et mère, afin de vivre longuement sur la terre ». Il n'y a pas que l'injonction, il y a pour allécher, la promesse d'une prime à réaliser, dès ce bas monde.. Croyez-moi, la reconnaissance filiale n'est pas spontanée ; elle est un effort de civilisation, un fragile essai de vertu !

Ce besoin d'être léger dans les questions les plus essentielles et les plus sérieuses nous est difficilement pardonné par certains étrangers ; les générations plus jeunes l'éprouvent beaucoup moins que celles des environs de 1900 dont il forme une des marques spécifiques.

A plus forte raison ce genre d'esprit fleurit-il dans la comédie légère, ultralégère parfois (*les Bleus de l'Amour*, de R. Coolus, ou *l'Homme à l'oreille coupée* de Francis de Croisset par exemple), souvent aussi mesurée et décente, mais toujours désinvolte, aisée, élégante, parisienne enfin, avec tout ce que ce mot implique de fragile et de momentané. Elle présente des nuances bien diverses qu'un provincial ou un étranger avait quelque peine à discerner, mais auxquelles un Parisien bien informé ne pouvait se tromper. Les pièces du Vaudeville ou du Gymnase présentaient généralement un fond plus solide que celles de l'Athénée, et celles-ci conservaient une note d'émotion absente des œuvres plus franchement comiques réservées aux Variétés ou aux Nouveautés. L'Athénée a gardé, après la guerre, la spécialité de ce genre de pièces et en fournit chaque année deux ou trois exemplaires à peine rajeunis et souvent par trop voisins de la formule ancienne. Certains auteurs s'étaient fait, avant 1914, une réputation de spécialistes dans ce genre, qui demande une grande dextérité de main et un sens très subtil de ce que peut admettre le public dans le domaine de l'émotion, de la plaisanterie ou de la liberté des situations. Ce furent Paul Gavault, homme de théâtre par excellence, connaissant mieux que personne toutes les ressources du répertoire, sachant s'en inspirer, les adapter à l'actualité et créer dans la ligne traditionnelle des types d'apparence neuve et vivante ; Alfred Capus apôtre de l'optimisme et, au fond, hanté par un pessimisme désabusé et peut-être désespéré, père de nombreux fantoches inconsistants et charmants, qui prennent avec le sourire les pires angoisses et les plus effroyables catastrophes et finissent toujours par en sortir sans trop de dommage ; de Flers et Caillavet dont la collaboration a ébloui le public français pendant une quinzaine d'années, dont l'esprit scintillant et l'impertinence décidée résument toute une époque.

Dans toutes ces pièces perce à un certain moment une pointe d'émotion, sans que nous envisagions jamais sérieusement la mort d'un des protagonistes ou l'un de ces désastres dont on ne se relève pas. Il arrive parfois à ces auteurs d'aborder des sujets profonds ou graves, mais toujours sur le mode léger, dans les méandres d'une intrigue qui accapare notre attention, et souvent avec un irrespect et une ironie qui masquent l'importance des problèmes débattus. C'est sur ce ton que *les Deux Ecoles* de Capus reprennent le sujet de *Francillon*, que *la Veine* traite le thème de *la Femme Nue*. Quoi de plus grave dans une démocratie que ses relations avec les autres états et la protection qu'elle accorde aux manifestations de l'intelligence et de l'art ? De ces questions considérables, Flers et Caillavet ont fait *le Roi*, *l'Habit vert* et *le Bois sacré*, où quelques scènes touchantes viennent seules couper un continuel éclat de rire.

On pourrait croire, d'après cette définition de la pièce légère d'il y a trente ans, qu'elle continue assez exactement la tradition et les conventions de Scribe ; elle en diffère pourtant par quelques caractères qui lui sont bien particuliers.

L'intrigue est beaucoup plus simple que dans l'ancienne comédie-vaudeville ; les leçons du Théâtre-Libre n'ont pas été perdues. Le public commence à se fatiguer des préparations minutieuses trop visibles et des péripéties dont on lui a déjà présenté vingt exemplaires du même modèle. Les auteurs prennent l'habitude de réserver tous leurs efforts pour un ou deux coups de théâtre ou revirements psychologiques présentant, au moins à leur date, un certain caractère d'imprévu. Dans tout le reste le mouvement et l'esprit prennent la place d'une complexité d'intrigne qu'on abandonne au gros vaudeville dont s'esbaudit encore le public du Palais-Royal, de Déjazet ou de Cluny. Il reste ainsi une place suffisante pour développer certaines scènes psychologiques qui paraissent assez neuves puisque les types se sont eux-mêmes renouvelés.

En effet le mari volage, la belle-mère acariâtre, l'ingénue niaise, le vieux beau ridicule, le domestique familier ou fripon ont maintenant fait leur temps ; ils font place à des personnages plus nuancés, moins stéréotypés, qui viennent figurer parmi les fantoches élégants dont Meilhac et Halévy avaient donné les premiers modèles. Ici la nature du comique psychologique se modifie moins d'après l'évolution des mœurs que sous l'action de certains interprètes : on voit éclore toute une floraison de jeunes femmes fantaisistes ou de jeunes filles mal élevées après les succès obtenus dans un ou deux rôles de ce genre par Eve Lavallière et Marthe Régnier. Certains acteurs de grand talent qui avaient pris l'habitude de jouer les rôles d'amants heureux se résignaient difficilement, lorsque arrivait la cinquantaine, à se confiner dans les emplois sacrifiés de pères nobles ou de vieux soupirants éconduits. On n'imaginait pas que Lucien Guitry ou Dumény pût, dans une pièce nouvelle, se voir préférer un rival plus jeune, plus svelte, mais moins connu du public. Les auteurs qui travaillaient le plus souvent pour une vedette et qui ne créaient leurs personnages qu'en fonction des interprètes, prirent le parti de donner le beau rôle à l'homme mûr ; on vit alors une série de comédies où l'éternel amant l'emportait, quel que fût son âge, sur un jeune homme, parfois même sur son propre fils : de là le type nouveau du cinquantenaire irrésistible qui caractérise toute une série de pièces à cette époque. Comme contre-partie nécessaire, il fallait placer en face de ce Don Juan expérimenté un jeune amoureux assez sympathique pour que le triomphe obtenu sur lui ne fût pas sans gloire, mais pourtant assez gauche et assez ignorant de l'éternel féminin pour que sa défaite parût naturelle et logique. Dans ce genre de rôles, à la fois touchants et légèrement ridicules, s'est illustré un excellent comédien, M. Victor Boucher, qui continue à les tenir dans des pièces où l'emploi opposé du vieux séducteur a complètement disparu.

A côté des mots d'esprit parsemés dans le dialogue et qui n'ont pas toujours un rapport parfaitement direct avec la situation, la comédie légère utilise la tirade qu'elle emprunte aux comédies sérieuses de Scribe et de Dumas fils, à quelques-unes aussi de celles où Labiche avait essayé d'élever le ton ; mais elle en modifie profondément l'aspect : ici plus d'allure prédicante, plus de développements dogmatiques, mais un style incisif inspiré du Théâtre-Libre, un souci de la forme élégante et châtiée qui marque la réconciliation entre la littérature et le théâtre, une fantaisie spirituelle qui semble un écho du Chat-Noir et dont on retrouve d'ailleurs l'équivalent poétique dans les pièces d'Edmond Rostand, d'André Rivoire ou de Miguel Zamacoïs. Tantôt c'est un personnage cocasse et falot qui raconte avec une verve endiablée sa propre biographie (que l'on compare par exemple la scène du *Roi* où Blond retrace son existence mouvementée (1) avec le grand monologue de Figaro et le récit de Giboyer dans les *Effrontés*) tantôt c'est un développement général qui peut toucher parfois à des questions psychologiques et sociales fort graves, mais qui reste toujours dans sa forme léger, désinvolte, facilement assimilable. La tirade qui s'allège, même dans les pièces sérieuses, devient, chez Flers et Caillavet, Paul Gavault ou Capus, une sorte de hors-d'œuvre particulièrement soigné, que le public attend avec curiosité, et savoure avec délices. On peut citer comme exemples celle où Julien établit sa théorie de *la Veine*, celle où Mme Joulin explique à sa fille ce qu'elle entend par « les deux écoles » (2) ou encore cette jolie description de la messe à la Madeleine dans *l'Ange du Foyer* :

On y rencontre un tas de petites femmes froufroutantes et soyeuses qu'on a priées toute la semaine et qui viennent prier ce jour-là. Elles arrivent avec les remords de la veille et le chapeau du lendemain. Elles découvrent au ciel leur petite âme qui a souvent des dessous charmants. Elles viennent coqueter avec le Seigneur. Elles se le représentent volontiers sous l'apparence d'un

(1) *Le Roi*, acte I, scène IX.
(2) A. Capus. *La Veine*, I, 6. *Les Deux Ecoles*, III, 4.

vieil abonné de l'Opéra très bien élevé, très bon et très riche. Et elles lui disent : Mon Dieu... donnez-nous notre luxe quotidien... Accordez-nous d'aimer notre prochain et surtout d'en être beaucoup aimées. Et n'éloignez pas trop de nous les tentations. Elles s'agenouillent, elles se frappent la poitrine, pas bien fort, avec des menottes qui gantent six et quart. Les jolies petites fautes montent dans l'air et s'évaporent. Il y a dans l'atmosphère quelque chose de coupable, de voluptueux et de sacré. Cela sent l'encens et la violette. Et l'on aperçoit dans le clair-obscur des chapelles, des chevelures fauves, mal nouées, car on s'est levée de bonne heure. C'est la messe de toutes les petites pécheresses... C'est la messe de la Madeleine (1).

*
* *

Ainsi durant les vingt années qui précédèrent la grande guerre parurent un nombre considérable de ces pièces légères et agréables qui ont certainement déjà vieilli, mais qu'on aurait tort d'accabler sous un injuste dédain. Elles s'adressaient à un public beaucoup plus affiné que celui dont les vaudevilles de la monarchie de juillet faisaient les délices. Ce genre délicat et nuancé convenait particulièrement au tempérament français et portait bien la marque d'une époque où l'esprit parisien imposait son prestige à des spectateurs venus de tous les coins de la province, même de l'univers. Ce répertoire nous laisse l'image chatoyante d'un temps où régnait une réelle douceur de vivre ; mais il faut bien reconnaître qu'entre ces auteurs réputés « bien parisiens », les démarcations sont souvent difficiles à établir ; les situations et les types varient peu d'une pièce à l'autre, et même d'un auteur à l'autre, témoin cette jolie scène où un jeune homme adresse une déclaration à une charmante employée des postes en la priant de transmettre une tendre dépêche dont elle est la propre destinataire : scène dont Alfred Capus dans *la Petite Fonctionnaire* et Flers et Caillavet dans *Miquette et sa mère* ont eu l'idée à quelques mois de distance.

En revanche on voit au même moment se distinguer, par des tempéraments beaucoup plus originaux, trois écrivains dont chacun imprime une marque irrécusable à tout ce qui sort de sa

(1) De Flers et Caillavet. *L'Ange du Foyer*, I, 19.

plume. C'est d'abord Georges Courteline dont nous avons dit, à propos du Théâtre-Libre, tout le réalisme direct et la force comique. Il présente cette rare alliance d'une forme empruntée aux plus pures sources classiques avec les tendances d'un révolté qui ébranle de son rire énorme toutes les injustices sociales dont il est le témoin ou la victime. A côté de lui M. Tristan Bernard, qui n'a pas cessé de produire, mais dont les œuvres les plus marquantes datent de la période d'avant-guerre, s'est fait le peintre des êtres sans volonté, sortes de pantins abouliques ballottés par la destinée et contemplant d'un œil résigné les vicissitudes de leur existence bizarre. Jamais théâtre ne fut moins cornélien ; le rôle de la volonté humaine y est réduit à zéro. Le déterminisme ironique de l'auteur montre dans chaque pièce sous un aspect différent l'inutilité de l'effort, l'illusion décevante de la liberté, les caprices imprévus, et souvent heureux d'ailleurs, de la fatalité (1). Ici, malgré la réputation que M. Tristan Bernard s'est faite d'un intarissable diseur de bons mots, le rire ne jaillit presque jamais d'une phrase spirituelle où l'on sente la main de l'auteur ; plus souvent il naît du contraste entre la gravité de la situation et l'insouciance des héros, entre la pénétration de leur pensée et l'inconsistance de leur volonté. Au rebours des personnages de Duvert et Lauzanne, imbéciles empressés à agir, ceux de Tristan Bernard sont à la fois intelligents et incapables d'action.

Non moins original et savoureux est le comique spontané de M. Sacha Guitry. Rien de plus simple que ses pièces, rien qui présente un aspect moins fabriqué et moins théâtral. Lorsque parurent les premières : *Nono* (1905), *le Veilleur de Nuit*, *le Beau Mariage*, *la Prise de Berg-op-Zoom* (1911 à 1914), la critique se demandait avec anxiété comment dégager la formule de ces œuvres, si vivantes et si imprévues, qui semblaient faites avec rien. Elles contenaient des trouvailles beaucoup plus heureuses que celles des hommes de métier les plus expérimentés et pour-

(1) *Le Fardeau de la Liberté*, *Triplepatte*, *l'Anglais tel qu'on le parle*, *le Petit Café*.

tant rien n'y trahissait le métier. Quel homme de théâtre n'aurait envié ce début du *Veilleur de Nuit* où, parmi les papotages et les rosseries d'invités en toilette de bal, survient un peintre en costume de travail qui leur révèle, à leur grande surprise, que le jour est levé depuis longtemps ? Quoi de plus solide et de mieux équilibré que la structure psychologique de *la Pèlerine Ecossaise*, où pourtant les conversations paraissent se dérouler nonchalamment et où les personnages semblent vivre sous nos yeux sans se soucier le moins du monde d'une démonstration quelconque ? La solution de cette énigme résidait tout entière dans le tempérament exceptionnel de l'auteur, dans la fantaisie dont toute sa jeunesse avait été animée et qu'il avait transportée de son existence sur les planches. Son théâtre est l'œuvre d'un homme remarquablement spirituel qui se raconte et s'amuse en nous amusant. C'est ce qui empêche les plus vertueux spectateurs de s'indigner devant l'amoralisme savoureux d'une pièce comme *le Veilleur de Nuit*, dont tous les personnages sont au fond assez méprisables et un peu ridicules, mais en même temps, chacun dans leur genre, très sympathiques. Dans la suite M. Sacha Guitry, ne trouvant plus toujours les mêmes ressources de fantaisie et de comique dans sa propre biographie, a souvent recouru à celle d'autres personnages, dont quelques-uns fort illustres, comme La Fontaine, Mozart ou Pasteur. Dans ce genre ses réussites furent inégales et il faut reconnaître qu'il est beaucoup plus amusant lorsque c'est lui-même et son entourage qu'il met en scène. Son théâtre reste un cas unique, où le comique ne ressemble à rien de ce que lui léguait la tradition et ne paraît pas devoir susciter d'imitateurs.

Ces deux derniers écrivains ont contribué à modifier les rapports traditionnels entre les situations et les caractères, par suite entre les deux ordres de comique qui en découlent : l'un élimine ou atténue le rôle de la volonté, l'autre introduit un élément de fantaisie qui empêche chez le spectateur toute possibilité de protestation ; d'où, dans les deux cas, l'inutilité de préparations minutieuses. Tous deux, par des moyens différents, ont ainsi influé sur la simplification de la technique. Ils ont créé un comique immédiat qui se renouvelle sans cesse et, par sa discontinuité et son imprévu, produit des effets interdits au genre logique et mécanique exploité par Scribe et Sardou et dont Sarcey a dégagé la théorie.

Il faut noter encore, comme signe d'une orientation nouvelle, la réelle valeur littéraire et la puissance satirique de certaines revues jouées dans les cabarets montmartrois ou dans quelques petits théâtres du Boulevard. Les premières de celles qui furent signées du nom de M. Rip firent, entre 1910 et 1914, une sensation extraordinaire, et donnèrent à ce genre injustement dédaigné par certains critiques une importance et une dignité qu'on était loin de soupçonner. La revue, abstraction faite des somptuosités de mise en scène que certains locaux lui imposent et que d'autres lui interdisent, peut admettre la hardiesse des critiques, l'énormité du comique et une certaine poésie fantaisiste qui la rattachent, par delà les outrances d'*Ubu Roi* et la cocasserie débridée de Meilhac et Halévy, aux traditions allégoriques et satiriques de notre théâtre comique antérieur à la période classique.

Il serait à la fois ambitieux et prématuré de vouloir porter un jugement d'ensemble sur notre production dramatique d'après-guerre et en particulier sur les caractères du comique tels qu'ils s'y présentent. On peut, sans crainte d'injustice, réputer pour négligeables les œuvres théâtrales qui se sont produites au cours même de la guerre, et cela pour des raisons qui se dégagent facilement de notre étude sur le théâtre de la Révolution (1). En ce qui concerne ces dix dernières années, nous sommes assurément trop près des œuvres et nous manquons du recul nécessaire pour les apprécier et les classer. Actuellement il n'est pas impossible pourtant de dégager de cette production extrêmement intéressante et variée quelques traits qui confirmeront les constatations que nous avons déjà faites sur les rapports nécessaires qui

(1) Voir chapitre VIII.

existent entre un certain état social et la nature du comique théâtral à la même époque.

Comme il arrive toujours, même dans les périodes les plus troublées, les anciennes formes ne disparaissent pas complètement ni d'un seul coup. Les pièces comiques du genre le plus populaire n'ont pas cessé d'alimenter deux ou trois scènes spécialisées, malgré la concurrence redoutable du cinéma et du music-hall, qui répondaient parfaitement aux aspirations d'un public cosmopolite que les circonstances avaient réuni dans les salles parisiennes. Au reste les moins banales de ces œuvres, ainsi que les comédies légères qui ont obtenu le plus de succès, ne sont pas dépourvues d'intérêt en ce qui concerne l'histoire des mœurs, même lorsqu'elles sont taillées sur le patron le plus traditionnel. Des ouvrages éphémères représentés à la fin ou au lendemain des hostilités ont au moins le mérite de nous renseigner sur certains phénomènes particuliers à cette époque : déplacement des fortunes (*les Nouveaux Riches*, *Monsieur Bourdin Profiteur*), contraste des traditions françaises avec la mentalité des autres peuples (*les Américains chez Nous* de Brieux), déséquilibre social amené par la raréfaction de l'élément masculin (*la Chasse à l'Homme*, de M. Donnay) ; une pièce comme *la Grande Duchesse et le Garçon d'Etage* de M. Alfred Savoir roule tout entière sur les mœurs nouvelles créées par la ruine des grandes familles russes et sur l'extension en importance et en dignité de l'industrie hôtelière ; elle eût été non seulement incompréhensible, mais impossible quelques années avant. *Coiffeur pour Dames* nous montre qu'on peut désormais devenir millionnaire dans un métier créé de toutes pièces par les nouvelles modes capillaires de nos compagnes. Les progrès du féminisme sont marqués d'une façon très significative dans *Maître Bolbec et son Mari* : nous y voyons une avocate abandonner ses dossiers pour se borner à son rôle de femme du monde, puis reprendre le chemin du Palais quand son mari a constaté que cette oisiveté coûtait cher à sa bourse et compromettait sa sécurité conjugale ; un tel dénouement n'eût jamais été accepté par le public vingt années plus tôt. M. Bourdet, dans *Vient de Paraître*, initie le grand public à la petite cuisine des prix littéraires, et dans *le Sexe faible* il a mis en scène les mœurs d'une certaine société cosmopolite, qui n'ont assurément aucun rapport avec celles de la bourgeoisie française moyenne, mais qui n'en constituent pas moins un aspect bien curieux de notre époque.

2° En ce qui concerne la présentation du comique, les jeunes auteurs qui se sont révélés au cours [illegible] ces dix dernières années et qui ont prétendu faire œuvre littéra[illegible] ont souvent cherché des moyens d'expression nouveaux. Tantôt [illegible]nsportent l'action dans le domaine de la fantaisie : tels M. Alfred [illegible]voir dans les pièces à la fois arbitraires et logiques que l'on a classées sous le nom de *vaudevilles d'idées* (*le Dompteur*, *le Figurant de la Gaîté*, etc.), M. François Porché, qui crée volontairement un univers fantastique où évoluent des personnages qui tiennent à la fois de la réalité et de la féerie (*les Butors et la Finette*, *la Dauphine*, *la Jeune Fille aux Joues roses*), ou M. Marcel Achard qui promène l'action tantôt dans un dix-huitième siècle exempt de toute prétention à la vérité historique (*Malborough s'en va-t-en Guerre*), tantôt dans le milieu à demi irréel du cirque (*Voulez-vous jouer avec moâ ?*), ou qui se plaît encore à rassembler au gré de son caprice les personnages des milieux sociaux les plus différents et les moins exposés à se rencontrer (*la Vie est Belle*). D'autres nous font connaître le fond des âmes au moyen d'une réalisation plastique du subconscient qui emprunte quelques-uns de ses procédés au cinéma ; c'est le cas de M. Pellerin dans *Intimité*, *Têtes de Rechange* et *Cris des Cœurs*.

Beaucoup moins favorable au comique est l'« école du silence » où triomphent MM. Jean-Jacques Bernard, Emile Mazaud (*la Folle Journée*), Vildrac et Denys Amiel. Ici le comique est sous-entendu, comme au reste le pathétique, et l'intelligence du spectateur, lorsqu'il pénètre le subconscient du personnage, ne peut guère provoquer en lui qu'un sourire discret. En revanche la stylisation à larges traits volontairement outrancière et caricaturale, procédant par l'amplification des types, par la simplicité classique de la composition et l'allure « écrite » du style, aboutit à un renforcement du comique qui peut exposer l'auteur à de formidables erreurs mais qui, dans les cas les plus heureux, produit une impression considérable sur le public. C'est là le procédé de M. Crommelynck, de M. Emile Mazaud dans *Dardamelle* et surtout de M. Jules Romains qui, dans ses meilleures pièces, dans *Knock* notamment, se rapproche singulièrement de la facture moliéresque.

On pourrait, à cet égard, établir une comparaison fort instructive entre les diverses manières qu'ont employées des auteurs de générations et de tendances différentes pour mettre à la scène les grandes questions sociales et politiques du jour : dans les *Nouveaux Messieurs*, Robert de Flers et Francis de Croisset ont recouru au procédé traditionnel de la comédie légère qui consiste à traiter en souriant un problème très grave (celui des rapports entre le pouvoir politique et le pouvoir syndicaliste) comme le simple accessoire d'une intrigue amoureuse et plaisante constituant l'essentiel de la pièce. Un ouvrage comme *la Grande Pénitence* de MM. Regis et de Veynes se rapproche de la grande comédie aristophanesque, par le caractère symbolique des personnages et le parti pris de les pousser à la caricature. Le second acte de *Jean le Maufranc*, de M. Jules Romains, passé tel quel dans *Musse*, présente, sous la forme d'un dialogue souvent ironique mais constamment oratoire, l'exposé d'une question plus importante encore : le conflit entre l'individualisme et les pouvoirs qui, dans l'intérêt plus ou moins bien compris de la société, écrasent l'homme moderne. Enfin une comédie gaie comme *Topaze* de M. Marcel Pagnol revient à notre tradition nationale en déchaînant le rire par le spectacle de mauvaises mœurs que l'on pourrait tout aussi bien prendre au tragique, et en tirant le comique du fond même de l'action.

3° Jusqu'à ces toutes dernières années ou, pour mieux préciser, jusqu'au succès éclatant de ce même *Topaze*, le comique direct, franc et vraiment joyeux était devenu tout à fait exceptionnel dans les pièces d'une certaine valeur littéraire. Partout régnait, comme un reflet du malaise ambiant, un comique amer, féroce, allant parfois jusqu'au pathétique, ou se mélangeant d'une sorte d'apitoiement qui lui donnait une nuance particulière. Le thème du mari trompé, qui a alimenté tant d'œuvres joyeuses dans notre ancien théâtre, prenait, aux dernières scènes de *Dardamelle*, une teinte de mélancolie presque désespérée, après que toute la pièce s'était déroulée sur un ton de bravade outrancière. *Le Cocu Magnifique* de Crommelynck étalait, pendant trois actes, un cas pathologique de jalousie exaspérée où la bouffonnerie se mêlait à un pathétique déchirant ; le mot frappant du héros : « Je finirai par soumettre ma vie aux caprices de mon imagination » montrait assez combien cette œuvre remarquable nous éloignait de l'observation directe et franchement gaie, traditionnelle chez nous. Est-il utile de montrer tout ce que renferment d'amer les scènes comiques des *Marchands de Gloire* de MM. Pagnol et Paul Nivoix, où le retour d'un combattant que l'on a cru mort vient troubler la quiétude de toute une famille qui a organisé sa vie sans lui. Dans *Jazz*, de M. Pagnol, quel fond de tristesse dans les exhortations à jouir de la vie et à mépriser la science que prodigue à ses étudiants un vieux professeur dont l'érudition vient d'être prise en défaut et la renommée démolie ! Rien de plus éloigné du comique franc et débridé que l'acidité coupante de M. Stève Passeur (*la Traversée de Paris à la Nage*, *Suzanne*, *l'Acheteuse*) ou le sourire à peine dessiné qui, chez M. Jacques Natanson, accompagne le marivaudage désespéré de *l'Age heureux* et de *l'Enfant Truqué* (1).

D'autres fois nous assistons à ce mélange intime, en un même personnage, de l'émotion et du ridicule, que l'on pourrait *a priori* déclarer impossible si l'on s'en fiait aveuglément aux théories de M. Bergson. Le spectateur est désormais habitué à un déplacement ultra-rapide d'impressions : non seulement la juxtaposition d'une scène comique et d'une scène pathétique ne le choque nullement, mais il n'éprouve aucune difficulté à passer d'un pôle à l'autre entre deux répliques et d'envisager simultanément les deux faces, touchante ou risible, d'une même

(1) Ce n'est pas là un phénomène exclusivement national : on trouverait une forme analogue de comique émouvant dans les pièces de Rosso di San Secondo (cf. Alfred Mortier, *Etudes Italiennes*, Paris, 1930).

situation ou d'un même personnage. J'en choisis à dessein un exemple frappant dans une pièce dont la coupe et les tendances générales sont tout à fait traditionnelles : une comédie policière de M. Paul Gavault intitulée *les Yeux du Cœur*. La dernière scène est tout entière partagée entre la solution de l'énigme tragique posée par un crime et la question beaucoup moins grave de l'avancement ou de la révocation que peut attendre un commissaire de police ridicule. Jusqu'à la dernière réplique ces impressions si opposées alternent sans que le spectateur en éprouve la moindre gêne, tant il est maintenant habitué à la complexité savoureuse de ce mélange *per intima*. On n'a pas assez remarqué que *Marius*, de M. Marcel Pagnol, réalisait ce tour de force (à peu près inconnu jusqu'ici) de faire accepter par le public le dénouement pathétique d'une action qui s'était déroulée pendant les premiers actes dans une atmosphère surtout comique. Grâce à un humour très affiné nous voyons sans cesse un personnage devenir risible ou même ridicule sans cesser d'être sympathique : le rôle de Dardamelle, celui de Cadet dans *Je ne vous aime pas*, de M. Marcel Achard, celui du jeune poète dans *Seul* de Duvernois, fournissent des exemples particulièrement frappants de cette infraction à la loi de Bergson. C'est là indiscutablement un mode de présentation dramatique beaucoup plus près de la vie et il semble bien que, s'il réclame un plus grand effort du spectateur accoutumé à la traditionnelle distinction des genres, l'ensemble du public devient de plus en plus disposé à l'admettre sans peine et sans réserve.

L'ambiguïté de l'impression est plus grande encore peut-être dans les pièces où règne ce que nous avons appelé le « comique d'idées », c'est-à-dire dans les scènes les plus fines de certaines revues satiriques ou dans des œuvres purement intellectuelles comme *Amphitryon* 38 de M. Giraudoux. Ainsi nous voyons se former, loin des gaîtés internationales et faciles du music-hall, du cirque ou du cinéma, un public plus fin, plus littéraire, plus capable de comprendre à demi-mot, de rire ou de sourire tout en sentant profondément ce que peuvent avoir de grave ou de touchant les dessous d'une situation ou d'un caractère.

Rien de plus varié ni de plus souple que ce jeune théâtre. Les grands succès actuels rejoignent parfois la tradition directe de Molière en cherchant l'effet comique au plus profond du sujet lui-même et en dirigeant hardiment leurs satires joyeuses sur des questions graves, ce qui leur vaut la nécessaire et glorieuse accusation d'immoralité qui n'a jamais manqué de frapper toutes les pièces comiques vraiment significatives. D'autre fois nous voyons de jeunes auteurs à l'imagination fertile entraînés par un ardent désir de nouveauté chercher, avec des succès inégaux mais souvent très flatteurs, des formes nouvelles de présentation : transposition dans la fantaisie, stylisation, anachronisme, parodie, etc.

Quitte à être accusé d'un optimisme un peu sot et de fort mauvais goût, à une époque où le dédain pour l'actualité est de bon ton, je professe la plus grande estime pour le comique théâtral d'aujourd'hui et pour les nombreux et jeunes talents qui s'efforcent de le renouveler. Je n'ai pas moins de confiance dans le comique théâtral de demain : nous avons devant nous un groupe d'écrivains de valeur, soucieux de sortir de l'ordinaire et d'abandonner la fabrication traditionnelle des vaudevilles en série. Ils viennent d'être grandement encouragés par la suite d'échecs qui a frappé, au cours de ces saisons dernières, les vieux routiers qui s'enlisent dans ces habitudes industrielles ; ils y sont aidés en outre par un affinement progressif de ce public que l'on est trop porté à juger en bloc et à envelopper dans un dédain général ; il faut beaucoup de parti pris pour ne pas reconnaître qu'entre les spectateurs qui applaudissent Giraudoux, Jean Sarment, Marcel Achard, Bernard Zimmer et Stève Passeur et ceux qui se délectaient de Scribe et de Duvert et Lauzanne, le déplacement du niveau intellectuel est bien au profit de notre époque.

En tout cas, quel que soit le jugement que l'on porte sur la valeur de ce public et sur celle des œuvres comiques auxquelles il se plaît, nous saisissons une fois de plus, dans le théâtre d'aujourd'hui, le rapport étroit qui unit l'évolution du rire et l'évolution des mœurs.

CONCLUSION

« Dis-moi de quoi tu ris, et je te dirai qui tu es ». Si nous reprenons cette formule, énoncée aux premières pages de ce livre, nous verrons aisément qu'elle s'applique aussi bien aux époques qu'aux individus ou aux groupes sociaux. Il existe un *style* du rire, comme il y a un style poétique, architectural ou musical. Autant et plus peut-être qu'un monument, une strophe ou une mélodie, une scène comique porte sa date ; si un génie l'a conçue, elle peut avoir gardé presque intact son pouvoir sur les publics d'autres siècles et d'autres civilisations ; mais, le plus souvent, le rire qui en jaillissait spontanément jadis s'est aujourd'hui figé ou tari ; nous ne comprenons plus l'hilarité de nos aïeux ; il nous faut, pour en démêler les raisons, tout un effort de reconstitution ; le but de l'auteur comique cesse d'être atteint, mais son œuvre pose un autre problème : nous ne rions plus, mais il nous plairait de savoir pourquoi jadis d'autres ont ri ; sous peine de ne rien comprendre aux neuf dixièmes des œuvres comiques d'autrefois, nous sommes obligés de transporter une question d'esthétique et de psychologie sur le plan historique et social.

Il suffit parfois de peu d'années pour envelopper d'une brume épaisse les allusions brillantes qui faisaient le comique d'une œuvre ; ce n'est pas seulement le *Mariage de Figaro*, qui, malgré son mouvement et sa verve irrésistibles, lance à chaque scène des traits qui ne portent plus et pose vingt problèmes, simples et limpides pour le public de 1784, obscurs et insolubles pour le spectateur, l'interprète et même l'érudit d'aujourd'hui : exemple tout spécialement probant d'un chef-d'œuvre, qui possédait assez de force comique pour entraîner encore aujourd'hui dans le tourbillon du rire une salle pour qui un bon tiers des allusions sont devenues incompréhensibles. Mais, il y a quelques mois, lors de la dernière reprise du *Roi*, la critique s'accordait à constater que, moins d'un quart de siècle après la création, toute une partie de la comédie ne portait plus : là aussi, les allusions, pourtant beaucoup plus récentes, portaient sur des faits aujourd'hui oubliés, sur des hommes maintenant disparus : si l'on ne possédait le témoignage oral des survivants qui se rappellent pourquoi ils ont ri à certains endroits en 1908, il serait presque impossible de retrouver dans les journaux d'avant-guerre l'origine de ces traits, si plaisants alors, qui défrayaient surtout la chronique parlée des salons, des couloirs de la Chambre ou des cafés du Boulevard. Qu'on laisse passer un autre quart de siècle, il sera devenu aussi difficile d'expliquer la comédie de Flers, Caillavet et Emmanuel Arène, que celle de Beaumarchais.

C'est pourtant de cette « explication », prise au sens scolaire du terme, de ces éclaircissements sur les circonstances historiques de l'œuvre, que peuvent sortir la compréhension totale de son texte et l'appréciation exacte de ce que fut sa valeur comique. Sans doute, l'homme qui a lu et surtout qui a vu jouer beaucoup de comédies possède d'instinct le sens de ce « style » comique qui caractérise les œuvres des différentes époques : chaque rire a pour lui un son particulier ; il ne confond point le rire moyen âge, un peu gros, un peu sommaire, agile pourtant à fuser parmi les allégories et les symboles, avec le rire Louis XV, discret, presque silencieux, amenuisé jusqu'au sourire ; il reconnaît, sans guère se tromper, le comique large et puissant de Molière, la pointe subtile de Marivaux, la platitude bourgeoise de Scribe, l'amertume incisive de Dumas fils, l'ironie boulevardière de Capus ; mais il y a chez ce connaisseur plus d'intuition que de science précise et il est tenté d'attribuer au seul tempérament personnel de l'auteur ce qui est, pour une large part, la résultante des tendances de son époque. Ainsi le lettré distingue à première vue une formule de Sénèque d'une période cicéronienne ; le dilettante se garderait d'attribuer à Beethoven vingt mesures de la *Tétralogie* ; mais ils ne sauraient rendre raison de cette connaissance instinctive : c'est le philologue, c'est le musicographe qui s'en chargent ; et les arguments qu'ils apportent sont empruntés, non seulement aux habitudes de l'auteur, mais à celles du siècle où il a vécu.

L'intérêt de tels problèmes en ce qui concerne le comique théâtral, n'a pas été entièrement méconnu jusqu'ici ; mais on s'est plus souvent attaché à déterminer l'essence du rire qu'à en expliquer les modalités ; on en a esquissé la métaphysique avant d'en étudier la physique. De cette dernière étude, plus humble, moins ambitieuse que l'autre, moins personnelle aussi, mais sans doute plus sûre et moins aventureuse, j'ai essayé de donner ici une série d'exemples, qui sont loin de viser à former une synthèse complète. Je ne crois pas me faire illusion en pensant qu'ils contiennent une certaine part de nouveauté : assurément il est assez banal de déclarer que *théâtre* et *littérature* ne sont point synonymes ; mais cette vérité courante est plus sincèrement reconnue par les auteurs dramatiques et leurs interprètes que par les érudits : il est assez rare qu'un de ceux-ci s'en imprègne assez pour faire du caractère collectif et social de l'œuvre théâtrale l'idée directrice de ses recherches. C'est pour l'avoir tenté, sans parti pris et sous la dictée même des faits, que j'ai, sur certains points au moins, abouti à des conclusions assez peu conformes aux traditions courantes et dont le lecteur pourra mesurer l'exactitude.

Aussi bien ce genre de considération pourrait recevoir des applications fort différentes : il serait très intéressant, par exemple, de suivre les modifications que subissent un thème, une situation, un personnage comique à travers les siècles durant lesquels une civilisation se transforme : l'adaptation aux différentes époques d'un de ces quiproquos ou de ces contrastes d'où jaillit le comique le plus élémentaire, les aspects différents que revêt, du moyen âge au xxe siècle, une scène traditionnelle comme la dispute conjugale, ou l'escroquerie opérée sur un naïf par un fourbe, les nuances diverses dont se colore le personnage ridicule, aussi changeant suivant les époques que le héros sympathique, voilà autant de sujets d'études auxquels pourrait s'appliquer une méthode précise et dont les résultats n'auraient pas moins d'intérêt pour la psychologie sociale que pour l'histoire du théâtre. Rien n'est plus instructif que de dissocier, dans le phénomène complexe du comique théâtral, les causes permanentes du rire et les modalités variables qui correspondent à un état social donné.

Ceux mêmes qui craignent de commettre une sorte de sacrilège en appliquant ces procédés de recherche à d'authentiques chefs-d'œuvre, et qui croiraient déshonorer les textes sacrés de Molière où de Marivaux en les replaçant dans leur milieu, sont naturellement amenés à reconnaître la légitimité d'une telle orientation dès qu'il s'agit du théâtre contemporain. Comment comprendre le triomphe ou l'insuccès de certaines œuvres françaises hors de nos frontières, si l'on ne prend pas en considération l'état d'esprit, si différent, des publics étrangers auxquels elles sont offertes ? Pense-t-on que la seule qualité de la traduction explique le succès de *Marius* en Allemagne et son échec à Londres ? Ne faut-il pas plutôt en chercher la cause dans cette naïve impudeur méditerranéenne, assez sympathique à la bonhomie germanique, mais impénétrable et répugnante pour le *cant* anglo-saxon ? La concurrence entre le théâtre et le cinéma chez les différents peuples, l'esthétique du nouveau théâtre russe, les chances de réussite ou d'avortement que présentent chez nous les tentatives d'une rénovation néo-catholique des spectacles, ce sont là des questions radicalement incompréhensibles, si l'on ne fait pas prédominer le point de vue social et si l'on essaye de les résoudre par des considérations exclusivement littéraires ou techniques.

Il m'a paru légitime d'appliquer aux œuvres d'autrefois une méthode qui s'impose avec tant d'évidence pour le théâtre d'aujourd'hui. Je n'ai pas cru les diminuer en refusant de les isoler de ce qui les entourait : elles ne m'ont pas paru moins admirables quand elles devenaient plus vivantes. Ceux pour qui la magie du texte imprimé et immuable rend méprisable le spectacle de l'existence mouvante des hommes n'auront sans doute trouvé que bien peu d'intérêt aux treize chapitres de ce livre. Si incomplet et si sommaire qu'il soit, il rencontrera, je l'espère, plus de faveur auprès de ceux à qui le théâtre apparaît comme un des aspects les plus variés et les plus passionnants de la vie sociale et qui aimen[illegible] le théâtre parce qu'ils aiment la vie.

INDEX DES NOMS CITÉS

INDEX DES PIÈCES CITÉES

La date indiquée est celle de la première représentation, ou, si la pièce n'a pas été jouée, celle de la première édition (1).

---

(1) Pour deux ou trois pièces, de légères inexactitudes de dates s'étaient glissées dans le texte ; elles ont été rectifiées dans l'index ; en cas de désaccord, celui-ci doit faire foi.

TABLE DES MATIÈRES

Poitiers (France). — Société Française d'Imprimerie.

(Pathelin p. 36 et 48)

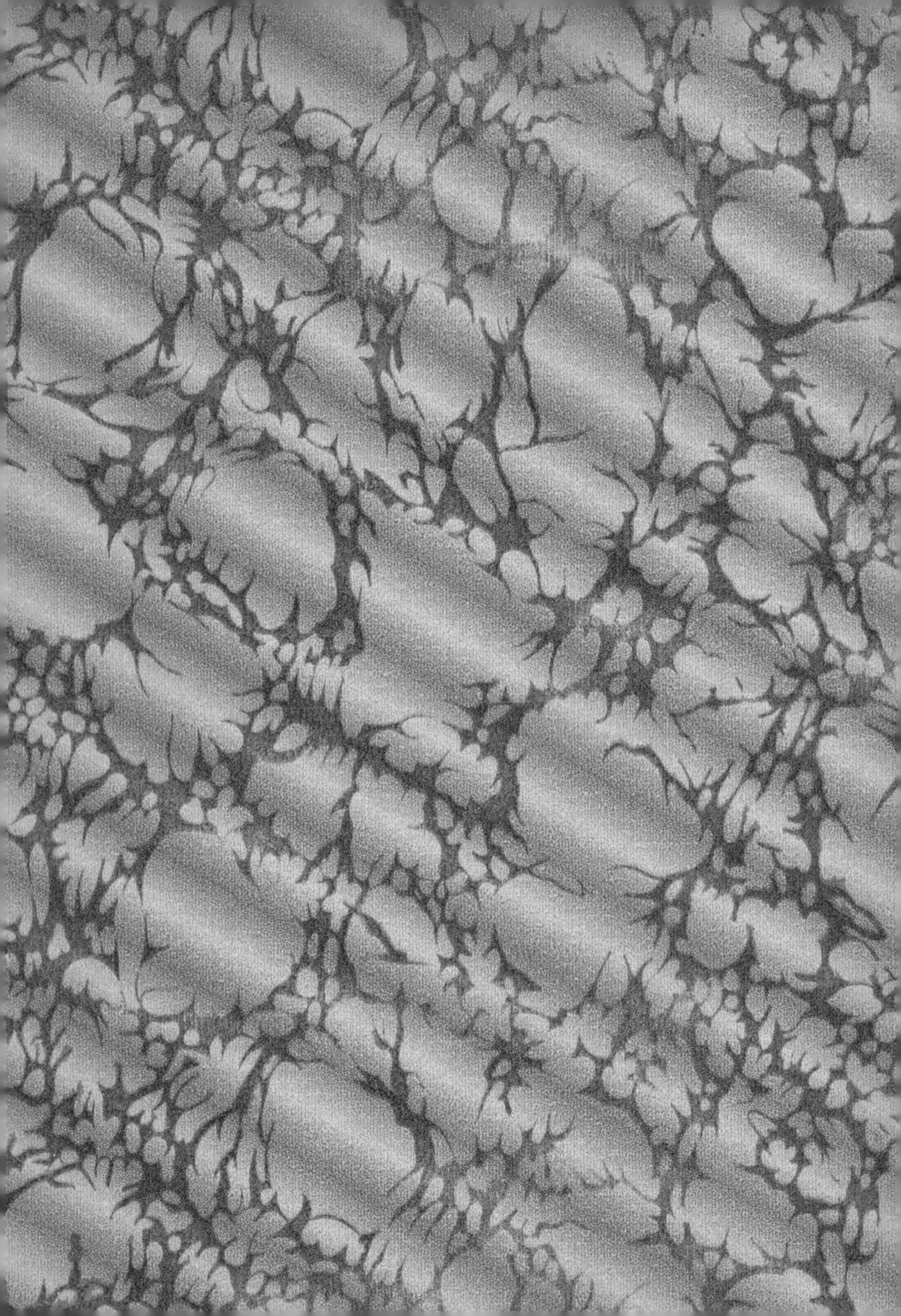